Bayerischer Landwirtschaftsverlag

DAS GROSSE
BLV HANDBUCH

Martin Stangl

Stauden

Arten und Sorten –
Pflanzen und Pflegen

BLV

Was Sie in diesem Buch finden

Wir stellen uns vor

Wir, damit ist eine besonders farbenprächtige und vielgestaltige Pflanzengruppe gemeint: die Stauden. Wenn der große Kreis von Gartenfreunden das Wort »Stauden« hört, denken die meisten an alles andere, nur nicht an die vielen farbenprächtigen oder grazilen, sonnenhungrigen oder schattenliebenden Pflanzen, die hierzu zählen. Viele denken bei dem Wort »Stauden« eher an Gestrüpp, an dem er sich Hände und Füße zerkratzen kann; an Salat-»Stauden« oder Holunder-»Stauden«. So muss das Wort »Stauden« im allgemeinen Sprachgebrauch für alles Mögliche herhalten. Wir wollen uns deshalb erst einmal darüber klar werden, was der Gärtner unter Stauden versteht.

Hochsommerliches Präriebeet mit Färber-Hundskamille *(Anthemis tinctoria)*, Steppen-Salbei (*Salvia nemorosa* 'Caradonna') und Lavendel *(Lavandula)*.

Was Gehölze sind, weiß wohl jeder: ausdauernde, verholzende Pflanzen, also Bäume und Sträucher. Und was mit »Sommerblumen« gemeint ist, dürfte wohl auch allgemein bekannt sein: Pflanzen, die nur einen Sommer hindurch blühen, also jedes Jahr neu gesät oder gepflanzt werden müssen. Und Stauden? Nun, sie stehen zwischen diesen beiden Pflanzengruppen: Sie vereinen eine mehr oder minder lange Lebensdauer mit dem Aussehen der Sommerblumen.

Im Herbst sterben bei den meisten Stauden die oberirdischen Teile ab, doch im darauf- folgenden Frühjahr erwachen sie zu neuem Leben. Manche Stauden bleiben aber auch den Winter über grün, wie verschiedene Bodendecker oder Polsterstauden. Die Meinung allerdings, dass Stauden nur einmal gepflanzt zu werden bräuchten und dann ein ganzes Menschenleben überdauern würden, ist ein Irrglaube. In Wirklichkeit ist es so, dass verschiedene Stauden nur einige Jahre hindurch am Leben bleiben, andere dagegen über Jahrzehnte hinweg am gleichen Platz üppig blühen und einfach unverwüstlich sind. Auch die vielfach verbreitete Meinung, Stauden bedürften kaum einer Pflege, ist nicht richtig. Zum Mindesten darf diese Ansicht nicht verallgemeinert werden. So brauchen Prachtstauden eine intensive Pflege, und auch die Wildstauden können wir nicht ganz sich selbst überlassen. Aber wer in seinem Garten Stauden anstelle von Sommerblumen pflanzen möchte, wird wesentlich weniger Zeit mit der Pflege verbringen!

Treue Freunde

Da hier gerade das Wort »Sommerblumen« gefallen ist, möchte ich gleich diese Pflanzengruppe den Stauden gegenüberstellen. Mit Sommerblumen können wir beeindruckende Farbwirkungen erreichen, aber nur einen Sommer lang. Jedes Jahr müssen wir sie neu pflanzen oder säen. Obwohl Sommerblumen mehrere Monate hindurch blühen, also wesentlich länger als die meisten Stauden, so sind sie doch flüchtige Gäste. Zinnie oder Zauberglöckchen sind nach dem ersten Frost dahin. Stauden dagegen begleiten uns über Jahre, ja in besonderen Fällen ein ganzes Leben hindurch. Jedes Frühjahr erwarten wir sie bereits, wir erleben das Wachsen und freuen uns an der Blüte. Und wenn sie im Herbst vergilben, dann wissen wir: Nächstes Jahr kommen sie wieder.

So werden uns manche Stauden zu treuen Begleitern, mit denen sich schöne Erinnerungen verbinden. Wir schließen

Freundschaft mit der eleganten Astilbe im lichten Schatten und der feurig roten Sonnenbraut an der Terrasse, Freundschaft mit dem Federgras, dessen lange Grannen sich beim leisesten Windhauch bewegen, und der rosa Winteraster, deren Farbe ein letztes Aufleuchten in den spätherbstlichen Garten bringt. Durch ihr Verweilen geben uns manche Stauden Geborgenheit. Wir fühlen uns in ihrer Umgebung zu Hause.

Dabei ist das Reich der Stauden so umfassend, dass für jeden Verwendungszweck etwas dabei ist. Es gibt in einem Garten, ganz gleich, ob groß oder klein, gar keine Stelle, an der nicht irgendwelche Stauden gedeihen würden. Manche Stauden fühlen sich in praller Sonne wohl, andere im lichten Schatten; es gibt Stauden für karge Böden und solche, die sich nur auf gut vorbereiteten, gedüngten und gepflegten Beeten zur vollen Schönheit entwickeln können. Zierliche, im Wind sich wiegende Gräser gehören ebenso in das Reich der Stauden wie zart gefiederte Farne, Wasser- und Sumpfpflanzen ebenso wie kleine, sich eng an den Stein anschmiegende Polsterpflanzen. Mit Stauden können wir lebendige, farbenfrohe Wegeinfassungen gestalten, wir können mit ihnen aber ebenso ein Heide- oder Steppenbild in den Garten zaubern. Zum Reich der Stauden gehören duftende Lilien, deren Blüten tropischen Orchideen gleichen. Und nicht zu vergessen die vielen Zwiebelpflanzen des Frühlings, angefangen von den zarten Schneeglöckchen bis hin zu den späten Tulpen.

Und all diese zarten und prächtigen Pflanzen fasst der Gärtner mit dem nüchternen Fachausdruck »Stauden« zusammen. Warum nur konnte für diese ausdauernden Pflanzen kein Name gefunden werden, der all ihre Schönheit und Vielfalt zum Klingen bringt?

Wie finden wir uns mit den Namen zurecht?

Bei allen Stauden auf den folgenden Seiten wird erst der deutsche Name genannt. Mit Veilchen, Pfingstrose, Rittersporn und Mohn verbinden sich bei uns klare Vorstellungen. Bei den meisten Stauden aber können wir mit dem deutschen Namen genauso wenig anfangen wie mit dem botanischen. Darüber hinaus gibt es vielfach für ein und dieselbe Staude mehrere deutsche Namen, sodass leicht Verwechslungen unterlaufen können. Bei Bestellungen ist es deshalb ratsam, nur die botanischen Namen zu verwenden. Diese sind international gültig, werden also in jedem Land und in jeder Staudengärtnerei verstanden.

Die **botanische Bezeichnung** setzt sich aus dem Gattungs- und dem Artnamen zusammen, z. B. *Digitalis purpurea* (Fingerhut). Der **Gattungsname**, in diesem Fall *Digitalis,* entstammt wie der Artname der lateinischen Sprache bzw. ist latinisiert. Der Artname sagt oft etwas über die Herkunft (z. B. *canadensis* = aus Kanada), die Wuchs- oder Blütenform (z. B. *repens* = kriechend), über die Farbe (z. B. *purpureus* = purpurrot) oder über andere Eigenschaften aus.

An die botanische Bezeichnung schließt sich vielfach der meist deutsche **Sortenname** an, der in einfache Anführungszeichen gesetzt ist. Wenn zwischen dem ersten und dem zweiten botanischen Namen, also zwischen Gattung und Art, ein × steht, so heißt das, es handelt sich hier nicht um eine reine Art, sondern um einen Bastard, also eine **Kreuzung**. Die Abkürzung »Hybr.« bedeutet **Hybride**, d. h. durch Kreuzung entstanden, also von zweierlei Eltern stammend. Eine andere Abkürzung, die in Staudenbüchern und Katalogen vorkommt: »var.« = Varietät oder »fo.« = Forma, beides in der Natur oder im Garten entstandene Formen.

Nach den internationalen Nomenklaturregeln ist nur der älteste, zuerst veröffentlichte Name gültig. Sofern bei verschiedenen Stauden noch ein anderer gebräuchlich ist, wurde er an zweiter Stelle genannt und davor die Abkürzung »Syn.:« = Synonym gesetzt. »2-jährig« sind Arten, die man im Frühsommer aussät und im Herbst an die gewünschten Stellen verpflanzt. Sie blühen dann im nächsten Jahr. Hierzu gehören Stiefmütterchen, Vergissmeinnicht, Bellis, Island-Mohn, Stockrosen, Bart-Nelken u. a.

Innerhalb der in diesem Buch besprochenen Pflanzgemeinschaften sind die Stauden **jeweils in der Reihenfolge ihrer Blütezeit** geordnet, bei gleicher Blütezeit nach gärtnerischer Bedeutung. Von den deutschen Namen, die zum Teil je nach Gegend unterschiedlich sind, wurden nur die gebräuchlichsten genannt. ✂ bedeutet, dass diese Art als Schnittblume geeignet ist.

Wie man sie bettet

Das Pflanzmaterial

Ehe wir das Pflanzmaterial zusammenstellen, müssen wir uns über Boden, Klima und Lichtverhältnisse in unserem Garten im Klaren sein. Es hätte z. B. keinen Sinn, Stauden, die sich im Schatten oder Halbschatten wohlfühlen, an die Südseite des Hauses zu setzen. Ebenso verfehlt wäre es, trockenheitsliebende Katzenpfötchen in feuchten Boden zu pflanzen oder umgekehrt die Japanische Schwertlilie im trockenen Wurzelfilz einer Birke anzusiedeln. Verfehlt wäre es auch, zwischen die Prachtstauden niedrige Bodendecker zu pflanzen, denn diese züchterisch bearbeiteten Stauden brauchen Platz und mehr Nährstoffe und Wasser als genügsame Bodendecker. Nur wenn wir solche Zusammenhänge beachten, werden wir Freude an der Pflanzung haben.

Wir sollten uns also je nach den vorhandenen Licht- und Bodenverhältnissen zu der einen oder anderen Pflanzengemeinschaft entschließen, wie sie in diesem Buch besprochen sind. Selbstverständlich sind auch manche Übergänge möglich, aber von krassen Gegensätzen ist abzuraten. Sind die gegebenen Verhältnisse nicht ideal, so brauchen wir trotzdem nicht zu resignieren. Durch Veränderung des Bodens mit Torfersatzstoffen, Sand oder Lehm lassen sich die Voraussetzungen für eine bestimmte Pflanzengruppe weitgehend schaffen. Zu beachten ist auch, ob die betreffende Art kalkliebend ist oder sauren Boden bevorzugt. (Siehe Hinweise in den einzelnen Abschnitten!)

Praktische Pflanzskizzen

Pflanzen Sie nicht alles kreuz und quer durcheinander, sondern fertigen Sie besser vorher eine Skizze an. Danach können die Stauden ausgewählt und positioniert werden. Die geringe Mühe lohnt sich! Mit dem Maßstab 1 : 50 oder 1 : 20 kommen wir gut zurecht. In einer solchen Pflanzskizze lassen sich nicht nur die einzelnen Arten und Sorten berücksichtigen, sondern auch Pflanzabstände, die Verteilung der Höhen und schließlich die Farben. Lassen Sie sich durch die Pflanzpläne in diesem Buch für verschiedene Gartensituationen doch auch zu eigenen Gestaltungen anregen.

In Prachtstauden-Pflanzungen lässt es sich nicht vermeiden, nach einigen Jahren die eine oder andere Staude herauszu-

Über niedrigen und halbhohen Stauden erheben sich die Blütenkerzen des Rittersporns 'Sommernachtstraum'. Im Vordergrund: Alpen-Aster, Frauenmantel und Feinstrahl.

nehmen, zu teilen und neu zu setzen. Ebenso können bei der Pflanzung gemachte Fehler korrigiert werden. Das ist nicht schlimm, denn jedes Beet lebt von der Veränderung. Markante Beetstauden, die sich erst nach längerer Zeit zu ihrer vollen Schönheit entwickeln, sollten bereits bei der Pflanzung einen endgültigen Platz bekommen.

Sehr wichtig: die Pflanzabstände! Oft werden sie zu eng bemessen. Die aus der Staudengärtnerei bezogenen Pflänzchen sehen noch recht bescheiden aus, und es ist für den Gartenfreund - vor allem für den Anfänger - schwer, sich die künftige Entwicklung vorzustellen. Bei hohen und in die Breite wachsenden Stauden genügen je Quadratmeter 1–3, bei mittelhohen 4–5 und bei niedrigen Stauden 6–8 Pflanzen. Von Bodendeckern (*Sedum*, *Thymian*, Sternmoos, Immergrün u.a.) brauchen wir etwa 15–20 Pflänzchen je Quadratmeter. Hat man Geduld, reichen auch 6–10.

Farben und Höhen beachten

Weitere Gesichtspunkte, die wir bei der Planung beachten sollten: Ein neu angelegter Garten erhält zuerst ein »Gerüst« aus Bäumen und Sträuchern. In Anlehnung an diese dauerhafte grüne Kulisse, an Hauswände, Wege, Terrasse, Gartenteich und andere bauliche Elemente wie Sitzplatz und Pergola werden die Stauden gepflanzt. Eine schöne Staudenpflanzung soll in den Arten abwechslungsreich sein, ohne dabei aber unruhig zu wirken. Also auf Farbzusammenstellungen achten, aber auch Form und Farbe der Blätter berücksichtigen! Die Pflanzung sollte vor allem unterschiedliche Höhen aufweisen. Ein Tipp: Ein harmonisches Gesamtbild ergibt sich, wenn die höchsten Pflanzen nicht wesentlich höher als die halbe Beetbreite sind, also etwa 100 bis 150 cm, wenn die Pflanzfläche 2 m breit ist. Langweilig ist es, wenn z. B. entlang eines Weges vorne niedrige, dann mittelhohe und im Hintergrund schließlich nur hohe Stauden stehen.

Wir setzen auf die vorhandene Fläche nur wenige hohe Stauden, zahlreiche mittelhohe und noch viel mehr niedrige. Die Pflanzung wird lebendig, wenn höhere Stauden auch einmal im Vordergrund stehen oder den Mittelpunkt bilden. Desgleichen dürfen niedrige Arten weit bis in den Hintergrund der Pflanzung zurückschwingen. In einer Pflanzung mit Steppen- oder Heidecharakter sieht es hübsch aus, wenn aus einer großen Fläche von verschiedenfarbigen Bodendeckern nur einzelne mittelhohe Gruppen - vor allem auch Gräser - und nur ganz vereinzelt höhere Gestalten herausragen. Es wird dadurch auch auf kleinen Flächen der Eindruck der Weite vermittelt, wie er unseren Vorstellungen von Heide und Steppe entspricht. Für naturnahe Pflanzungen im schattigen Bereich gilt das Gleiche.

Eine farbenprächtige Staudenpflanzung auf kleiner Fläche! Beetstauden und Einjahrsblumen blühen hier um die Wette. Pflanzskizze hierzu siehe S. 66.

Stauden verlangen Gemeinschaft

Stauden sollten nicht einzeln gepflanzt werden. Sie verlangen nach Gemeinschaft. Die höheren Arten machen eine Ausnahme. Sie können zu zweit, zu dritt, aber auch einzeln gestellt werden. Ist die Pflanzfläche groß genug, so sollten sie sich nach Möglichkeit wiederholen. Die Abstände zwischen den einzelnen Gruppen dürfen selbstverständlich verschieden groß gewählt werden, um keine Eintönigkeit aufkommen zu lassen. So kann man z. B. von Pfingstrosen einmal drei, dann ein, in einigem Abstand zwei Stück pflanzen. Bei mittelhohen Stauden dürfen die Gruppen durchaus fünf und mehr Pflanzen umfassen. Bei niedrigen Arten kann die Zahl noch größer sein, und Bodendecker können durchaus einen oder mehrere Quadratmeter bedecken, je nach den vorhandenen Platzverhältnissen.

→ TIPP

Bei Beetstauden pflanzen wir zwischen die Gruppen ab und zu ein paar Rosen oder Blütensträucher und lassen an anderen Stellen kleine Flecken für Einjahrsblumen frei. Dadurch wird die Pflanzung lebendiger, und das Blühen verlängert sich.

Weniger ist mehr

Grundsätzlich gilt: lieber weniger Arten und dafür größere Flächen! Auch der kleine Garten bekommt dadurch mehr Großzügigkeit und Weite. Befriedigt der Anblick in der Praxis nicht, so können wir im nächsten Jahr neu gruppieren. Wichtig ist, dass wir die Pflanzung beobachten und uns Notizen machen. Besonderes Augenmerk dabei auf Farbzusammenstellungen und Blütezeiten legen! In kleineren Gärten sollten wir uns auf wenige bewährte Arten und Sorten beschränken. Es kann hier nicht das ganze Jahr über gleichmäßig reich blühen. Wir sollten uns deshalb bereits bei der Planung auf einige zeitlich auseinanderliegende Blühschwerpunkte festlegen.

Wenn wir nun wissen, welche Stauden und wie viele wir von jeder Art brauchen, gehen wir in ein Gartencenter mit Staudenabteilung oder geben die Bestellung bei einer Staudengärtnerei auf. Vorher lassen wir uns deren Katalog zuschicken oder recherchieren im Internet. So kann uns später die Rechnung nicht überraschen. Sollte uns der Gesamtpreis zu hoch erscheinen, so können wir den Rotstift an der Stückzahl derjenigen Arten ansetzen, die sich leicht vermehren lassen. Besonders Bodendecker, aber auch manche höhere Stauden fallen darunter (siehe Hinweise bei den einzelnen Porträts). Statt der benötigten 30 *Sedum spurium* 'Schorbuser Blut' bestellen wir dann eben nur zehn und vermehren selbst. Bereits im Jahr nach der Pflanzung lässt sich auf diese Weise die noch offene Fläche bedecken.

Geschenkte Stauden

Von einer anderen Art von Sparsamkeit möchte ich allerdings abraten: Tante Lina kommt zu Besuch und bringt drei Lupinen mit, die unter ihrem Forsythienstrauch aufgegangen sind. Außerdem zieht sie aus ihrer Tasche noch ein paar graufilzige Triebe von Woll-Ziest *(Stachys byzantina)*, die zu üppig auf dem Plattenweg wucherten. Auch Nachbar Schulz hat einiges zu bieten: Seine langweilig blassen Herbstastern haben sich so verbreitet, dass es an der Zeit ist, ein Stück abzustechen. Triebe der wuchernden Sonnenblume *(Helianthus rigidus)* erscheinen in seinem Garten an allen möglichen und unmöglichen Stellen. Es ist deshalb nicht nur ein Zug von Nächstenliebe, wenn er das Zuviel über den Zaun reicht. Und so kommen von allen Seiten die Stauden-Geschenke zusammen.

Die vorgesehenen Flächen könnten, ohne dass wir auch nur einen Euro ausgeben, bepflanzt werden. Aber wie! Machen Sie das nicht! Gönnen Sie sich die Freude einer durchdachten, harmonischen Pflanzung mit Arten und Sorten, die in den Nachbargärten kaum zu sehen sind. Ersparen Sie sich den Ärger über von anderen ungeliebte, wuchernde und vielleicht sogar kranke Stauden. Nehmen Sie diese Geschenke ruhig entgegen und – machen Sie stillschweigend Kompost daraus!

Vor der Pflanzung sollten Sie Steine, Wurzeln und Unkraut entfernen, Kompost einarbeiten und das Beet glatt harken.

Staudeneinkauf

Ich empfehle, in einer Staudengärtnerei zu kaufen, die berechtigt ist, das »Qualitätszeichen Stauden« zu führen (siehe S. 158). Solche Betriebe bieten weitgehend die Gewähr, dass wir einwandfreies Pflanzmaterial erhalten, das arten- und sortenecht sowie frei von Krankheiten und Schädlingen, Samen- und Wurzelunkräutern ist. Natürlich kann auch in einem Gartencenter oder in einer Gartenbaumschule gekauft werden. In einer spezialisierten Staudengärtnerei ist das Angebot aber meist größer und die Pflanzen meist günstiger.

Stauden sind in und viele Arten und Sorten schnell ausverkauft. Daher sollte die Bestellung rechtzeitig aufgegeben werden. Damit tun wir nicht nur dem betreffenden Betrieb einen Gefallen, sondern auch uns selbst. Es ist nämlich recht ärgerlich, wenn wir eine Herbstpflanzung im November bei Schneegestöber durchführen müssen, nur weil wir unsere Bestellung reichlich spät aufgegeben haben. Die Lieferung erfolgt in der Reihenfolge der Eingänge, und bei der großen Nachfrage kann es manchmal etwas länger dauern, bis wir unsere Pflanzen erhalten.

Noch ein Rat: Bei der Bestellung die botanischen Bezeichnungen verwenden! Auch der Sortenname darf nicht fehlen. Es kann vorkommen, dass eine bestellte Art oder Sorte ausverkauft ist. In diesem Fall liefert die Firma Ersatz. Wer dies nicht möchte, muss es in der Bestellung ausdrücklich vermerken. Da heute aber große Sortimente zur Verfügung stehen, werden uns auch Ersatzsorten in der Regel zufriedenstellen.

Bodenvorbereitung

Ganz gleich, ob wir eine große Staudenrabatte anlegen oder nur eine kleine Fläche um den Gartenteich, ob wir an ein Stückchen Heide denken oder den Wegesrand mit Polsterstauden zu verschönern beabsichtigen - immer bleiben diese Pflanzungen viele Jahre lang bestehen. Dies ist bei der Bodenvorbereitung zu berücksichtigen. Im Gemüseland oder bei Flächen für Einjahrsblumen lassen sich Fehler im nächsten Jahr ausgleichen, nicht aber bei Stauden.

Wenn bei der Neuanlage eines Gartens der Boden noch sehr hart und steinig oder durch Baumaschinen stark verdichtet ist, müssen wir die Pflanzflächen besonders sorgfältig vorbereiten. Es ist besser, wir warten ein halbes Jahr länger und arbeiten den Boden Quadratmeter für Quadratmeter gründlich durch, als dass wir die Staudenpflanzung überstürzt anlegen. Ich weiß, das ist keine leichte und schöne Arbeit, aber sie ist sinnvoll, wenn wir später Freude haben wollen.

Flächen, auf denen wir Prachtstauden pflanzen wollen, werden 2 Spaten oder Grabgabeln tief bearbeitet. Auch bei den anderen Pflanzengemeinschaften sollte der Boden für tief wurzelnde und hochwachsende Stauden auf 30–35 cm Tiefe gelockert werden. Dies gilt besonders für Solitärstauden. Für niedrige Arten, vor allem für Bodendecker, genügen 20 cm Tiefe.

→TIPP

Selbst der hartnäckige Giersch lässt sich von Hand entfernen: Fläche mit der Grabgabel durcharbeiten, dabei auch das kleinste Wurzelstückchen auflesen. Nach 4 Wochen treiben die trotz genauer Arbeit übersehenen Würzelchen aus. Diese jungen Gierschpflanzen mit der Grabgabel herausstechen und dies noch zweimal im Abstand von etwa 4 Wochen wiederholen. Dann ist die Pflanzfläche gierschfrei. Kompostiert ergeben die Gierschwurzeln eine wunderbar lockere Erde!

Dauerunkräuter entfernen

Steine, größer als eine 2-Euro-Münze, und besonders die Wurzeln von Dauerunkräutern wie Quecke, Giersch, Zaunwinde u. a. sollten, so gut es geht, entfernt werden. Auf jedes kleine Wurzelstückchen ist zu achten, denn sonst entsteht eine neue Pflanze, die wir später nur mehr schwer entfernen können. Nichts ist ärgerlicher, als wenn nach der Pflanzung solche Dauerunkräuter in die Wurzelstöcke der Stauden hineinwachsen. Perfektionisten bleibt dann nichts anderes

Ein neues Staudenbeet im zweiten Frühling. Für eine frühe Blüte wurden im Herbst noch Tulpen- und Narzissenzwiebeln ergänzt.

Hier das gleiche Beet im Sommer. Mädchenauge, Sonnenauge und Rosen dominieren farblich; Gräser liefern hübsche Formaspekte. Akzentuiert wird die Farbigkeit durch Dekokugeln. Die Hecke bildet den gestalterisch ruhigen Hintergrund und schirmt nach außen hin ab.

übrig, als die Pflanzen herauszunehmen und die ganze Fläche neu anzulegen.

Wir sollten auch gleich vorsorgen, dass nicht später einmal aus der Nachbarschaft Dauerunkräuter zu uns herüberwuchern. Entlang des Zaunes graben wir deshalb bereits jetzt 40 cm breite Blechstreifen senkrecht ein. Selbstverständlich können wir auch schmale Mäuerchen bis in diese Tiefe betonieren oder alte Wegplatten einlegen. Damit haben wir einen dauerhaften Schutzwall gegen Wurzelausläufer geschaffen, der den größten Teil der »Eindringlinge« abhält. Grenzt eine Staudenpflanzung unmittelbar an eine Rasenfläche an, so empfiehlt es sich, zwischen dem Rasen und der Pflanzung zusammenhängend Platten zu legen. Wir ersparen uns dadurch das Kantenstechen und erleichtern uns das Rasenmähen.

Bodenverbesserung

Sind die Pflanzflächen wie beschrieben durchgearbeitet, sollten wir sie verbessern. Mit Sand, Kies, Miscanthus- und Rindenhumus, Kompost und anderen Torfersatzstoffen lassen sich schwere Böden lockern und leichte Böden wasserhaltender und bindiger machen.

Haben wir leichten Sandboden, so kann Lehm untergebracht werden, um ihn »bindiger« und dadurch wasser- und nährstoffhaltender zu machen. Noch besser und auf Dauer entspannender ist es, auf die in den Abschnitten »Steppe«/ »Heide« (siehe S. 51-59) genannten Stauden zurückzugreifen, die sich von Natur aus auf nährstoffarmem, trockenem Boden wohlfühlen. Ist der Boden schwer, so können wir neben Torfersatzstoffen zusätzlich sandigen Kies einbringen, um ihn leichter und damit vor allem für eine Heide-, Steppen- oder Irispflanzung brauchbar zu machen. Die wichtigsten Verbesserungsmaterialien sind für uns also Rindenhumus und andere Torfersatzstoffe, denn Sand und Lehm lassen sich oft nur schwer oder mit zu großen Unkosten beschaffen. Je nach Bodenverhältnissen geben wir auf 10 m^2 mindestens 1–2 Sack.

Vor dem Verteilen wird das Material gut angefeuchtet und mit einem Grubber eingearbeitet. Um den Boden bei Beetstauden mit Nährstoffen zu versorgen, ist eine Gabe von organischen Düngemittel (Hornmehl, Knochenmehl) bzw. organischen oder mineralischen Düngern sinnvoll. Wichtig: Nie einfach drauflosdüngen, sondern im Zweifelsfall immer eine Bodenprobe untersuchen lassen. Unsere Gartenböden sind ohnehin fast immer ausreichend mit Nährstoffen versorgt und eine zusätzliche Düngung fördert nur das Unkraut und macht die Stauden anfällig für Krankheiten und Schädlinge.

Steht Komposterde zur Verfügung, so ist es wertvoll, wenn wir abschließend auf die Pflanzfläche hiervon noch eine etwa 1–2 cm hohe Schicht ausbringen. Sie darf nur flach eingearbeitet werden.

Links: Erst nach Skizze auslegen, dann pflanzen! Dabei lassen sich die Abstände überprüfen, sodass die Stauden nicht zu eng stehen.
Rechts: So sollte die Pflanzware aussehen: Der Ballen ist gut durchwurzelt, aber noch nicht verfilzt. Die Rittersppornpflanze ist perfekt.

Nährstoffhaltige Materialien wie Stallmist, Rinderdung und Co. haben bei der Bodenverbesserung nichts verloren. Die neu gepflanzten Stauden müssen sich ihre Nährstoffe »erarbeiten«. Indem sie tief und weit wurzeln. Wenn wir ihnen ein gemachtes Bett bieten, dann bleiben sie faul. Sie haben ja alles, was sie brauchen, direkt um den Wurzelballen. Es ist wie immer beim Gärtnern - wenn wir uns mit Sorgfalt und Maß - um den Boden kümmern und ihn gründlich vorbereiten, wird das Pflanzen Spaß machen, und das Beet ist voller vitaler, blütenreicher Pflanzen.

Pflanzung

Pflanzzeit

Stauden werden inzwischen fast überall in Kunststofftöpfchen (Container), also mit Ballen angeboten. Wir können deshalb fast das ganze Jahr über pflanzen, mit Ausnahme der Wintermonate. Für Sumpf- und Wasserstauden sowie für Präriestauden ist ab Mai bis Mitte August die beste Zeit.

Auch die örtlichen Klima- und Bodenverhältnisse spielen eine Rolle. So sollte auf schwereren Böden und in raueren Lagen im Herbst auf keinen Fall zu spät gepflanzt werden. Die Stauden wurzeln sonst nicht mehr so gut ein. Kann einmal erst Ende November/Anfang Dezember gepflanzt werden, ist eine dicke Mulchschicht sinnvoll. Für folgende Arten ist eine Frühjahrspflanzung zu empfehlen: Herbst-Anemone, Goldkamille, Berg-Aster, Garten-Chrysantheme, Große Sommer-Margerite, Fackellilie, Lupine, Skabiose, Königskerze sowie für alle Präriestauden, Ziergräser und Farne. Stockrosen werden von Frühling bis Juli gepflanzt.

Können die Stauden nicht direkt nach der Ankunft gepflanzt werden, bringen wir sie an einen schattigen, windgeschützten Platz. Gießen nicht vergessen!

Nach Pflanzskizze auslegen

Nun zur Pflanzung selbst: Erst werden die hohen Arten auf der vorgesehenen Fläche ausgelegt, die Pflanzstellen für Rosen oder andere Gehölze freigehalten und gelegentlich ein Quadratmeter für Einjahrsblumen vorgesehen. Dann folgen die mittelhohen Stauden und schließlich die niedrigen. So tun wir uns am leichtesten, denn die hohen Arten bleiben am längsten stehen, ihre Plätze sollten also besonders sorgfältig ausgewählt werden. Vor allem müssen sie genügend Abstand voneinander haben. Das Auslegen geschieht nicht in schnurgeraden Reihen, sondern immer zwanglos locker. Die ganze Anlage soll möglichst ungezwungen und natürlich aussehen. Dabei halten wir aber gleiche Pflanzabstände innerhalb der einzelnen Arten ein. Wenn alle Stauden ausgelegt sind, ergibt sich bereits ein erstes Bild, das noch leicht korrigiert werden kann.

Das Einpflanzen

Das Pflanzen sollte möglichst bei bedecktem Himmel und wenig Wind erfolgen, an sonnigen Tagen am besten abends oder morgens. Bei größeren Flächen nehmen wir zum Daraufstehen ein Brett zu Hilfe, damit die Erde beim Pflanzen nicht festgetreten wird.

Wichtig ist, dass die Wurzeln senkrecht in den Boden kommen und nicht nach oben umgebogen werden. Zu lange Wurzeln werden auf Handbreite gekürzt. Bei wurzelnackt gelieferten Stauden mit fleischigen Wurzeln, wie Lupinen, Tränendes Herz oder Orientalischem Mohn, schneiden wir nur die beschädigten oder angefaulten Wurzeln bis auf die gesunden Teile zurück bzw. kürzen nur um ein Drittel ein. Topfballenware (Container) nur gut durchfeuchtet pflanzen! In einen mit Wasser gefüllten Behälter stellen, bis sich die Ballen vollgesaugt haben!

Die einzelnen Stauden sollen so tief gepflanzt werden, wie sie auch vorher gestanden haben. Wurzelnackte Stauden werden so gesetzt, dass ihre Austriebsknospen entweder mit dem Bodenniveau abschließen oder knapp darunter liegen. Die meisten Stauden lassen sich bequem mit der Pflanzkelle setzen, bei einigen nehmen wir besser den Spaten zu Hilfe. Wichtig ist ein festes Pflanzen. Die Erde wird um die Pflanzen mit beiden Händen gut angedrückt. Nicht mit den Füßen antreten, das führt zur Bodenverdichtung. Danach werden die Stauden selbst bei Regenwetter durchdringend angegossen. Dadurch wird die Erde an die Wurzeln geschlämmt.

Sobald die Fläche abgetrocknet ist, wird der Boden zwischen den Stauden gemulcht. Die Mulchschicht verhindert, dass die Feuchtigkeit im Boden an der Oberfläche verdunstet. Als Material eignen sich Rindenhumus, *Miscanthus*, Gartenfaser, Sand, Kies oder feiner Schotter (Körnung 2/8).

Bodenpflege und Düngung

Durch fortwährende Züchtung hat es die Gruppe der Prachtstauden, auch Beet- oder Rabattenstauden genannt, zu beachtlichen Blühleistungen gebracht; sie ist dabei aber auch sehr anspruchsvoll geworden. Wir müssen den Boden deshalb häufig bearbeiten. Wildstauden dagegen brauchen nur im ersten und vielleicht noch im zweiten Jahr nach der Pflanzung eine ähnlich aufmerksame Pflege; vor allem müssen Unkräuter entfernt werden. Dann aber machen sich die Stauden selbstständig und bilden eine geschlossene Decke.

Bodenbearbeitung

Beim Thema Bodenbearbeitung gehen die Meinungen auseinander. Früher waren wir der Ansicht, dass der Boden, sobald er nach einem Regenschauer oder Gießen leicht abgetrocknet war, mit einem der handlichen Geräte (Lüfter, Kultivator) oberflächlich gelockert werden sollte. Das verhindert, dass Unkraut keimt und Feuchtigkeit aus den unteren Bodenschichten durch die sogenannte Kapillarwirkung nach oben aufsteigt und ungenutzt verdunstet. Im Prachtstaudenbeet oder unter Rosen ist das durchaus sinnvoll. In einem normalen Staudenbeet ist es aber besser, wenn der Boden immer bedeckt ist. Von Mulch oder von Pflanzen. Die Natur kennt keinen dauerhaft offenen Boden. Offener Boden wird schnell von Unkraut und anderen Pionierpflanzen besiedelt. Besser ist es, ihnen erst gar keine Chance zu bieten. In Zeiten des Klimawandels gilt es, den Boden zu schützen. Vor der Sonne, vor der Hitze und vor Austrocknung. Also muss er beschattet werden. Das geschieht einerseits durch die Pflanzen selbst. Oder eben durch eine Abdeckung mit Mulch.

Wertvolle Geräte für den Staudengarten (von o. n. u.): Kultivator (Krümmer), Bodenlüfter, Rosengabel, Grabgabel. Die 2-zinkige Rosengabel lässt sich auch selbst herstellen, indem wir von einer normalen Grabgabel die äußeren beiden Zinken mit einem Winkelschleifer (Flex) entfernen.

Kleingeräte zum Pflanzen und zur Unkrautbekämpfung zwischen eng stehenden Stauden (von li. nach re.): Pflanzkelle, Handgrubber, Handjäter, Handgabel.

Mulchen erspart Gießen

Um die dauernde **Unkrautbekämpfung** und vor allem das wiederholte Lockern zwischen Prachtstauden zu ersparen, können wir die offenen Flächen mit organischer Masse bedecken. Mulchen ist der Fachausdruck hierfür. Allerdings sollten wir nicht eine dicke Schicht von frisch geschnittenem Gras und Unkräutern auf die offene Fläche bringen. Erstens würde darunter das gute Aussehen unserer Prachtstaudenpflanzung leiden, und zum anderen gäbe es neuen Unkrautwuchs durch den ausfallenden Samen. Besser ist es, wir decken den Boden mit halbverrottetem, grobem Kompost, Gartenfaser oder gehäckseltem Miscanthus. Im Herbst gegeben, haben wir einen Schutz gegen Barfrost, auch trocknet im kommenden Jahr der Boden unter einer solchen Schicht nicht so leicht aus, er bleibt locker (auch bei stärkerem Regen), und der Unkrautwuchs wird unterdrückt. Zusätzlich wird das Bodenleben angeregt, was sich wiederum auf ein freudiges Wachstum der Stauden auswirkt.

→ TIPP

Durch jährliche Volldüngergaben sind manche Böden mit Phosphat und Kali viel zu reichlich versorgt. In diesem Fall beschränken wir uns auf Stickstoffdünger. Eine Bodenuntersuchung, alle 3–4 Jahre durchgeführt, gibt Aufschluss, ob wir überhaupt, und wenn ja, womit und wie viel wir düngen sollen!

Wenn nach ein paar Jahren der Mulch zwischen den Stauden langsam verrottet ist, dann ist es auf jeden Fall sinnvoll, wenn wir den Boden oberflächlich leicht aufrauen und lockern, bevor wir neuen Mulch ausbringen. Besonders gut geeignet ist hierzu die Rosengabel mit nur zwei Zinken, ein Dreizahn oder ein Grubber. Das Einarbeiten des organischen Materials können wir anschließend getrost den fleißigen Bodenorganismen wie Regenwurm, Asseln und Käfern überlassen.

Bodenpflege

Zur Bodenbearbeitung und Bodenpflege gehört auch eine regelmäßige Beetkontrolle, bei der Unkräuter und unerwünschte Sämlinge entfernt werden. Statt nur ein- oder zweimal im Jahr durchs Beet zu gehen, ist es sinnvoller, dies regelmäßiger zu tun, alle vier bis sechs oder acht Wochen. Dann ist das Unkraut klein und lässt sich einfacher jäten. Warten wir zu lange, machen besonders Löwenzahn, Disteln und Sauerampfer Mühe, weil ihre Pfahlwurzeln dann schon tief im Boden stecken.

Gießen

Beim Gießen in den Sommermonaten gilt die Regel: Auch in Trockenperioden nicht allzu oft gießen, dafür aber durchdringend, möglichst morgens oder abends. Durch Beobachten werden wir bald feststellen, welche Stauden bei Hitze besonders rasch schlappmachen und deshalb öfter Wasser brauchen wie Phlox, Sonnenauge, Sonnenbraut und Rittersporn - während andere genügsam sind.

Düngen, aber mit Maß

Bei der Düngung müssen wir einen Unterschied machen zwischen Wildstauden und Prachtstauden. Da wir bereits bei der Pflanzung (siehe Pflanzgemeinschaften) eine Trennung zwischen beiden Gruppen vorgenommen haben, ist dies nicht schwierig.

Wildstaudenpflanzungen, wie sie in diesem Buch für Schatten und volle Sonne zusammengestellt wurden, versorgen wir nur gelegentlich mit Kompost. Dadurch bleibt der natürliche Wuchscharakter erhalten, der durch eine mineralische Düngung bei manchen von ihnen verloren gehen würde. Für Arten, die auf mageren, sandigen Böden gedeihen, ist bereits Kompost zu viel. Sie verlieren dabei ihre typische Blattform und Färbung. Das trifft besonders für graufilzige Bodendecker zu.

Da wir alle abgestorbenen und abgeschnittenen Pflanzenteile auf den Kompost bringen, geben wir mit ihm all das wieder dem Boden zurück, was ihm entzogen wurde. Durch mäßige Kompostgaben werden die Pflanzen nicht mastig, schießen nicht ins Kraut, sondern behalten ihren natürlichen, gesunden Wuchs bei. Übrigens, der Komposthaufen sollte nicht so lange liegen bleiben, bis alle organischen Garten- und Küchenabfälle zu Erde geworden sind. Wir bringen vielmehr den Kompost in einer lockeren grobflockigen Form auf die Staudenflächen, wo er dann durch die Bodenlebewesen abgebaut wird.

Die anspruchsvollen **Prachtstauden** düngen wir zusätzlich. Auch züchterisch bearbeitete Schattenstauden wie Herbst-Anemonen, Astilben, Akelei, Eisenhut u. a. zählen hierzu. besonders der Eisenhut ist unersättlich. Grundlage ist auch hier der Kompost. Um Nährstoffe in den Boden zu bringen, verwenden wir gern organische Düngemittel wie Horn- und Knochenmehl oder organisch-mineralische Dünger. Wir streuen von ihnen im Frühjahr nach aufgedruckter Gebrauchsanweisung aus. Diese Düngemittel zersetzen sich nur langsam, wirken dann aber umso länger.

Mineralische Volldünger wirken schnell und sofort, haben aber den Nachteil, dass sie das Bodenleben stören können und die Pflanzen zu übertriebenem Wachstum anregen. Solche Höchstleistungen sind im Staudengarten nicht nötig. Im Gegenteil, mineralisch gedüngte Stauden sind oft anfälliger für Krankheiten und Schädlinge und fallen bei Regen und Wind leicht auseinander - ein Nachteil von zu viel Stickstoff. Abgesehen von der unbefriedigenden Blüte sieht solch ein überdüngtes Beet recht unordentlich aus.

Während das Laub empfindlicher Ritterspornsorten im Juni/Juli kaum Mehltaubefall zeigt, ist es zur Zeit der zweiten Blüte (September/Oktober) häufig weiß überstäubt.

Pflanzenschutz

Chemische Pflanzenschutzmittel haben im Garten nichts verloren. Schließlich soll der Garten ein Lebensraum sein. Für Insekten, Vögel, Igel und viele andere Tiere. Und natürlich auch für uns Menschen. Wer möchte schon in einer vergifteten Umwelt leben? Wir beugen Krankheiten und Schädlingen daher am besten vor. Wenn wir den Stauden den Standort im Garten geben, den sie brauchen, fühlen sie sich wohl, wachsen kräftig und werden deshalb weniger von Schädlingen und Krankheiten heimgesucht werden als schwächliche Pflanzen. Die Wahl des richtigen Standortes bzw. umgekehrt die Zusammenstellung der Stauden aufgrund der gegebenen Verhältnisse (Boden und Licht), eine gründliche Bodenvorbereitung und richtige Ernährung sind die besten Vorbeugungsmaßnahmen gegen Krankheiten und Schädlinge. Wenn sich doch einmal Probleme einstellen, ist das kein Grund zur Panik. Nehmen wir zuerst die wichtigsten Pilzkrankheiten unter die Lupe:

Pilzkrankheiten

Sehen unsere Pflanzen wie mit Mehl bestäubt aus, so handelt es sich um den Echten Mehltau. Vor allem Herbst-Astern, Goldrute und Rittersporn in der zweiten Blüte werden immer einmal wieder von dieser Pilzkrankheit befallen. Der Rost, wie er besonders an Malven vorkommt, ist an den rotbraunen Pusteln an Stängeln und Blättern erkenntlich. Bei feuchter Witterung und engem Stand werden diese Krankheiten gefördert. Wie sich vorbeugen lässt, wurde bereits erwähnt. Verschiedentlich lassen sich besonders anfällige Stauden auch durch andere Arten oder widerstandsfähigere Sorten ersetzen.

Stützen dieser Art rechtzeitig auf umfallgefährdete Stauden auflegen und langsam mit dem Wachsen derselben hochziehen.

Tierische Schädlinge

Tierische Schädlinge treten als Larven, Raupen und Käfer auf, vor allem aber machen uns Schnecken, Blattläuse, Ameisen und Nematoden (Älchen) zu schaffen. Schnecken können wir ohne Gift bekämpfen, indem wir sie absammeln und mit einer Schere zerschnibbeln. Sehr gut eignet sich zum Absammeln eine Spaghettizange. Wichtig ist, dass die Schnecken bereits ab März bekämpft werden, denn sie fallen über die zarten jungen Triebe von Gämswurz, Rittersporn, Lilien, Goldruten, Sonnenbraut und Margeriten recht rigoros her, vor allem bei feuchter Witterung, in den Morgen- und Abendstunden. Wenn Absammeln nicht genügt, weil immer wieder neue Schnecken aus der Umgebung zuwandern, beim Austrieb einige Körner Schneckenkorn um die jungen zarten Triebe der gefährdeten Arten streuen. Blattläuse haben es besonders auf Brennende Liebe, Weiße Sommer-Margerite und Eisenhut abgesehen. Auch wenn es schwerfällt, ist eine Bekämpfung nicht nötig. Es dauert nicht lange, bis Meisen und Spatzen die proteinreichen Saftsauger entdeckt haben. Wenn wir diesen Nützlingen den Garten als Lebensraum anbieten, dann nehmen sie uns viel Arbeit ab. In vielfältigen Staudenbeeten finden sich ganz von alleine Marienkäfer und Florfliegen ein, deren Larven Läuse fressen. Wespen, Libellen und Raubfliegen machen sich über Raupen her.

Bei Älchen, wie sie besonders bei Sommer-Phlox auftreten, ist eine Bekämpfung schwierig. Stark anfällige Sorten sollte man am besten aus dem Garten entfernen und die in diesem Buch genannten verwenden, weil sie weitgehend widerstandsfähig gegen die mikroskopisch kleinen Älchen sind. Einen Befall erkennt man an dem dürren Laub.

Gegen Haus- und Feldmäuse helfen Fallen oder eine Katze. Sehr verbreitet und viel schwerer in Schach zu halten sind Wühlmäuse, die im Boden in Gängen leben und vor allem besonders Zwiebeln und Knollen, fleischige Staudenwurzeln sowie Obstgehölze von unten komplett abfressen. Sie lassen sich mit speziellen Fallen (Augsburger Kippbügelfalle; Topcat-Falle) oder – unter Zuhilfenahme eines Schädlingsbekämpfers – mit Giftködern bekämpfen.

Stäben und Schneiden

Sehr wichtig ist das rechtzeitige Anbringen von Pflanzenstützen bei Arten, die zum Umfallen neigen, vor allem bei Regengüssen oder Sturm. Besonders gefährdet sind Rittersporn, Feinstrahl, Orientalischer Mohn und Malven, aber auch üppige, nicht standfeste Herbststauden wie hohe Astern, Sonnenblumen und Hoher Sonnenhut. Wenn der Standort nicht vollsonnig ist, bleiben die Triebe mancher Prachtstauden etwas schwach, wachsen höher als normal, sodass sie beim nächsten Platzregen umfallen. Die Standfestigkeit wird aber auch von der Düngung beeinflusst, deshalb Dünger wirklich nur bei Bedarf geben!

Trotz allem lässt es sich aber nicht ganz vermeiden, dass die genannten Stauden eine Stütze benötigen. Früher haben wir Staudennetze aus Plastik verwendet. Wenn dann die Stängel im Winter trocknen und im Frühjahr entfernt werden, hatten wir das Netz überall und konnten die Staudenstängel nicht kompostieren. Viel besser sind natürliche Materialien wie Reisig oder (trockene) Stecken von Haselnuss oder Hartriegel, die kreuz und quer zwischen die Stauden gesteckt werden. Im Spätwinter, wenn das Beet zurückgeschnitten wird, kann dann alles zusammen kompostiert werden. Gut geeignet sind auch Eisenringe von etwa 30 cm Durchmesser, die auf drei 50–70 cm hohen, leicht schräg stehenden dünnen Rundeisen aufgeschweißt sind. Vielleicht haben wir im Freundeskreis einen Hobbyschlosser, der uns solche Staudenhalter anfertigen kann. Selbstverständlich können die Maße abgeändert werden, wenn z. B. besonders umfangreiche Staudenbüsche (alte Pfingstrosen) vorhanden sind. Eine solche Stütze ist robust und fügt sich angerostet recht unauffällig ins Gartenmilieu ein, sodass sie sogar den Winter über an Ort und Stelle verbleiben kann. Übrigens sehen braune (rostfarbene) Stützen im Beet viel natürlicher aus als grün lackierte oder gestrichene.

Auf keinen Fall sollte man einen kräftigen Pflock neben den umfallgefährdeten Stauden in den Boden schlagen und sie mit einem dicken Strick anbinden. Die ganze Eleganz von Rittersporn und anderen wäre dahin. Ich binde, wenn es geht, jeden einzelnen Trieb an einen dünnen Bambusstab an bzw. an Stäbe, die beim Abschneiden des Riesen-Chinaschilfs (S. 151) anfallen. Die kräftigen, 2 m langen Halme eignen sich vorzüglich zum Stäben von Pflanzen. Unten sind sie dicker, nach oben zu dünner, sodass wir sie uns in passender Länge und Stärke zurechtschneiden können.

Rückschnitt verhindert Selbstaussaat

Die meisten **Prachtstauden** schneiden wir gleich **nach der Hauptblüte** zurück. Dadurch wird verhindert, dass Samen ausfallen, die bei verschiedenen Arten in den Wurzelstöcken keimen. Diese Sämlinge fallen meist nicht sortenecht aus, haben also nicht dieselben Eigenschaften wie die Edelsorte. Sämlinge sind recht vital und verdrängen die Mutterpflanzen. Besonders bei Hohem Sommer-Phlox, Rittersporn, Lupinen oder Dreimasterblume lässt sich dies beobachten. Außerdem werden durch den Rückschnitt Blüte und Lebensdauer verlängert. Erst im Oktober/November werden die meisten Prachtstauden bis dicht über dem Boden zurückgeschnitten.

Rittersporn wird nach der Blüte im Juni/Juli zurückgeschnitten. So können wir uns im Herbst über einen zweiten Flor freuen.

Wird beim Hohen Sommer-Phlox im Frühsommer ein Teil der Triebe gekappt, verzögert sich dort die Blüte und verlängert sich die Blütezeit.

Wenn beim Wolligen Ziest die Blüten kreuz und quer liegen, hilft nur ein Rückschritt bis dicht über die graufilzigen Polster.

Andererseits gibt es manche im Sommer oder Herbst blühende Stauden, wie Sonnenbraut, deren bräunliche **Fruchtstände** die Pflanzung bereichern. Das Gleiche gilt für den Sonnenhut und Kissen-Astern. Bei Letzteren sind die trockenen Samenstände eine Zierde und zugleich ein Schutz gegen Barfröste; die Triebe lassen sich im Frühjahr leicht von Hand abbrechen.

Rückschnitt für längere Blütezeit

Bei manchen Beetstauden lohnt es sich, die **verblühten Einzelblüten** zu **entfernen**, da sich dann die Blütezeit erheblich verlängert, wie bei Sonnenauge und Skabiose. Bei Margeriten sollten die verblühten Teile mitsamt den Stielen abgeschnitten werden, damit sich die Pflanzen gut bestocken. Beim Wolligen Ziest werden die im Abblühen ohnehin unschön aussehenden Blüten entfernt, damit die silbriggrauen Polster dicht bleiben.

Durch einen **kräftigen Rückschnitt** nach der Blüte können wir bei folgenden Arten im Spätsommer eine Nachblüte erzielen: Rittersporn, Bunte Margerite, Feinstrahl, Lupine, Katzenminze und Salbei *(Salvia nemorosa)*. Zurückgeschnitten wird bis auf Handbreite über dem Boden. Lediglich bei Lupinen entfernen wir nur die Blütenstiele, während die Blätter geschont werden.

Auch eine Reihe von **Halbstauden**, die normal nur zwei Jahre ausdauern, schneiden wir gleich nach der Blüte zurück. Wir können dadurch die Lebensdauer verlängern, denn diese Pflanzen treiben nochmals aus, um ihr Lebensziel – die Vermehrung durch Samen – zu erreichen. Hierzu zählen Malven, Nachtviole, Lichtnelke, Färberkamille. Manche Stauden blühen so überreich, dass sie nicht mehr dazu kommen, neue Triebknospen für das nächste Jahr zu bilden, und diese dann ausbleiben. Wir schneiden deshalb zeitig im Herbst Blüten und Triebe bis auf den Boden herunter, um so die Bildung neuer Triebknospen anzuregen. Hierzu zählen Kokardenblume, Mädchenauge, Hohe Sommer-Margerite und Spornblume.

Kompakte Pflanzen durch Rückschnitt

Unter den kriechenden Stauden gibt es welche, die ohne Rückschnitt nach einigen Jahren schütter werden und dann recht unschön aussehen. Genau betrachtet sind es gar keine Stauden, sondern Zwergsträucher, denn ihre Triebe sind verholzt. Im Frühjahr vor dem neuen Austrieb bzw. gleich nach der Blüte schneiden wir sie deshalb bis auf etwa Handbreite über dem Boden zurück. Meist genügt dies alle 2–3 Jahre. Hierzu gehören Sonnenröschen (gleich nach der Blüte zurückschneiden), Schneeheide, Heiligenkraut *(Santolina)*, Thymian, Schleifenblume, Lavendel, Perowskie und Gamander *(Teucrium)*. Die beiden Letztgenannten sollten jährlich im Frühjahr zurückgeschnitten werden. Schleifenblume, Lavendel, Perowskie und Gamander vertragen einen regelmäßigen Rückschnitt so gut, dass wir sie auch als niedrige Hecken ziehen können. Durch Rückschnitt können wir bei einigen Stauden auch die Blütezeit verlängern bzw. verschieben. Bei Sommer-Phlox, Sonnenbraut *(Helenium)* und Herbstastern brauchen wir nur einen Teil (etwa ein Drittel) der Triebe um Handbreite einzukürzen, spätestens sobald sich die ersten Blütenknospen zeigen. Es entstehen mit einer

Links: Bei Lavendel erfolgt der Rückschnitt nach der Blüte oder im kommenden Frühjahr. Andernfalls verkahlen die Pflanzen und werden langstielig.

Rechts: Im Herbst die Beetstauden bodeneben abschneiden und das Material kompostieren.

kleinen Verzögerung dann neue, seitliche Triebe, die einige Wochen später blühen. Man kann sogar - z. B. wenn man verreisen, aber auf die Blüte nicht verzichten möchte - noch weiter gehen und sämtliche Triebe mit Blütenknospen um Handbreite zurückschneiden, um auf diese Weise die komplette Blütezeit zu verschieben - Staudenprofis nennen das den »Chelsea-Chop«.

Während Prachtstauden grundsätzlich im Herbst zurückgeschnitten werden, lassen wir die naturnahen Pflanzungen im Herbst ungestört und schneiden diese erst im zeitigen Frühjahr zurück. Für naturnahe Pflanzungen verwenden wir Wildstauden, Auslesen von heimischen Arten oder Züchtungen, die den Wildstauden nahestehen.

Fruchtstände als Winterschmuck

Es wurde eingangs empfohlen, die verblühten Triebe zu entfernen. In erster Linie soll das die Pflanzen davor bewahren, Kraft in die Ausbildung überflüssiger Früchte und Samen zu investieren. Aber keine Regel ohne Ausnahme! So lassen wir die Fruchtstände und Blätter vieler Gräser bis in den Spätwinter hinein stehen. Sie sind gerade bei Schnee und Raureif eine Zierde für unseren Garten. Auch Fruchtstände wie z. B. die von Feuer-Lilie, Wiesenraute, Astilbe, Edeldistel, Fette Henne *(Sedum)*, Statice *(Limonium)* u. a. bringen hübsche Akzente in den winterlichen Garten. Diese Pflanzen und pauschal gesagt alle Wildstauden und wenig hochgezüchtete Sorten verlieren nicht allzu viel Kraft dabei; wir schaden ihnen keineswegs mit der »ruhigen Hand«. Und wer etwa Mohnkapseln als Christbaumschmuck vergolden oder den Mohnsamen für Mohnkuchen verwenden will, muss die Fruchtstande natürlich ebenfalls ausreifen lassen. Das Stehenlassen von Samenständen führt selbstverständlich auch zur Vermehrung einiger Arten, die sich gern selbst aussäen. Während das bei einigen Arten, etwa Stockrosen *(Alcea rosea)*, willkommen ist, kann das bei anderen lästig sein.

Winterschutz

Einen »normalen« Winter mit Schnee überstehen die in diesem Buch genannten Stauden sehr gut. Kältegrade, wie sie bei uns üblich sind, richten keinen Schaden an. Gefährlich wird es für manche Arten nur, wenn Barfröste auftreten, also Kälte ohne Schnee. Das ist besonders nachteilig, wenn der Dezember nass und mild ist und anschließend der Boden gefriert, ohne dass es vorher geschneit hat. Auch scharfer Ostwind und die Gegensätze von frostklirrenden Nächten und sonnigen Mittagsstunden bekommen besonders den wintergrünen Stauden sehr schlecht.

Das Staudenbeet von S.13 im Winter. Nachdem die unschönen Reste der Beetstauden abgeschnitten sind, kommen die Gräser besonders gut zur Geltung.

Obwohl es durch den Klimawandel in den letzten Jahren viel wärmer geworden ist, sind kalte Winter immer noch möglich. Außerdem ist die Spätfrostgefahr gestiegen, denn durch die milden Winter treiben viele Stauden früher aus. Daher tun wir gut daran, empfindlichere Arten zu schützen. Dazu gehören Pampasgras, Pfahlrohr, Fackellilie, Palmlilie und Japanische Anemone. Wie wir es machen, steht bei den einzelnen Arten.

Immergrüne Stauden, wie wir sie besonders in der Trockenmauer und im Steingarten verwenden, werden locker mit Fichtenzweigen bedeckt. Wir schützen sie nicht gegen Kälte, sondern nur vor dem Wechsel von sonnigen Tagen und kalten Nächten sowie vor austrocknenden Winden. Auch Stauden-Neupflanzungen, vor allem wenn wir sie spät im Herbst angelegt haben, sollten mit Fichtenzweigen locker abgedeckt werden.

Winternässe ist eine große Gefahr für Stauden, die aus dem mediterranen Raum stammen. Die beste Vorsorge ist hier eine Pflanzung in durchlässigen Boden oder eine Abdeckung mit einer Plexiglasscheibe, die auf Steine gelegt wird.

Aus eins mach viele – Vermehrung

Wenn wir unseren Garten neu anlegen, braucht uns die Staudenvermehrung noch nicht zu interessieren. Wir beziehen das Pflanzgut von einer Staudengärtnerei. Haben wir aber größere Flächen zu bepflanzen, so können wir sparen, indem wir von den vorgesehenen Gattungen, Arten und Sorten nur wenige Stück beziehen, um diese dann im kommenden Jahr selbst weiter zu vermehren. Besonders bei bodendeckenden Pflanzen werden größere Stückzahlen benötigt.

Teilung

Die Teilung ist die leichteste Vermehrungsart. Meist genügen die wenigen Pflanzen, die wir dabei bekommen.

Frühjahrs- und Vorsommerblüher (Gelbe Frühlingsmargerite, Bunte Margerite u. a.) werden am besten gleich nach der Blüte geteilt. Dabei wird das Laub bis dicht über dem Boden zurückgeschnitten. Die Pflanzen werden mit der Grabgabel herausgehoben, in höchstens faustgroße Stücke geteilt und auf gut vorbereitetem Boden neu aufgepflanzt. **Spät blühende Stauden** (Sommer-Phlox, Herbstastern, Sonnenbraut oder Freilandchrysanthemen), vor allem auch Gräser, teilen wir am besten im Frühjahr. Die meisten anderen Stauden aber lassen sich völlig problemlos sowohl im Frühjahr wie im Herbst teilen.

Stauden, die an ihren vielen Trieben Wurzeln bilden, können das ganze Jahr über, also vom Frühjahr bis zum Herbst, geteilt werden. Sie werden aus dem Boden genommen und mit den Händen auseinandergerissen. Die einzelnen mit Wurzeln besetzten Triebe, oder mehrere in kleinen Büscheln zusammen, können dann sofort wieder gepflanzt werden. Hierzu gehören die **teppichbildenden Arten** wie Sternmoos, Katzenpfötchen, die verschiedenen Fetthenne-Arten, Pfennigkraut, Günsel, Ziest oder Thymian. **Auch Rosetten bildende Stauden** wie Mannsschild *(Androsace)* und Hauswurz-Arten *(Sempervivum)* fallen darunter.

Viele Stauden lassen sich mit dem Spaten gut teilen. Hier Taglilien *(Hemerocallis)*, hübsche und überaus robuste Stauden.

Polsterstauden wie den Mauerpfeffer können wir mit den Händen leicht in einzelne Teile auseinanderziehen; sie wachsen am neuen Platz meist rasch an.

Steinbrech-Arten und verschiedene Primeln sind allerdings etwas heikler in Bezug auf das Anwachsen. Wir sollten diese Arten gut feucht und schattig halten, bis sie uns durch neuen Trieb anzeigen, dass sie gut eingewurzelt sind. **Bodendeckende, wintergrüne Stauden** für den Halbschatten, wie Immergrün, Haselwurz und Ysander, lassen sich verhältnismäßig leicht durch Zerlegen in einzelne bewurzelte Triebe vermehren.

Besonderheiten sind bei der Pfingstrose und Bart-Iris *(Iris barbarta)* zu beachten. Pfingstrosen teilen wir im Herbst (September), weil um diese Zeit die Blattköpfe gut ausgereift sind und im Frühjahr sofort ihr neues Leben beginnen können. Iris dagegen teilen wir im Juli oder August, also nach der Blüte. Um diese Zeit setzt nämlich die neue Wurzelbildung ein. Wir gehen dabei so vor, dass wir die Wurzelstöcke durch Abschneiden der Triebköpfe an einer Abschnürung teilen. Verbleibende Rhizome ohne Triebknospen sind wertlos.

Leicht zu teilen sind Eisenhut, Maiglöckchen, Lampionblume und alle schon genannten bodendeckenden Stauden. Sobald wir die drei zuerst genannten Stauden aus dem Boden nehmen, zerfallen sie bereits in einzelne Wurzelstücke bzw. Rhizome.

Mit der Hand oder unter gelegentlicher Zuhilfenahme eines Messers lassen sich folgende Stauden – besonders in jungem Zustand – leicht in bewurzelte Triebe zerlegen: Rote Schafgarbe, Glattblatt-Aster, Große Sommer-Margerite, Gelbe Frühlingsmargerite, Sonnenbraut oder Schwertlilie.

Stauden mit verholzten Wurzelstöcken zerlegen wir am besten mit dem scharfen Spaten in einzelne Teilstücke. Hierzu gehören: Goldgarbe ‘Parker’, Berg-Aster, Raublatt-Aster,

Prachtspiere, Rittersporn, Feinstrahl, Sonnenauge, Taglilie, Brennende Liebe, Pfingstrose, Hoher Sommer-Phlox.

Bei **Stauden mit pfahlartigen Wurzeln nehmen** wir nach dem Ausgraben ein Messer zur Hand und schneiden die Pflanze senkrecht durch, sodass jedes Teilstück (meist gibt es nur zwei) Wurzeln und Triebe hat. Manche dieser Stauden mit pfahlartigen Wurzeln, wie Akelei oder Edeldistel, lassen sich nur schlecht teilen. Zu dieser Gruppe gehören auch Steppenkerze, Lupine, Skabiose, Adonisröschen, Küchenschelle, Schleierkraut, Freilandgloxinie *(Incarvillea)* und Nachtkerze. So weit bei der Teilung die fleischigen Wurzeln beschädigt werden, schneiden wir sie glatt. Dadurch wird eine bessere Verheilung erzielt und Fäulnis vermieden. Auch ein zusätzliches Einpudern der glatten Schnittstellen mit Holzkohlepulver wirkt der Fäulnisgefahr entgegen.

Die Teilung ist für den Hobbygärtner die einfachste und damit wichtigste Vermehrungsart. Wir teilen Stauden aber auch aus anderen Gründen: So sollten eingewurzelte, starke Stauden nie verpflanzt werden, ohne dass man sie vorher teilt. Auch wenn Stauden mit dem Blühen und in ihrer Entwicklung nachlassen, nehmen wir sie aus dem Boden, zerlegen sie in faustgroße Teilstücke und pflanzen diese neu auf.

Aussaat

Viele Stauden können auch durch Samen vermehrt werden, vor allem Selektionen von Beetstauden, deren Sämlinge sortenecht sind, und viele Wildstaudenarten. Aber auch die Aussaat von Stauden, die nicht treu aus Samen fallen, hat für den Liebhaber einen gewissen Reiz, denn es gibt unter solchen Sämlingen Überraschungen. Es ist wie bei einer Lotterie: Es können Nieten, Treffer und sogar Hauptgewinne darunter sein. Pflanzen in einer Farbe, wie wir sie bei der betreffenden Art noch nie gesehen haben. Bei der Aussaat gibt es immer Neues zu entdecken!

- Teilstücke sollten höchstens Faustgröße haben.
- Als Teilstücke, die wieder aufgepflanzt werden sollen, nur die äußeren, jungen Teile der großen Pflanzen verwenden.
- Jedes Teilstück muss Wurzeln und Triebknospen haben.
- Unkraut, dasin den Wurzelstock hineingewachsen ist, bei der Teilung sorgfältig entfernen.
- Die Wurzeln der Teilstücke auf Handlänge einkürzen. Auf keinen Fall die langen Wurzeln in die Erde zwängen und sie nach oben umbiegen.

Zum Teilen von Iris nehmen wir das Messer zu Hilfe. Die beste Zeit hierfür ist im August, also bald nach der Blüte.

Viele Wildstauden lassen sich durch Samen vermehren, ebenso züchterisch bearbeitete Selektionen, deren Sämlinge sortenecht bleiben.

Frostkeimer benötigen Kälte

Verschiedene Arten, wie Christrose, Leberblümchen, Tränendes Herz oder Rittersporn, keimen am besten, wenn sie sofort nach der Samenreife ausgesät werden. Andere wiederum, die sogenannten Frostkeimer, müssen die Einwirkung von Schnee und Kälte spüren. Hierzu gehören z. B. Eisenhut, Enzian, Primeln, Scheinmohn und Steinbrech. Wir säen sie im Dezember aus und stellen die Schalen oder Töpfe ins Freie, eventuell mit einem Drahtgeflecht gegen Vögel geschützt. Damit die Saat rasch keimt, holen wir die Saatgefäße bei Winterausgang, also im Februar/März ins warme Zimmer oder stellen sie ins Frühbeet. Nach dem Aufgehen werden die Sämlinge in Schalen oder flache Kistchen pikiert (vereinzelt) und am besten in einen kalten Frühbeetkasten gestellt, wo sie sich weiter entwickeln und bis zum Auspflanzen bleiben.

→ TIPP

Ersatzweise können wir die Samen von Frostkeimern für zwei Wochen in einer Dose in den Kühlschrank stellen.

Aussaat im Frühjahr

Die meisten Stauden werden im Frühjahr ausgesät. Ebenso wie zu den bereits genannten Saatterminen verwenden wir dazu flache, handliche Holzkistchen, Schalen oder Blumentöpfe. Damit das Wasser gut abziehen kann, werden die Saatgefäße zuerst zu einem Drittel mit grobem Sand oder Kies gefüllt. Dann füllen wir die Gefäße bis zum Rand hin mit einer lauberdereichen Mischung oder aber mit sandiger Erde, oder einer speziellen Aussaaterde aus dem Gartencenter. Sie ist durchlässig und nährstoffarm und speziell auf die Ansprüche von kleinen Sämlingen und Jungpflanzen abgestimmt.

Nachdem die Erde mit einem Brettchen leicht angedrückt wurde, können grobe Sämereien direkt aus der Tüte oder mit Daumen und Zeigefinger möglichst gleichmäßig ausgesät werden. Feine Sämereien dagegen geben wir erst in die scharfe Rille einer in der Mitte geknickten Postkarte. Diese nehmen wir zwischen Daumen und Mittelfinger und tippen mit dem Zeigefinger etwas auf die leicht schräg über das Saatgefäß gehaltene Postkarte. Ganz feine Sämereien werden nur leicht angedrückt.
Die übrigen übersieben wir in der Stärke des Samens mit dem Erdgemisch oder Sand und drücken leicht an.
Anschließend wird das Saatgefäß mit feiner Brause durchdringend angefeuchtet, ein Etikett mit dem Namen und Aussaattermin beigesteckt und an einen leicht schattigen Platz gebracht. Wer einen kalten Kasten zur Verfügung hat, sollte die Saatgefäße dort unterbringen. Wurde in Töpfe ausgesät, so kann man Plastikbeutel darüberstülpen und die Töpfe an einem leicht schattigen Platz bis fast an den Topfrand einsenken.

→ TIPP

Bei den zwergigen Stecklingen von Polster-Phlox, Blaukissen, Schleierkraut u. a. erübrigt sich das recht kniffige Entfernen der unteren Blättchen.

Stecklingsvermehrung, hier bei Chrysanthemen: Eine Folienhaube sorgt für gespannte Luft, d. h. für höhere Luftfeuchtigkeit, und fördert die Bewurzelung.

Aussaaten feucht halten

Wichtig ist, dass die Aussaat immer gleichmäßig feucht gehalten wird. Nur mit feiner Brause gießen, damit die Samen nicht weggeschwemmt werden! Wenn die Saat während der Keimung trocken wird, ist der Erfolg dahin.

Sobald der Samen keimt, muss gelüftet werden. Wenn die Sämlinge sichtbar werden, entfernen wir die Fenster bzw. Plastikhüllen ganz und stellen schließlich die Saatgefäße an einen hellen, sonnigen Platz, damit die Sämlinge gedrungen heranwachsen können. Ein Pikieren ist meist nicht nötig, es sei denn, es wurde zu dicht gesät. Sobald die Pflanzen kräftig genug sind, setzen wir sie an die vorgesehenen Stellen. Dies ist meist ab Ende Mai der Fall.

Stecklinge

Durch Stecklinge lassen sich viele Stauden sortenecht vermehren. Diese Vermehrungsart kommt vor allem bei solchen Pflanzen infrage, die entweder nicht oder schlecht zu teilen sind. Auch wenn eine größere Zahl von Jungpflanzen benötigt wird, kommen wir mit dieser Methode weiter als bei bloßer Teilung. Durch Stecklinge lassen sich vermehren: Hoher Sommer-Phlox, Sommer- und Herbstastern, Sonnenbraut, Schleifenblume, Steinkraut, Blaukissen, Gänsekresse, Katzenminze u. a.

Damit sich die Stecklinge bewurzeln können, wird eine hohe Luftfeuchtigkeit nötig. Ist ein Frühbeet vorhanden, so bringen wir die Stecklinge in Schalen oder flache Holzkistchen, die wir dicht unter die Fenster stellen. Wenn wir nur einige Jungpflanzen brauchen, genügen auch Blumentöpfe. Das untere Drittel füllen wir mit Kies oder grobem Sand, sodass das Wasser gut abziehen kann. Auf diese grobe Schicht kommt bis zum Topfrand Aussaaterde oder eine Mischung aus Sand und Laubhumus. Damit die Stecklinge einen guten Halt haben, wird diese Aussaatschicht leicht angedrückt.

Nur gesunde Triebspitzen verwenden

Als Stecklinge verwenden wir nur gesunde Triebspitzen, die möglichst kräftig sein sollen. Diese Triebspitzen müssen noch krautig (also nicht verholzt!) und ohne Blütenknospen sein. Eventuell vorhandene Blütenknospen werden herausgeschnitten. Die Stecklinge sollen etwa 2–3 Blattetagen haben. Sie überstehen dann die Zeit bis zur Wurzelbildung besser als zu lange Triebspitzen. Die unteren Blätter entfernen wir. So lassen sie sich auch leichter stecken. Auf keinen Fall darf beim Abzupfen der Blätter der Knoten beschädigt werden.

Es ist übrigens nicht in jedem Fall nötig, die Stecklinge fein säuberlich zurechtzuschneiden. Vielfach genügt es, die Triebspitzen einfach von der Mutterpflanze abzureißen, wobei ihnen noch ein kleines Stückchen von der Rinde anhaften soll. Lupinen, Astern, Feinstrahl, Steinkraut u. v. a. lassen sich auf diese Weise gut vermehren.

Schneiden wir Stecklinge von Wolfsmilch-Arten und Schleierkraut, so tritt an den Schnittstellen weißer Milchsaft hervor. Um dieses »Bluten« zu unterbinden, werfen wir die fertig geschnittenen Stecklinge kurz in warmes Wasser.

Mit einem kleinen Pikierholz oder Bleistift werden nun die zurechtgeschnittenen Stecklinge in die Töpfe oder Schalen gesteckt und leicht angedrückt. Nach dem Angießen werden sie in das Frühbeet dicht unter die Fenster gebracht und diese schattiert.

Steht uns kein Frühbeet zur Verfügung, so stülpen wir ganz einfach über die Blumentöpfe Plastikbeutel und bringen sie an einen leicht schattigen Platz bzw. ins Zimmer. Keinesfalls dürfen sie in die Sonne gestellt werden, da sonst die Stecklinge sehr rasch verbrennen würden.

In den ersten 2–3 Wochen sind die Stecklinge in geschlossener, gespannter Luft zu halten (Frühbeet oder Folienbeutel). Bei Hitze lüften wir ein wenig. Sobald dann ausreichend Wurzelbildung vorhanden ist, was wir an den straffen Blättern und beginnendem Triebwachstum erkennen, werden die Pflanzen ins Freie gesetzt.

Wurzelschnittlinge

Die Vermehrung durch Wurzelschnittlinge können wir im Frühjahr vornehmen, sobald der Frost aus dem Boden ist. Auf diese Weise werden Orientalischer Mohn, Kugeldistel und Japanische Anemonen vermehrt. Diese Arten lassen sich schlecht teilen und bringen bei Aussaat keine reine Nachkommenschaft.

Um Wurzelschnittlinge zu gewinnen, brauchen wir die Mutterpflanzen nicht aus dem Boden zu nehmen. Wir graben seitlich so tief in den Boden, dass einige längere Wurzelstücke abgenommen werden können. Diese werden dann in 4–6 cm lange Stücke geschnitten. Um eine Verwechslung zu vermeiden, wird das obere Ende waagrecht, das untere schräg geschnitten. Zum Schutz vor Fäulnis können wir die Schnittflächen in Holzkohlenstaub tauchen. Dann stecken wir die Wurzelstücke einzeln oder zu dreien in Blumentöpfe, die mit Aussaaterde oder einem Gemisch aus Sand und Laubhumus gefüllt sind. Die Töpfe werden dann ins Frühbeet oder im Freien platziert.

Auch den Hohen Sommer-Phlox können wir auf diese Weise vermehren. Bei älteren Pflanzen brauchen wir nicht lange zu graben, um das benötigte Wurzelmaterial zu bekommen, das wir in einzelne Stückchen der oben angegebenen Länge schneiden und in ein Kistchen oder in einen Topf mit Erde einlegen.

Risslinge

Risslinge lassen sich sehr einfach gewinnen. Wir brauchen nur nach dem Austrieb die Erde an manchen Stauden ein wenig wegzukratzen, um zu sehen, ob nicht einige der äußeren Triebe Wurzelbildung zeigen. Solche Triebe nehmen wir ab und können sie bis zur besseren Bewurzelung erst einmal in einem Frühbeet oder unter Folie kultivieren. Vielfach lassen sie sich aber auch gleich ins freie Land pflanzen. Verschiedene Nelkenarten, aber auch Polster-Phlox und andere Stauden lassen sich so vermehren.

Kinder der Sonne - Sonnenstauden

Blühen am Wege

Gartenwege mit geradlinigen, nüchternen Betoneinfassungen sind kein erfreulicher Anblick. Wie viel hübscher sieht es dagegen aus, wenn farbenfrohe Staudenpolster entlang des Weges hervorquellen und wieder zurückschwingen!

Nachfolgend sind deshalb einige Stauden genannt, mit denen sich bunte Farbtupfen an den Weg zaubern lassen. Mit ihrem geradezu überschäumenden Blühen und den kuscheligen Polstern sorgen sie für Kurzweil.

Und hier nun einige wertvolle Arten für unsere Sonnenpflanzung, nach ihrer Blütezeit geordnet.

Steinkraut (*Alyssum saxatile*)

☼ ✻4–5 ↕20–30 cm

Zusammen mit weißen Schleifenblumen und blauen Aubrietien ergibt sich ein bewährter Dreiklang in unserem Frühlingsgarten. Das Steinkraut, das auch als »Steinrich« bekannt ist, schätzen wir als eine der wertvollsten Fugenpflanzen für die Trockenmauer.

Zwischen austreibenden und bereits blühenden Polsterstauden sorgen Tulpen und saisonale Blumen wie Tausendschön *(Bellis)* für Farbe. Gerade im Frühling sind solche Kombinationen prachtvolle Hingucker.

Wertvolle Sorten des Steinkrauts

Name	Höhe	Farbe/Bemerkung
'Sulphureum' (= 'Citrinum')	30 cm	schwefelgelb
'Goldkugel'	20 cm	goldgelb, duftend
A. montanum 'Berggold'	15 cm	leuchtend goldgelb

Es ist ein Hunger- und Durstkünstler, der sich an mageren Stellen am wohlsten fühlt. Das Steinkraut entwickelt sehr lange Pfahlwurzeln, die selbst zwischen engen Felsspalten ein Wachsen und Blühen ermöglichen. Dies ist auch der Grund, warum es sich so schlecht verpflanzen lässt. Die reinen Arten werden deshalb durch Aussaat, die Kulturformen durch Stecklinge vermehrt.
Diese Staude braucht einen sonnigen Standort und will dort möglichst in Ruhe gelassen werden. Alle paar Jahre schneiden wir sie aber bis auf die unteren Triebknospen zurück. Dadurch behält sie ihr jugendliches Aussehen bis ins tiefe Alter und wächst nicht zu sehr in die Breite. Übrigens, die Pflanzen breiten sich nach und nach zu Büschen aus, die einen halben Quadratmeter und mehr bedecken.

Blaukissen (*Aubrieta*-Hybriden)

☼ ✻4–5 ↕10 cm

Wer würde sie nicht kennen, diese in der Maiensonne ausgebreiteten blauvioletten Blütenkissen? Sie leuchten weithin sichtbar entlang des Gartenweges und von der Trockenmauer.

Aubrietien lieben einen kalkhaltigen Boden und volle Sonne. Im Gegensatz zu anderen hier besprochenen, anspruchslosen Gattungen brauchen sie etwas mehr Nährstoffe. Wir versorgen sie deshalb mit Komposterde und geben im Frühjahr organischen Volldünger unter die Polster. Wenn das Blühen einmal nachlässt, können wir sie teilen und neu pflanzen. Die rosa und rot blühenden Sorten sind meist nicht so wüchsig und nicht so langlebig wie die lila-blau-violetten. Die Vermehrung erfolgt durch Stecklinge und Teilung.

Wertvolle Sorten des Blaukissens

Name	Farbe/Bemerkung
'Blaumeise'	violettblau, sehr gedrungen, hoch bewertete Sorte
'Blue Emperor'	dunkelblau
'Dr. Mules'	violett, reich blühend, bewährte Sorte
'Hamburger Stadtpark'	kräftiges Dunkelblau, niedrige, dichte Polster
'Kitty'	strahlend intensiv violettblau; großblumig; lange Blütezeit
'Neuling'	hell lavendelblau, besonders kräftig wachsend, schön über Mauerkronen hängend
'Red Carpet'	leuchtend tiefrot, auffallender Farbton
'Rosenteppich'	auffallendes Rosa über grau-grünem Teppich, starkwüchsig
'Tauricola'	blauviolett, niedrig, dichte Polster, sehr robuste Sorte

Kein Frühling ohne Steinkraut! Diese genügsame Polsterstaude fühlt sich an sonnigen Stellen im mageren Boden am wohlsten. Sie wächst bestens an Hängen und in Mauerspalten.

Das robuste Blaukissen ist eine vorzügliche Einfassungspflanze.

Zwerg-Iris (*Iris-Barbata*-Nana-Gruppe)

☼ ✻4–5 ↕5–30 cm

Sorten der niedrigen Bart-Iris werden auf Seite 55 vorgestellt. Zusammen mit den klassischen Polsterstauden wie Blaukissen, Schleifenblume, Steinkraut und Polster-Phlox ergeben sie im Mai ein farbenprächtiges Bild. Da diese kleinen Iris langsam wachsen, können sie auch mit Begleitstauden in Tröge gepflanzt werden.

Schleifenblume (*Iberis sempervirens*)

☼ ✻5 ↕15–30 cm

Auch »Schneekissen« wird diese niedrige, immergrüne Staude genannt, ist sie doch zur Blütezeit mit ungezählten strahlend weißen Blüten geradezu überschüttet. Selbst nach der Blüte sehen die kugeligen Büsche mit den lederartigen, dunkelgrünen Blättern ausgesprochen attraktiv aus.

Es ist stets ein herrliches Bild, wenn im Mai entlang des Gartenweges das schneeige Weiß der Schleifenblume zusammen mit dem Gelb von Steinkraut und Gämswurz und den blauvioletten Tönen von Blaukissen und niedrigen Iris aufleuchtet. Mit einigen roten Tulpen lässt sich diese Farbenpracht noch weiter steigern.

Die Schleifenblume zählt zu den beliebtesten Polsterstauden. Hübsch wirkt sie wie hier zusammen mit Traubenhyazinthen (*Muscari armeniacum*).

An den Boden stellt die Schleifenblume keinerlei Ansprüche. Er darf trocken und arm, muss aber wasserdurchlässig sein. Die Schleifenblume ist ein Kind der Sonne. Bereits im Halbschatten kümmert sie und leidet dann im Winter bei Kahlfrost. Ausgezeichnet ist sie zur Fugenbepflanzung einer Trockenmauer geeignet. Bei der Pflanzung sollten wir berücksichtigen, dass die Polster in wenigen Jahren bereits einen halben Quadratmeter Fläche bedecken. Um dichte, üppige Büsche zu erreichen, schneiden wir sie gelegentlich bis auf die unteren Triebknospen zurück. Wir können sie aber auch alljährlich nach der Blüte um ein Drittel stutzen (ganz einfach mit der Heckenschere!). Die Vermehrung erfolgt durch abgerissene bewurzelte Triebe oder durch Stecklinge während des Sommers.

Wertvolle Sorten von Schleifenblume

Name	Höhe	Bemerkung
'Appen-Etz'	15 cm	im Winter dunkellaubig, remontierend, guter Bodendecker
'Schneeflocke' (= 'Snowflake')	25 cm	wertvolle Sorte, reich blühend, großblumig
'Zwergschnee-flocke'	15 cm	eine zierliche Form von 'Schneeflocke', kleine Polster bildend

Polster- oder Teppich-Phlox
(*Phlox subulata* und *Phlox douglasii*)

☼ ✻5–6 ↕10 bzw. 15 cm

Darf auf dem Prachtstaudenbeet der hohe Sommer-Phlox nicht fehlen, so ist es entlang des Weges und in der Trockenmauer der niedrige Polster-Phlox, auf den wir nicht verzichten können. Es sind leuchtend bunte Kissen in rosa, roten, lila und weißen Farbtönen, an denen sich unser Auge freut.

Am besten pflanzen wir gleich mehrere Exemplare zu einer Gruppe zusammen, damit kräftige Farbkleckse entstehen. Die flachen Polster mit den lebhaft grünen, nadelförmigen Blättern sind aber auch außerhalb der Blütezeit eine Zierde. In der Natur kommt der Polster-Phlox auf trockenen, felsigen oder sandigen Hängen vor. Wir haben es also mit einer recht anspruchslosen Staude zu tun, die sich in voller Sonne wohlfühlt. Die aufgeführten Sorten wollen nährstoffreichen, warmen, durchlässigen Boden. Kalter, nasser Boden ist ungeeignet. Die Vermehrung erfolgt durch Stecklinge, die vom Frühjahr bis in den Sommer hinein geschnitten werden können.

Wertvolle Sorten des Polster-Phlox

Name	Farbe/Bemerkung
'Bavaria'	weiß, dunkelblaues kleines Auge; sehr wüchsig
'Crackerjack' (P. d.)	leuchtend karminrot
'Daisy Hill'	rosarot
'G. F. Wilson'	schieferblau (hell lila-blau), stark wachsend
'Rose Queen' (P. d.)	hellrosa
'Scarlet Flame'	leuchtend scharlachrot, stark wachsend
'Temiscaming'	leuchtend purpurrot
'White Delight'	beste reinweiße Sorte, sehr reich blühend
Sorten von *P. douglasii (P. d.)* bilden auf dem Boden dicht aufliegende (5–10 cm), wintergrüne Polster, die mit Blüten dicht bedeckt sind. Auch für Tröge und Gräber.	

Gänsekresse (*Arabis caucasica*)

☼ ✻ 5–6 ↕ 10–20 cm

Diese Staude wächst rasch und bildet schon im ersten Jahr große Polster. Sie ist sehr ausdauernd. Die graufilzigen Blätter und die großen, weißen Blütentrauben sind voller Anmut. Sehr gut sehen sie entlang des Weges neben blauen Zwerg-Iris aus, passen aber auch zu allen anderen hier besprochenen Stauden. Nur neben die üppig weiß blühende Schleifenblume sollten wir sie nicht pflanzen. Hier würde sie in ihrer Wirkung verblassen. Die einfache Form der Gänsekresse verträgt Halbschatten, während die gefüllte an solchen Stellen versagt. Die Vermehrung kann durch Teilung, Stecklinge oder Aussaat erfolgen. Bei der Teilung reißen wir die Pflanzen auseinander und kürzen die langen Triebe kräftig ein.

→ TIPP

Wie das Steinkraut, so liebt auch die Gänsekresse mageren Boden, aber keine zu große Trockenheit. Es entstehen sonst Kahlstellen, die sich freilich nach Regen oder Gießen rasch wieder begrünen.

Wertvolle Sorten der Gänsekresse

Art und Sorte	Farbe/Bemerkung
A. caucasica 'Plena'	dicht gefüllte, weiße Blüten, längere Blütezeit als einfache Formen
A. caucasica	gute, weiße, 'Schneehaube' einfach blühende Form
A. × arendsii 'Rosabella'	leuchtend dunkelrosa Blüten; rosa blühende Sorten sind nicht so ausdauernd
A. procurrens 'Neuschnee'	reich und besonders lang blühend, ('Schneeteppich') teppichartig, wuchernd, wintergrün, sehr anspruchslos

Auch mit Polster-Phlox lässt sich eine lebendige Wegeinfassung gestalten.

Eine hübsche Frühlingsecke: Gänsekresse, Bergenien und Traubenhyazinthen.

Moos-Steinbrech (*Saxifraga-Arendsii*-Hybriden)

☼ ✻ 5–6 ↕ 15 cm

Die dichten moosartigen, immergrünen Polster dieser Staude lassen sich im Garten vielfältig verwenden. Zusammen mit anderen der in diesem Abschnitt genannten Arten können wir sie entlang des Weges pflanzen. Vor allem sind sie für solche Stellen geeignet, die durch einen Baum oder anderweitig beschattet werden. Besonders gut eignen sie sich auch an Trockenmauern, die im leichten Schatten liegen (Nordseite) und für flächige Pflanzungen an absonnigen Stellen. Am besten sagt ihnen humusreicher, feuchter Boden zu. Die »Moospolster« sind nicht nur im Mai während der reichen Blüte reizvoll, sondern auch danach und besonders im Spätherbst oder Winter, wenn die immergrünen Blattrosetten vom Raureif verziert werden.

Wertvolle Sorten des Moos-Steinbrechs

Art und Sorte	Farbe/Bemerkung
'Blütenteppich'	rosa
'Ingeborg'	leuchtend dunkelrot
'Pixie'	rosa, festes Polster
'Schneeteppich'	weiß
'Schwefelblüte'	schwefelgelb

Um Kahlstellen zu vermeiden, ist es ratsam, die Polster nach einigen Jahren zu teilen und neu aufzupflanzen. Die Vermehrung erfolgt durch Teilung und Stecklinge. Unter den Schatten spendenden Polstern halten sich bevorzugt Schnecken auf, die wir an feuchten Tagen absammeln oder bereits im zeitigen Frühjahr mit ein paar Schneckenkörnern herauslocken können.

Grasnelke *(Armeria maritima)*

☼ ✻5–6 ↕10–15 cm

Über dichten, grasartigen Polstern stehen im Frühsommer die zierlichen Blütenköpfchen. Außer zur Wegeinfassung können wir die Grasnelke gut an der Trockenmauer und für eine Heide- oder Steppenpflanzung verwenden (siehe Bild S. 59). Sie gedeiht in jedem Gartenboden in sonniger Lage. Der Boden kann auch sandig sein. Die Vermehrung erfolgt durch Teilung oder Aussaat.

Wertvolle Sorten der Grasnelke

Art und Sorte	Farbe/Bemerkung
'Alba'	weiß
'Frühlingszauber'	karminrosa
'Düsseldorfer Stolz'	leuchtend rot, besonders wüchsig und reich blühend
'Schöne von Fellbach'	violettrosa, polsterbildend

Für die Trockenmauer eignet sich besonders die zierliche *A. caespitosa*. Sie bildet kugelige Polster, die von Jahr zu Jahr dichter werden und rosafarben blühen.

Pfingst-Nelke *(Dianthus gratianopolitanus)*

☼ ✻5–7 ↕15–20 cm

Diese niedrige Nelke mit meist stahlblauen Polstern eignet sich zur Wegeinfassung und für die Trockenmauer. Auch die Federnelke *(D. plumarius)* lässt sich gut entlang des Weges pflanzen. Sie blüht im Mai/Juni. Die einzelnen Sorten werden 20–30 cm hoch. Beide siehe S. 44.

Hornkraut *(Cerastium tomentosum)*

☼ ✻5–6 ↕10–15 cm

Eine auffallende Polsterpflanze mit weißfilzigen Blättern und zahlreichen kleinen weißen Blüten. Diese Art wuchert bei Weitem nicht so stark wie *C. biebersteinii*. Die »Tuffstein-

Das Hornkraut zählt zu den besonders robusten Stauden für Steingärten und Trockenmauern.

Der Moos-Steinbrech fühlt sich an leicht beschatteten Stellen wohl, er eignet sich auch für flächige Pflanzungen.

gebirge« vieler Gärten sind von ihren 20 cm hohen, grauweißen Trieben überwuchert. Sie unterdrückt dabei wertvolle kleinere Stauden. Deswegen sollten wir sie nur dort verwenden, wo uns das Wuchern nicht stört.
Neben der für unsere Zwecke meist wertvolleren Art *C. tomentosum* ist *C. t.* var. *columnae* zu nennen, die noch gedrungener wächst. Durch dichte sattgrüne Polster und reichen weißen Blütenflor im Frühsommer zeichnet sich die nichtwuchernde Form *C. arvense* 'Compactum' aus.

Horn-Veilchen *(Viola cornuta)*

☼-◐ ✻5-9 ↕15-20 cm

Die echten Stauden-Horn-Veilchen wachsen deutlich dauerhafter als die im Gartencenter ebenfalls als Horn-Veilchen angebotenen kleinblumigen Stiefmütterchen; gelegentlich versamen sie sich. Horn-Veilchen lieben einen leicht feuchten Boden und können eine der Sonne etwas abgewandte Lage gut vertragen. Auch in Verbindung mit einer Trockenmauer lassen sie sich an leicht schattigen Stellen verwenden. Die Vermehrung erfolgt durch Teilung.

Sonnenröschen (*Helianthemum*-Hybriden)

☼ ✻6-8 ↕10-20 cm

Diese zwergigen Halbsträucher sind allerliebst in ihren Blütenfarben. Sie eignen sich nicht nur zur Wegeinfassung, sondern ebenso auch für die Trockenmauer oder die Steppenpflanzung. Hübsch sieht es aus, wenn die gelb, rosa oder rot blühenden Sorten mit blau oder lila blühenden Stauden zusammengepflanzt werden. Katzenminze, Lavendel und Lein sind dazu besonders geeignet.

Horn-Veilchen mit hübschen Gesichtern. Auch als Einfassungspflanze gut geeignet.

Sonnenröschen sind sehr sonnenliebend und wollen einen trockenen Standort. Im Übrigen aber sind sie denkbar anspruchslos. Die kleinen, wildrosenähnlichen Blüten erscheinen in Massen, und viele Wochen hindurch öffnen sich täglich neue Knospen. Die Blüten der gefüllten Sorten bleiben länger geöffnet als die der einfachen. Nach der Hauptblüte schneiden wir die Pflanzen zurück, damit sie nicht zu lang werden. In schneearmen Gegenden vertrocknen die immergrünen Blätter im Winter bei Sonne und gefrorenem Bo-

Wertvolle Sorten des Horn-Veilchens

Name	Farbe/Bemerkung
'Alba Minor'	reinweiß; zierliche Blüten, versamt sich
'Boughton Blue'	zarthimmelblau; gut ausdauernd
'Etain'	gelb, violett gerandet
'Hansa'	tiefblau
'Irish Molly'	kupfrig braun
'Milkmaid'	weiß, bläulich schimmernd
'Molly Sanderson'	schwarzblau
'Roem von Aalsmeer'	tintenviolett

Sonnenröschen 'Rubin' (rot), 'Sterntaler' (gelb) und 'Lawrenson's Pink' in einer Steinanlage. Gräser, Katzenminze u. a. steigern die Wirkung.

Wertvolle Sorten des Sonnenröschens

Name	Farbe/Bemerkung
'Cerise Queen'	kirschrot, gefüllt
'Eisbär'	weiß, einfach, silbergraues Laub
'Golden Queen'	goldgelb, einfach, reich blühend, guter Bodendecker
'Henfield Brillant'	leuchtend orangerot, graublättrig
'Lawrenson's Pink'	reinrosa, einfach
'Rosi'	leuchtend rosa, graues Blatt
'Rubin'	rot, gefüllt, immergrün
'Sterntaler'	goldgelb, großblumig, flach wachsend
'Whisley Pink'	rosa, graublättrig

den. Während sie Wasser verdunsten, können die Wurzeln aus dem Boden keines mehr nachschaffen.
In solchen Lagen empfiehlt es sich deshalb, besonders die graulaubigen Pflanzen mit Fichtenzweigen leicht zu bedecken. Die Vermehrung erfolgt durch Sommerstecklinge, die sich rasch bewurzeln.

Karpaten-Glockenblumen sind anpassungsfähig und fast universell einsetzbar.

Die Garten-Aurikel - ein Kleinod, das aus der Nähe betrachtet werden will.

Wertvolle Sorten der Karpaten-Glockenblume

Name	Höhe	Farbe/Bemerkung
'Blaue Clips'	20 cm	himmelblau
'Kobaltglocke'	25 cm	violett
'Weiße Clips'	20 cm	weiß

Karpaten-Glockenblume *(Campanula carpatica)*

☼ ✻ 6-8 ↕20-30 cm

Diese äußerst anspruchslose Staude gedeiht überall gut, auch an halbschattigen Stellen, sofern der Boden nicht ausgesprochen nass und undurchlässig ist. Sie breitet sich durch Selbstaussaat aus. Lästig wird sie aber nicht, da sie nicht wuchert. Gut eignet sich die Karpaten-Glockenblume auch für die Trockenmauer oder im Steingarten. Selbst auf dem Staudenbeet kann diese beliebte, reich blühende Glockenblume verwendet werden. Sie wächst buschig, blüht lange und ist anspruchslos. Vorsicht vor Schnecken!
Die Sorten werden durch Teilung oder Stecklinge vermehrt. Auch die niedrige, aber stark wachsende *C. poscharskyana* und ihre Sorten können entlang des Weges und an der Trockenmauer gepflanzt werden.

Katzenminze *(Nepeta × faassenii)*

☼ ✻ 6-9 ↕30 cm

Einzelheiten über diese Staude, die sich auch zur Einfassung von Wegen eignet, siehe S. 45.

Die Trockenmauer

Eine Trockenmauer, gut bepflanzt, ist ein Schmuckstück des Gartens. Auch auf die mehr oder weniger große Pflanzfläche vor der Mauer können wir einige der hier bzw. im Abschnitt »Heide« und »Steppe« genannten Stauden bringen und Zwerggehölze dazugesellen. Blumenzwiebeln dürfen dabei nicht fehlen. Ähnlich wie beim Wasserbecken dürfen wir die Trockenmauer nicht zu dicht bepflanzen. Steine und Fugen sollten nach Jahren noch zu sehen sein. Denn es ist ja gerade das Spiel aus Pflanzen und Steinen, das den Reiz der Trockenmauer ausmacht.

Garten-Aurikel *(Primula × pubescens)*

☼-◐ ✻ 5 ↕20 cm

Eine Pflanze aus Großmutters Garten, die leider etwas in Vergessenheit geraten ist. Die lederartigen Blätter sind glatt und weiß gepudert. Aus samtigen Blüten in purpurnen, gelben, blauen oder violetten Farben lacht uns ein großes, helles Auge entgegen. Die Aurikel kann im Gegensatz zu ihren Verwandten verhältnismäßig viel Sonne vertragen. Besser ist es aber, wenn wir sie in leicht beschattete Trockenmauerspalten pflanzen. Alle 2–3 Jahre teilen! Selbstverständlich können wir auch die Kalk liebende, gelb blühende Alpen-Aurikel *(P. auricula)* verwenden. Die Vermehrung erfolgt durch Teilung und Aussaat.

Silberwurz *(Dryas octopetala)*

☼ ✻ 5–6 ↕5–10 cm

Sie zählt zu den ausdauerndsten Stauden. Nach einigen Jahren überzieht sie Boden und Gestein mit einer festen, immergrünen Matte. Anschließend an die Blütezeit schmückt sich die Silberwurz mit federigen Samenständen. Der Boden sollte gut durchlässig, möglichst schotterreich, die Lage sonnig sein. Die Art *Dryas × suendermannii* wird etwas höher, die elfenbeinweißen Blüten und die Blätter sind größer. Vermehrung erfolgt durch Teilung, Stecklinge und Aussaat. Die Silberwurz eignet sich nicht nur für den Steingarten oder die Trockenmauer, sondern ebenso gut für Tröge, wo sie an dem ihr zugedachten Platz bald einen sattgrünen Teppich bildet.

Zur Blütezeit bedecken anemonenähnliche Blüten das Laub der Silberwurz.

Kriechendes Schleierkraut *(Gypsophila repens)*

☼ ✻ 5–7 ↕10–20 cm

In der Natur wächst das Kriechende Schleierkraut rasig auf Schotter und steinigen Halden, meist auf Kalk. Auch im Garten sollten wir ihm kalkhaltigen Boden und eine sonnige Lage geben. Bereits im Mai erscheinen die kleinen weißen Blüten in unglaublicher Menge. Ab Sommer setzt sich das Blühen in verminderter Form bis in den Herbst hinein fort. Man kann

Es quillt aus allen Fugen! Gelber Lerchensporn *(Corydalis lutea)* beherrscht die Szenerie, begleitet von Storchschnabel *(Geranium cinereum)* und Glockenblumen *(Campanula portenschlagiana).*

es kaum fassen, dass eine einzige Pfahlwurzel diesen Blütenreichtum aus den Fugen der Trockenmauer herausholt. Dabei entwickelt es sich unter diesen kargen Verhältnissen so stark, dass eine mehrjährige Pflanze einen Quadratmeter und mehr bedeckt. Selbstaussaat! Eine der besten Stauden für die Trockenmauer zum Überhängen! Trotz seiner Zierlichkeit ist das Teppich-Schleierkraut so robust, dass es jahrelang ohne Pflege am gleichen Platz und bei gleichbleibender Schönheit aushält. Sorten: 'Rosea' (zartrosa), 'Rosa Schönheit' (dunkelrosa). Besonders wertvoll ist die *Gypsophila*-Hybride 'Rosenschleier', zartrosa, gefüllt, sehr reich blühend, überhängend. Höhe: 30 cm, Blüte von Juni bis August.
Eine kleine Kostbarkeit für die Trockenmauer ist *G. cerastioides* mit verhältnismäßig großen, weißen, rosa geaderten Einzelblüten. Die Vermehrung der Schleierkräuter erfolgt durch Aussaat und Stecklinge.

Riesenschleierkraut *(Crambe cordifolia)*

☼ ✻6 ↕bis 200 cm

Diese auch Herzblättriger Blütenkohl genannte Solitärstaude ist in unseren Gärten nur selten zu sehen. So ist es nicht verwunderlich, dass auf Gartenschauen Besucher immer wieder vor den gewaltigen, reich verzweigten Blütenständen stehen bleiben. Die großen Blätter sind im Austrieb violett getönt, später grün. Der Wurzelstock ist kräftig und fleischig; deshalb sollte das Riesenschleierkraut nur an vollsonniger Stelle auf tiefgründigem Boden gepflanzt werden. Eine besondere Fernwirkung ergibt sich vor einem dunklen Gehölzhintergrund. Auch auf eine Böschung oder als Eckpunkt einer Trockenmauer gesetzt, heben sich die riesigen, duftigen Blütenstände prächtig vor blauem Himmel ab. Das Riesenschleierkraut, eine Bienenfutterpflanze, ist sehr ausdauernd und braucht viel Platz.

Kriechendes Schleierkraut (*Gypsophilia repens* 'Rosea') belebt jede Trockenmauer.

Island-Mohn *(Papaver nudicaule)*

☼ ✻5–9 ↕30–40 cm

Die zierlichen Blüten des Island-Mohnes in ihren feinen weißen, gelben und roten Pastelltönen sehen bezaubernd aus. Zu vielen Trockenmauerstauden, die in Blau blühen, schaffen sie prächtige Farbkontraste. Dazu blüht der Island-Mohn vom Frühjahr bis tief in den Herbst hinein und eignet sich zur Pflanzung vor die Mauer oder auf die Mauerkrone. Was wollen wir noch mehr?
Die Vermehrung des zweijährigen Island-Mohns erfolgt durch Aussaat im Sommer. Anschließend pikieren und im Herbst an Ort und Stelle pflanzen. Island-Mohn ist meist in Mischungen unter den Namen 'Partyfun' oder 'Illumination' in Gartencentern erhältlich. Auch zur Pflanzung zwischen Beetstauden bestens geeignet. Achtung, schneckengefährdet!

Crambe cordifolia, das Riesenschleierkraut, können wir als Eckpunkt einer Trockenmauer vorsehen oder als attraktive Solitärstaude in der Rabatte.

Knöterich *(Persicaria affinis)*

☼ ✻5–9 ↕25 cm

Über den kriechenden Teppich-Knöterich kann auf S. 135 nachgelesen werden. Er eignet sich vor allem für leicht beschattete Trockenmauern, an denen es nicht zu trocken ist.

Gelber Lerchensporn *(Corydalis lutea)*

☼ ✻5–10 ↕20 cm

Die gelben Blüten leuchten viele Monate hindurch aus der zierlichen, fein zerteilten Belaubung. Diese Art kann zwar Sonne vertragen, fühlt sich aber am wohlsten an leicht schattigen, feuchten Trockenmauern (siehe Bild S. 37). *C. lutea* vermehrt sich durch Selbstaussaat weiter, ist jedoch an unerwünschten Stellen leicht wieder zu entfernen!

Walzen-Wolfsmilch *(Euphorbia myrsinites)*

☼ ✻5 ↕20 cm

Der deutsche Name ist zutreffend. Die graugrün beblätterten Triebe haben eine charakteristische Walzenform. Die Blüten bzw. die grünlich gelben Hochblätter treten wenig in Erscheinung. Für Trockenmauerfugen ist dies eine auffällige, dekorative Art. Der Boden soll locker und durchlässig sein, die Lage sonnig. Die Walzen-Wolfsmilch vermehrt sich leicht durch Selbstaussaat.

Auch die Gold- oder Kugel-Wolfsmilch (*E. polychroma*, siehe S. 54), eignet sich ausgezeichnet für die Trockenmauer. Wir pflanzen sie allerdings nicht in Fugen, sondern obenauf oder davor. Wenn dann im Mai die mit hellgelben Hochblättern besetzten Büsche aufleuchten, bietet sich uns zusammen mit verschiedenen gleichzeitig blühenden Polsterstauden, wie Schleifenblume, Blaukissen und T eppich-Phlox, ein prächtiger Anblick. Alle Wolfsmilch-Arten führen einen giftigen Milchsaft, der auf der Haut Reizungen und Schwellungen verursachen kann. Darum Vorsicht bei Kindern!

Die urtümlich wirkende Walzen-Wolfsmilch wächst auf allen durchlässigen Böden.

Der Island-Mohn bezaubert jedes Jahr neu durch seine Blüten in leuchtenden und pastellenen Farbtönen. Im Staudenbeet können wir mit ihm leicht Lücken füllen.

Zwerg-Akelei *(Aquilegia flabellata)*

☼-◐ ✻5 ↕20 cm

Sie gedeiht wie heimische Akeleien (siehe Seite 108), am besten an einem halbschattigen Platz. Der Boden sollte locker und ausreichend feucht sein. Die Blüten haben keine Fernwirkung, deshalb pflanzen wir sie so, dass wir sie aus der Nähe betrachten können. Am schönsten wirkt die Alpen-Akelei, wenn wir sie einzeln oder in kleinen Gruppen in schmale Felsspalten bzw. an den Fuß eines Felsens pflanzen.

Ehrenpreis (*Veronica spicata* ssp. *incana*)

☼ ✻6-7 ↕30 cm

Von den zahlreichen Ehrenpreis-Arten eignet sich diese mit den silberweißen, filzigen, flach am Boden liegenden Blättern besonders gut zur Pflanzung an der Trockenmauer. Die leuchtend blauen Blütenkerzen kontrastieren sehr edel zum Laub. Die Pflanze vermehrt sich maßvoll durch Ausläufer.

Seifenkraut *(Saponaria ocymoides)*

☼ ✻6-7 ↕20 cm

Eine sehr anspruchslose Pflanze für die Trockenmauer, deren rosa Blütenfülle besonders gut neben den silberweißen Polstern des Hornkrautes zur Wirkung kommt. Das Seifenkraut liebt Sonne und kalkhaltigen, armen Boden. Die lockeren Polster wachsen so rasch, dass man darauf achten sollte, ob nicht benachbarte Stauden unterdrückt werden. Durch Selbstaussaat kann diese Staude sogar lästig werden, sodass wir uns um die Vermehrung nicht zu kümmern brauchen.

Dalmatiner-Glockenblume
(Campanula portenschlagiana)

☼ ✻6-7 + 9 ↕10-15 cm

Sie ist die dankbarste Glockenblume für Trockenmauern, vor allem auch, weil es um diese Zeit mit dem Blühen sehr ruhig geworden ist. Zu Hause überzieht sie die Kalkfelsen des Karstgebirges mit ihren großen Teppichen. Wenn im Juni die leuchtend violettblauen Glockenblumen zu blühen beginnen, ist von den Polstern selbst nichts mehr zu sehen. Schon in wenigen Jahren sind aus den kleinen Pflänzchen üppige Polster geworden, die aus den Mauerfugen hervorquellen. Auf Wegen und Terrassen lässt sie sich gut zwischen Platten und Steinen pflanzen. Diese Glockenblume liebt trockene, arme Plätze in voller Sonne, gedeiht aber auch im lichten Schatten. Etwa 15 cm hoch werden 'Birch Hybrid', hellviolett, kräftig wachsend, dehnt sich in den Mauerfugen aus, und 'Reshold', tiefviolett.
Bezaubernd sieht es aus, wenn in der Nähe von *C. portenschlagiana* die goldgelbe Teppich-Schafgarbe (*Achillea tomentosa*) oder der Gelbe Lerchensporn blüht, die sich ebenfalls zur Bepflanzung von Trockenmauern eignen. Vermehrung durch Teilung ist das ganze Jahr hindurch möglich.

Allerliebst sieht sie aus, die Zwerg-Akelei. Nahe am Weg gepflanzt, können wir uns im Vorbeigehen an ihrer schlichten Schönheit erfreuen.

Saponaria x lempergii 'Max Frei', ein Seifenkraut, das sich auch für Mauerkronen und Tröge eignet, weil es nicht wuchert.

Die Dalmatiner-Glockenblume eignet sich bestens für Mauerfugen, aber auch zur Grabbepflanzung.

Sternmoos *(Sagina subulata)*

☼ ✻6–7 ↕5 cm

Die sattgrünen, flachen Polster zieren unsere Trockenmauer und sind ganz hervorragend geeignet, um Lücken zwischen Platten, sei es auf der Terrasse oder am Weg, zu füllen. Im Frühsommer sind die Polster mit ungezählten kleinen, weißen Sternen übersät. Am wohlsten fühlt sich das Sternmoos im leichten Halbschatten auf etwas feuchtem Boden; doch entwickelt es sich auch in der Sonne zufriedenstellend. Die Vermehrung durch Teilung ist denkbar einfach.

Nachtkerze *(Oenothera missouriensis)*

☼ ✻6–10 ↕5 cm

Ein sommerlicher Dauerblüher mit hellgelben Blütenschalen; die neuen Knospen blühen in der Dämmerung am Abend auf. Wenn dann Nachtfalter oder andere nachtaktive Insekten zum Nektartrinken kommen und sich dabei Bestäubung und Befruchtung vollziehen, ist es vorbei mit all der Schönheit. Die Blüten welken rasch dahin, doch andere öffnen sich bereits wieder, sodass den ganzen Sommer über keine Pause eintritt. Manchmal wird behauptet, dass die Nachtkerze bei Tag überhaupt nicht blüht, aber das stimmt erfreulicherweise nicht, wie wir nach einer Pflanzung selbst feststellen können. Die Nachtkerze liebt Trockenheit und volle Sonne. Wir sollten sie zu mehreren auf oder vor die Trockenmauer pflanzen. Vermehrung: Eine Teilung ist wegen der fleischigen Wurzeln kaum möglich. Sobald im Mai die Triebe genügend groß sind, können wir Stecklinge schneiden, die sich gut bewurzeln, oder aus Samen vermehren.

Felsenteller *(Ramonda myconi, R. nathaliae)*

☼ ✻5–6 ↕5–20 cm

Diese vornehm wirkende Steingartenpflanze, die zur Blütezeit einem Usambaraveilchen gleicht, kann sehr alt werden. Sie liebt einen windgeschützten, leicht beschatteten Platz und entwickelt sich besonders gut in einer möglichst senkrechten Felsspalte, die mit humoser, kalkhaltiger Erde gefüllt ist. Die immergrünen Rosetten haben das ganze Jahr über ihren Reiz. Im Winter sollte die Nässe von den Blättern abrinnen können, sonst beginnen sie zu faulen; deshalb die Pflanze evtl. mit Fichten- oder Tannenreisig schützen.

Diese Nachtkerzen-Art *(Oenothera missouriensis)* ist mit ihren niederliegenden Trieben wie geschaffen für Trockenmauern und Tröge.

Der Felsenteller, eine wertvolle Staude für absonnigen Standort. Hier: *Ramonda nathaliae*.

Ein gekonnt angelegter Steingarten. Hier kommt man den alpinen Raritäten ganz nahe – ein Hobby, das zwar viel Zeit in Anspruch nimmt, aber umso mehr Freude macht.

Alle Stauden lieben mehr oder weniger Sonne, mit Ausnahme derer, die im Abschnitt »Blühen im Verborgenen« vorgestellt werden. Im Kapitel »Sonnenstauden« sind solche zusammengestellt, die geradezu als Sonnenanbeter gelten können und dabei weitgehend genügsam sind. Ihre große Zahl wurde in Gruppen unterteilt, wie sie ihrem Wesen nach zusammenpassen und auch für unser Auge harmonisch wirken.

Farbenfroh und doch genügsam

Mit Stauden, die vor allem im Hochsommer und auch im Herbst prächtig blühen, lassen sich farbenfrohe Pflanzungen zusammenstellen. Sie brauchen Pflege und offenen Boden. Die meisten von ihnen sind züchterisch beeinflusst. Aus diesem Grunde lassen sich verschiedene von ihnen recht gut zu den im Abschnitt »Wir sind die Prächtigsten« genannten Prachtstauden pflanzen, die auch ähnliche Pflegeansprüche haben.

Die Zeit vom Frühling bis zur Blüte im Sommer können wir mit Tulpen, Narzissen und anderen Zwiebelpflanzen überbrücken. Sehr hübsch lassen sich Gräser zu dieser Staudengruppe gesellen, über die im Abschnitt »Grazile Gräser« alles Wissenswerte zu finden ist. Gut passen in die Gemeinschaft beispielsweise der Atlas-Schwingel, Blaustrahl-Wiesenhafer, Chinaschilf und das Lampenputzergras. An klein bleibenden Gehölzen lassen sich dieser Pflanzung die leuchtend gelb blühenden Formen des Fünffingerstrauches *(Potentilla fruticosa)* und die rotblätterige Berberitze (Berberis thunbergii 'Atropurpurea Nana') zugesellen. Auch andere niedrige Halbsträucher passen in diese und andere Pflanzgemeinschaften der vollen Sonne: Edelraute *(Artemisia abrotanum)*, Ysop *(Hyssopus officinalis)*, Lavendel *(Lavandula angustifolia)* und Heiligenpflanze *(Santolina chamaecyparissus)*.

Und hier nun einige wertvolle Arten für unsere Sonnenpflanzung, nach ihrer Blütezeit geordnet:

Spornblume *(Centranthus ruber)*

☼ ✻5–7 ↕60 cm

Eine sehr anspruchslose, lang blühende Staude, der man im Mittelmeerraum an trockenen Weinbergmauern begegnen kann. Sie liebt Sonne, Trockenheit und schotterigen, kalkhal-

Staudenpflanzung an einem sonnigen Hang. Hochragende Königskerzen, blauer Salbei und gelbe Schafgarbe geben den Ton an, die knallig rote Brennende Liebe ist das i-Tüpfelchen.

1 Chinaschilf (*Miscanthus sinensis* 'Silberfeder')
2 Heide-Nelke (*Dianthus deltoides* 'Leuchtfunk' o. Ä.), 11 Stück
3 Küchenschelle *(Pulsatilla vulgaris)*, 4 Stück
4 Regenbogen-Schwingel *(Festuca amethystina)*, 9 Stück
5 Prachtscharte *(Liatris spicata)*, 2 Stück
6 Mittelhohe Iris (*Barbata*-Media-Gruppe), 3 Stück
7 Goldrute *(Solidago caesia)*, 2 Stück
8 Zwerg-Iris (*Barbata*-Nana-Gruppe), 2 versch. Sorten, 3 Stück
9 Mädchenhaargras *(Stipa pennata)*, 5 Stück
10 Glatte Aster *(Aster laevis)*
11 Rote Zwerg-Berberitze (*Berberis thunbergii* 'Atropurpurea Nana')
12 Steppenkerze *(Eremurus stenophyllus)*, 7 Stück
13 Pfaffenhütchen *(Euonymus planipes)*

Bodendecker

14 Katzenpfötchen *(Antennaria dioica)*
15 Habichtskraut *(Hieracium × rubrum)*

tigen Boden. An solchen Standorten sät sie sich selbst aus. Die junge Pflanze ist von blaugrüner Farbe, die Blüte karminrot. Wir verwenden am besten die leuchtend scharlachrote Form *C. ruber 'Coccineus'*.
Vermehrung: Vorsichtig teilen oder Aussaat.

Nelke *(Dianthus)*

Ein vollsonniger, trockener Standort ist den verschiedenen ausdauernden Nelken gerade recht. Wir bringen die blaugrauen oder dunkelgrünen Polster an den Rand der Pflanzung oder in Gruppen zwischen die höheren in diesem Abschnitt genannten Stauden. Die Gartensorten werden durch Teilung oder Stecklinge vermehrt, die Wildarten durch Aussaat.

Pfingst-Nelke *(Dianthus gratianopolitanus*, Syn. *D. caesius)*

☼ ✻5–7 ↕10–15 cm

Ist der Boden zu nährstoffreich, werden die reich blühenden Polster wesentlich höher und fallen auseinander; dann nach der Blüte scharfer Rückschnitt bis dicht über dem Boden.

Feder-Nelke *(Dianthus plumarius)*
☼ ✻6-7 ↕20-30 cm

Die duftenden, gefüllten Feder-Nelken kann man häufig in Bauerngärten als Polster bildende Einfassung sehen.

→ TIPP
Die hier genannten Nelken lieben durchlässigen, kalkreichen Boden, der nicht zu nährstoffreich sein sollte. Bestens geeignet auch für die Trockenmauer, den Steingarten, für Wegeinfassungen und Gräber.

Karthäuser-Nelke *(Dianthus carthusianorum)*
☼ ✻6-9 ↕40-50 cm

Eine ideale Nelke für den naturnahen Garten. Der Boden sollte vorwiegend trocken und durchlässig sein, kalkhaltig, aber nährstoffarm. Sie dankt dies mit zahlreichen leuchtend purpurroten Blüten.

Steppenkerze *(Eremurus)*
☼ ✻6-7 ↕100-150 cm

Zu den in diesem Abschnitt beschriebenen Stauden passen am besten die kanariengelb blühende Art *E. stenophyllus* (Syn. *E. bungei*) sowie die 'Shelford-Hybriden' bzw. 'dianthus graasd' mit gelben, rosa- und orangefarbenen Blüten. Einzelheiten über Kultur siehe S. 56.

Brennende Liebe *(Lychnis chalcedonica)*
☼ ✻6-7 ↕70-80 cm

Eine bekannte Staude mit weithin leuchtend roten Blüten! Ausführliche Besprechung unter »Prachtstauden« auf S. 75.

Feder-Nelken sind wegen ihrer blaugrünen Polster und duftenden Blüten beliebte Einfassungspflanzen.

Das lichte Blau des Leins wirkt durch die weiß-gelben Margeriten und die roten Farbtupfer der Karthäuser-Nelke noch freundlicher.

Lein *(Linum perenne)*
☼ ✻6-8 ↕50 cm

Diese Staude ist nicht nur überaus reich und lang blühend, sie ist in ihrem ganzen Aufbau auch sehr grazil. Die feinen hellblauen Blüten öffnen sich nur in der Sonne. Wir können diesen Lein in einer kleinen, lockeren Gruppe zu anderen Sonnenstauden gesellen. Auch für Pflanzungen mit Steppencharakter eignet er sich vorzüglich.
Lein braucht viel Sonne und einen durchlässigen, nicht zu schweren Boden. Nach dem Abblühen schneiden wir die Triebe zurück. Ein Winterschutz aus Deckreisig ist ratsam. Die Vermehrung erfolgt durch Aussaat.

Wertvolle Sorten der Pfingst-Nelke (*D.-Gratianopolitanus*-Hybriden)

Name	Farbe/Bemerkung
'Badenia'	leuchtend rosarot bis scharlach; blaugraues Laub, sehr robust
'Carina'	karminrot, halbgefüllt
'Eydangeri'	rosa, schöne dichte Polster
'La Bourboule'	rosa, reich blühend, dichte Polster; da nur 5 cm hoch, gut für Tröge geeignet
'Nordstjernen'	rosarot; feste, stahlblaue Polster, breitet sich dicht rasenförmig aus, sehr wertvoll

Wertvolle Sorten der Federnelken (*D.-Plumarius*-Hybriden)

Name	Farbe/Bemerkung
'Heidi'	dunkelrot, gefüllt
'Ine'	weiß mit rotem Ring
'Maggie'	dunkelrosa, gefüllt
'Maischnee'	strahlend weiß, gefüllt
'Munot'	leuchtend rot, gefüllt
'Roseus'	dunkelrosa, gefüllt

Die Sorte 'Nanum Saphir' mit himmelblauen Blüten eignet sich für den Steingarten besonders; sie blüht üppig und wird nur 25 cm hoch.
Auch der 40 cm hohe Goldflachs *(L. flavum)* lässt sich gut in Verbindung mit einer Trockenmauer pflanzen. Dazu ist vor allem die niedrige Form 'Compactum' geeignet.

Katzenminze *(Nepeta × faassenii)*

☼ ✻6–9 ↕30–40 cm

Diese kleinbuschige Staude, die mehr als 1 m Durchmesser erreichen kann, blüht den ganzen Sommer über. Ihre zierliche graugrüne Belaubung und die lavendelblauen Blüten machen sie unentbehrlich. Sie eignet sich als Partner für die in diesem Abschnitt genannten Stauden, in Verbindung mit Trockenmauern, an Wegen oder zusammen mit Beetrosen. Dem Imker ist sie als Bienenfutterpflanze sehr willkommen. Wenn wir sie im Juli/August scharf zurückschneiden, blüht sie bis in den Herbst hinein unermüdlich weiter. Doch auch ohne Rückschnitt hört das Blühen nicht auf, es ist dann nur verhaltener. *Nepeta × faassenii* 'Six Hills Giant' (50 cm) mit lila Blüten ist starkwüchsiger. Die Vermehrung erfolgt durch Teilung, Stecklinge und Samen. Gut geeignet ist die Katzenminze auch für den Naturgarten, für Kübel oder zu Rosen. Wenn die Pflanzen zu üppig werden und Nachbarn bedrängen, nehmen wir sie aus dem Boden und verkleinern sie.

→ TIPP

Katzen werden vom Duft der Katzenminze geradezu magisch angezogen. Sie legen sich mitten in die kleinen Büsche, deren Eleganz dann dahin ist. Wer Katzen hält, sollte deshalb überlegen, ob er diese überaus wertvolle Staude verwenden will.

Mädchenauge *(Coreopsis verticillata)*

☼ ✻6–9 ↕40–60 cm

Eine unermüdlich gelb blühende Staude mit fast nadelartigen Blättern, die sich im Garten vielseitig verwenden lässt. Mehr dazu auf S. 80.

Färberkamille *(Anthemis tinctoria)*

☼ ✻6–9 ↕60 cm

Eine reich blühende Staude für trockene Lagen. Die wertvolle Sorte 'Grallagh Gold', 60 cm, mit fein gefiederten graugrünen Blättern wächst breitbuschig und duftet aromatisch. Die großen, goldgelben Blüten eignen sich vorzüglich zum Schnitt. Pflanze zeitig im Herbst zurückschneiden, damit sie sich bestocken und gut überwintern kann. Die Vermehrung erfolgt durch Teilung und Aussaat.

Salbei *(Salvia)*

Eine kalkliebende Staude, die sich gut für naturnahe Pflanzungen auf trockenen, sonnigen Standorten eignet. Auch der allbekannte Küchensalbei ist eine von mehreren hundert meist aromatisch duftenden Salbei-Arten. Die Vermehrung kann durch Teilung, Stecklinge oder Aussaat erfolgen. Folgende Arten sind zu empfehlen:

Wiesen-Salbei *(Salvia pratensis* var. *haematodes)*

☼ ✻6–8 ↕120 cm

Im Garten verwenden wir meist nicht den eigentlichen Wiesen-Salbei *(S. pratensis)*, sondern die wertvollere hell-lavendelblaue Form *S. pratensis* var. *haematodes*.

Links: Unermüdlich blüht die duftige Katzenminze *(Nepeta × faassenii)* vom Frühsommer bis zum Herbst, belebt vom Summen der Bienen.

Mitte: Die Färberkamille *(Anthemis tinctoria)* ist eine reich blühende und duftende Staude, die gut mit trockenen Standorten zurechtkommt.

Rechts: Steppen-Salbei, hier *Salvia nemorosa* 'Blauhügel'. Ein zutreffender Sortenname, denn sie bildet kleine Hügel mit gut 1 m Durchmesser.

Steppen-Salbei *(Salvia nemorosa)*

☼ ✻6-9 ↕40-70 cm

Eine breitbuschige Gartenstaude, die gar nicht genug empfohlen werden kann. Vom Sommer bis in den Herbst hinein blüht sie unermüdlich violettblau. Wenn wir die Pflanzen zeitig, also noch ehe sie ganz abgeblüht sind, bis scharf über dem Boden herunterschneiden, bringen sie im Herbst einen zweiten Flor.

Die Sorte 'Ostfriesland' blüht dunkelviolett; 'Mainacht' leuchtend nachtblau. Besonders letztere treibt bei Rückschnitt nach dem ersten Flor bis in den Oktober hinein reichlich neue Blüten. Weitere neuere, wertvolle Sorten sind 'Caradonna', in Dunkelviolett mit dunklen Stielen, 'Tänzerin', ebenfalls dunkelviolett, lockerer, hoher Wuchs, sowie die weiß blühende Sorte 'Schneehügel'. Alle genannten Sorten lassen sich auch auf einem Prachtstaudenbeet gut verwenden.

Muskateller-Salbei *(Salvia sclarea)*

☼ ✻6-8 ↕100 cm

Diese nur zweijährige, sehr dekorative Art bildet im ersten Jahr eine Rosette großer, rundlicher Blätter. Im zweiten Jahr erscheint eine kräftige, verzweigte Rispe mit duftenden helllila Blüten, die von rosaroten Blättchen umgeben sind. Vermehrung an trockenen, sonnigen Plätzen durch Selbstaussaat. Vorsicht, schneckengefährdet!

Schafgarbe *(Achillea clypeolata)*

☼ ✻6-9 ↕50-60 cm ✂

Jeder Gartenboden ist der Schafgarbe recht, er darf nur nicht sehr feucht sein. Viele Arten und Sorten eignen sich nicht nur für volle Sonne und mehr zur Trockenheit neigenden Böden, sondern ebenso gut für die Prachtstaudenpflanzung. Deshalb sind sie dort auf S. 78 vorgestellt.

Hier sei lediglich auf *A. clypeolata* verwiesen, die wegen ihrer fein gegliederten grauen Blätter besser hierher als zu den Prachtstauden passt. Die Hybride 'Moonshine', schwefelgelb, ist besonders reich und lang blühend und sollte häufig geteilt werden, da sie sonst nur kurzlebig ist. 'Schwellenburg', eine weitere schwefelgelbe Hybride, wächst kompakt und aufrecht. Vermehren lässt sich die Schafgarbe durch Teilung und Aussaat.

Wertvolle Sorten des Lavendels

Name	Höhe	Bemerkung
'Grappenhall'	60 cm	blau, besonders aromatisch, stark wachsend, reich blühend, jedoch geringere Frosthärte, deshalb Winterschutz
'Hidcote Blue'	40 cm	tiefblau, kompakter Wuchs
'Little Lottie'	30 cm	zartrosa, Gegenstück zu 'Dwarf Blue'
'Munstead'	50 cm	blauviolett, sehr wertvoll, besonders graue Blätter, kompakt wachsend, früh blühend
'Miss Katherine'	60 cm	rosa, sehr robust und schön
'Dwarf Blue'	30 cm	dunkelviolett, kompaktwachsend, robust, bestens geeignet zur Einfassung von Beeten

Lavendel *(Lavandula angustifolia)*

☼ ✻6-8 ↕30-50 cm

Diese aromatisch duftende Pflanze aus dem Mittelmeerraum gehört zwar nicht zu den Stauden, sondern zu den Gehölzen. Sie wird aber in fast allen Staudengärtnereien herangezogen und passt vorzüglich zu den hier besprochenen Sonnenstauden. In Bezug auf den Boden ist der Lavendel anspruchslos, ebenso verträgt er viel Trockenheit. Der Standort sollte in voller Sonne liegen.

Die Belaubung ist graugrün, die Blütenfarbe lavendelblau. Sehr gut lässt sich übrigens Lavendel mit weißen, gelben, rosafarbenen und roten Rosen zusammenpflanzen. Auch Gräser passen vorzüglich in eine solche Gruppierung. Damit die Pflanzen nicht zu hoch werden und dann im unteren Bereich verkahlen, schneiden wir sie jedes Jahr nach der Blüte etwas zurück, d. h., wir nehmen die nun trockenen

Schafgarbe *(Achillea clypeolata)* zusammen mit der Lilie 'Prinz Eugen', einer rot blühenden Asiatischen Hybride.

Lavendel bringt südliches Flair in den Garten; auch für Kübel auf Balkon und Terrasse geeignet. Hier die Sorte 'Hidcote Blue'.

Blütentriebe weg und kürzen die Triebspitzen ein. Wenn sich dann im kommenden Frühjahr zeigt, dass der Lavendel gut durch den Winter gekommen ist, können wir noch kräftiger zurückschneiden, bei mehreren Pflanzen am besten mit der Heckenschere, sodass halb-kugelige Büsche entstehen. Dabei ist darauf zu achten, dass an der Basis noch graugrüne Blätter vorhanden sind. Bald erfolgen dann der neue Austrieb und die Blüte. Da er sich gut in Schnitt halten lässt, eignet sich Lavendel auch vorzüglich für Einfassungen. Vermehrung: durch Stecklinge und Aussaat.

Edeldistel *(Eryngium)*

Die Edeldistel, eine denkbar anspruchslose distelartige Staude, ist unempfindlich gegen Witterungseinflüsse und fühlt sich sogar auf steinigem, kargem Boden oder Sand wohl. Der Boden soll durchlässig und tiefgründig sein, damit die fleischigen Wurzeln tief nach unten dringen können. Die bizarren, kugeligen oder zylindrischen Blüten sind von blauvioletter Farbe. Sie sitzen an aufrechten Stängeln über lederartig derben Blattrosetten. Die Blüten eignen sich gut als Schnittblumen. In getrocknetem Zustand sind sie ein reizvoller Vasenschmuck. Vermehrung: Wurzelschnittlinge, bei reinen Arten auch Aussaat gleich nach der Samenernte.

Eryngium planum

☼ ✻7-8 ↕80-100 cm ✂

Die zahlreichen, blauen Blütenköpfe sehen sehr zierlich aus. 'Blauer Zwerg' heißt eine nur 50 cm hohe Sorte mit intensiv blauen Blütenköpfen auf locker verzweigten Stielen. 'Blaukappe' blüht leuchtend blau mit kleinen, sehr zahlreichen Blütenköpfen von Juni bis August.

Eryngium alpinum

☼ ✻7-8 ↕50-70 cm ✂

Das Alpen-Mannstreu blüht stahlblau. Die kräftig wachsende Sorte 'Blue Star' bringt große Blütenköpfe auf straffen Stielen.

Kugeldistel *(Echinops)*

Eine robuste, distelartige und dabei dekorative Staude mit graugrünen Blättern und kugelig stacheligen blauen oder weißlichen Blütenständen, gute Bienenfutterpflanze. Die Vermehrung erfolgt durch Teilung oder Wurzelschnittlinge, bei reinen Arten durch Aussaat.

Echinops bannaticus 'Taplow Blue'

☼ ✻7-9 ↕80-100 cm ✂

Mit oberseits spinnwebartig überzogenen, an der Unterseite graufilzigen Blättern. Blüht reich und intensiv blau. Sehr empfehlenswert! 'Blue Glow' bringt ebenfalls intensiv blaue Blütenköpfe.

Echinops ritro 'Veitch's Blue'

☼ ✻7-9 ↕70-80 cm ✂

Mit leuchtend stahlblau gefärbten Blütenköpfen über dekorativem grauem Laub. Vorzüglich zum Schnitt! Besonders intensiv ausgeprägt ist die blaue Blütenfarbe auf mageren Böden. Gute Nachbarn sind *Galatella* Syn. *Aster linosyris*, Mädchenauge *(Coropsis)*, Gelenkblume *(Physostegia)*, Sonnenhut *(Rudbeckia)*, Sonnenauge *(Heliopsis)*, Sonnenbraut *(Helenium)*, Schafgarbe *(Achillea)*, Schleierkraut *(Gypsophila paniculata)* und Gräser.

Berg-Aster *(Aster amellus)*

☼ ✻7-9 ↕40-60 cm ✂

Sie wird auch Heide- oder Kalk-Aster genannt und passt sehr gut hierher. Wie die anderen Stauden dieser Gruppe liebt auch sie Sonne, Wärme und mäßige Trockenheit. Der Boden sollte kalkhaltig, möglichst lehmig und locker sein. Die beste Pflanzzeit ist das Frühjahr, da es sonst leicht Ausfälle gibt. Rückschnitt nach der Blüte! Die Vermehrung erfolgt durch Teilung und Stecklinge. Näheres zu dieser Staude siehe S. 89.

Die Edeldistel, eine anspruchslose Staude mit dekorativen Blättern, wird gerne von Schmetterlingen aufgesucht.

Auch die Kugeldistel ist anspruchslos und für trockene Lagen gut geeignet. Hier: *Echinops bannaticus* 'Taplow Blue'.

Ein kleines Stückchen Heide

Mit den hier genannten Stauden, einigen Gräsern und Gehölzen zusammen lässt sich im Garten eine kleine Heidepflanzung anlegen. Knallige Farben dürfen wir uns allerdings nicht erwarten. Alles ist auf Stille abgestimmt, die nach unserer Vorstellung mit der Heide verbunden ist.

Von Gräsern wirken sehr hübsch die igeligen Polster des Bärenfell-Schwingels, Blau-Schwingel, Blaugras (*Sesleria*-Arten), Lampenputzergras u. a. Einige Nadelgehölze vervollständigen den Heideeindruck, wie Säulen-Wacholder, *Juniperus communis* 'Hibernica' oder *Juniperus communis* 'Hornibrookii', eine nur 40–45 cm hoch werdende, aber bis zu 2 m in die Breite wachsende Art. Hübsch sieht die unregelmäßig gebaute Mädchenkiefer, *Pinus parviflora* 'Glauca', mit ihren blaugrünen Nadeln und sehr vielen Zapfen aus. Sie wird nach vielen Jahren nur etwa 5 m hoch und ist daher auch für kleinere Gärten geeignet. Eine Zwergform der Weymouth-Kiefer (*Pinus strobus* 'Radiata' = *P. strobus* 'Nana') lässt sich ebenfalls zur Belebung der Heidepflanzung verwenden. Sie wird nur 1-2 m hoch, entwickelt sich aber sehr in die Breite, sodass der Durchmesser ungefähr der Höhe entspricht. In größeren Gärten eignen sich auch Kiefern. An Laubgehölzen ist die Felsenbirne, *Amelanchier*, zu nennen, die sich im Herbst prächtig feuerrot färbt. Hübsch nimmt sich in dieser Gemeinschaft die nur 60–90 cm hohe Wildrose *Rosa nitida* aus, die im Juni/Juli hellrosa blüht.

Im Herbst färbt sie sich orangerot und sieht ganz bezaubernd auf dunkelgrünem Untergrund (z. B. *Erica carnea*) aus.

1 Mädchenkiefer (*Pinus parviflora* 'Glauca')
2 Blau-Schwingel (*Festuca cinerea*), 4 Stück
3 Lampenputzergras (*Pennisetum alopecuroides* 'Hameln')
4 Fingerkraut (*Potentilla fruticosa* 'Arbuscula'), 3 Stück
5 Rote Zwerg-Berberitze (*Berberis thunbergii* 'Atropurpurea Nana')
6 Wilde Zwerg-Aster (*Aster sedifolius* 'Nanus')
7 Felsenbirne (*Amelanchier laevis*)

Bodendecker
8 Teppich-Sedum (*Sedum spurium* 'Purpurteppich')
9 Schnee-Heide (*Erica carnea* 'Winter Beauty')
10 Schnee-Heide (*Erica carnea* 'Vivelli')

→ TIPP

Die Schnee-Heide ist recht winterhart. Bei Barfrösten kann es allerdings zu Schäden kommen. Wir brauchen sie dann nur zurückzuschneiden, um einen neuen Austrieb anzuregen. Wenn nach einigen Jahren die Zweige zu lang werden, schneiden wir ebenfalls nach der Blüte bis auf Handbreite über dem Boden zurück. Dadurch wird ein Verkahlen im unteren Bereich verhindert.

Weithin leuchtende Farbtupfen bringt die kriechende Form des Fünffingerstrauches (*Potentilla fruticosa* 'Arbuscula') in unsere Heidelandschaft. Von Ende Mai bis tief in den Herbst hinein blüht diese Art unentwegt. Auch die Perowskie (*Salvia yangii* Syn. *Perovskia abrotanoides*) dürfen wir nicht vergessen. Dieses Gehölz (Höhe: 100–130 cm) blüht bis in den Oktober hinein lila. Das Laub ist silbrig gefiedert. Der Rosmarin- oder Heide-Seidelbast *(Daphne cneorum)*, ein reich blühender, immergrüner kleiner Zwergstrauch (Höhe: 20 cm), passt ebenfalls in diese Pflanzung. Im April–Mai sitzen herrlich duftende, karminrosa Blütendolden über den kleinen dunkelgrünen Blättern.

Vor allem aber ist die Schnee-Heide *(Erica carnea)* für eine Heideecke in Verbindung mit den nachfolgend genannten Stauden geradezu unentbehrlich, denn das ganze Jahr über sieht dieses reizende Zwerggehölz gepflegt aus. Die Urform wächst in den Alpen, hat also mit einer Lüneburger Heidelandschaft gar nichts zu tun. Aber warum sollten wir nicht ein wenig mogeln? Hauptsache, es entsteht eine Pflanzengemeinschaft, die an Heide erinnert und deren einzelne Arten im Aussehen und in ihren Ansprüchen zusammenpassen. Aufgrund ihrer Herkunft kann die Schnee-Heide etwas kalkhaltigen Boden vertragen, der mit Rohhumus (Waldboden) oder Laubkompost durchsetzt sein soll. Das Heidekraut *(Calluna vulgaris)*, auch Herbst- oder Besenheide genannt, wie wir es von der Lüneburger Heide her in Erinnerung haben, liebt dagegen einen kalkarmen, also sauren, sandigen Boden und gedeiht deshalb nicht in die hier vorgestellte Heidepflanzung.

Bergkamille

(*Anthemis marschalliana*, Syn. *A. biebersteiniana*)

☼ ✻5–6 ↕20 cm

Die silbergrauen, fein zerteilten Blätter sind bei dieser Staude seidig behaart. Es bilden sich schöne Polster, deren Wuchs allerdings nach Jahren zu wünschen übrig lässt. Sandiger, also durchlässiger nährstoffarmer Boden sagt der Bergkamille am besten zu; zumindest darf sich an der Pflanzstelle keine stauende Nässe bilden. Die Blütenfarbe ist goldgelb. Gut für Tröge geeignet. Vermehrung durch Teilung und Aussaat.

Eine Heidelandschaft im Kleinen. Neben flächig ausgebreiteter Schnee-Heide in verschiedenen Farbtönen bestimmt vor allem der Säulen-Wacholder das Bild.

Die niedrige Bergkamille eignet sich bestens auch zur Trogbepflanzung.

Pechnelke *(Lychnis viscaria)*

☼ ✻5–7 ↕40 cm

Für den Schnitt und das Staudenbeet ist die gefüllte Form *L. viscaria* 'Plena' zu empfehlen, eine lang blühende gefüllte Züchtung mit leuchtend karminroten Blüten. Nach drei Jahren müssen wir verpflanzen, da sonst die Blühfreudigkeit nachlässt.

Die einfache, karminrosa blühende Pechnelke wird gerne von Faltern beflogen und eignet sich für den Heidegarten, also für durchlässigen, kalk-, humus- und nährstoffarmen Boden.

Wilde Zwerg-Aster

(*Galatella* Syn. *Aster sedifolius* 'Nanus')

☼ ✻8–10 ↕40 cm ✂

Eine hübsche Aster für den Heidegarten. Diese zierliche Form blüht überaus reich. Gut sieht es aus, wenn sich im herbstlichen Garten zu dem lichten Blau dieser Aster das üppige Gelb von *Potentilla fruticosa* 'Arbuscula' sowie rote Farbtöne gesellen (z. B. *Berberis thunbergii* 'Atropurpurea Nana', *Amelanchier laevis* oder bodenbedeckende Stauden wie *Sedum spurium* 'Purpurteppich'). Vermehrung durch Teilung und Stecklinge.

Das weißfilzige Perlkörbchen lässt sich reizvoll mit Katzenminze, Lein, Salbei, Kugeldistel und Gräsern kombinieren.

Die anspruchslose Goldrute *(Solidago caesia)* steht gut zusammen mit der Wilden Glattblatt-Aster *(Aster laevis)*.

Perlkörbchen *(Anaphalis triplinervis)*

☼ ✻8–9 ↕40 cm ✂

Es sieht dem Katzenpfötchen *(Antennaria)* recht ähnlich, ist aber wesentlich höher. Die silbrig behaarten Blätter sind sehr zierlich. Die Blütenköpfchen sind weiß. Sorten: 'Sommerschnee', 30 cm, blüht bereits ab Juli, und 'Silberregen', 30 cm, spät blühend im September/Oktober. Vermehrung durch Teilung und Aussaat.

Edelraute *(Artemisia)*

☼ ↕20–70 cm je nach Art ✂

Mit ihrem silbergrauen Laub bringen verschiedene Artemisia-Arten und Sorten interessante Farbkontraste in die Pflanzung. Die Blüten sind dagegen unscheinbar. Vermehrung durch Teilung.

→ TIPP

Das silbergraue Laub der Edelraute sorgt für Kontrast zu den Blattfarben anderer Stauden. Effektvoll in Sträußen und auf Staudenrabatten!

***Artemisia schmidtiana* 'Nana'**

Wird nur 20–25 cm hoch.

Das fein geteilte Laub ist leuchtend silbrig. Ein interessanter Bodendecker, der wie eine silbrig bewegte »Wasserfläche« wirkt.

***Artemisia ludoviciana* 'Silver Queen'**

Wird 70 cm hoch. Die Blätter sind silbrig weißfilzig, duftend. Auch für größere Flächen geeignet, da sie leicht wuchert.

Goldrute *(Solidago caesia)*

☼ ✻9–10 ↕60 cm ✂

Diese Art unterscheidet sich wesentlich von den für das Prachtstaudenbeet geeigneten großen Goldruten. Die Pflanzen sind zierlicher mit bogig überhängenden Trieben. Ihre gelben Blüten sitzen in kleinen Büscheln in den Blattachseln und ähneln den »Mimosen« aus dem Blumenladen. Die Pflanzen bilden kaum Ausläufer. Vermehrung durch Teilung.

Bodendeckende Stauden für die Heideecke

Katzenpfötchen *(Antennaria)*

☼ ✻5–6 ↕5–15 cm je nach Art

Zur Bedeckung kleiner Flächen ist dieser weißfilzige Teppichbildner bestens geeignet. Ausgesprochen trittfest.

Antennaria dioica
Kriecht ganz flach am Boden und blüht weißlich rosa. Die silbrigen Blättchen bilden eine Farbfläche, neben der sich andere Pflanzen gut abheben. Unkraut wird nicht unterdrückt.

***Antennaria dioica* 'Rubra'**
Mit etwa 10 cm hohen karminroten Blütchen und oberirdischen Ausläufern, die silbergraue Teppiche bilden.

***Antennaria dioica* var. *borealis* (Syn. *A. tomentosa*)**
Im Aussehen ähnlich; weißliche Blüten. Bildet dichten, flachen Teppich.

***Antennaria parvifolia* (Syn. *A. aprica*)**
Besonders starkwüchsige heimische Art, die silbergraue Polster (10–15 cm hoch) bildet. Blütenköpfchen weiß.

Wertvolle Sorten von *Sedum spurium*

Name	Blattfärbung	Blütenfarbe
'Album Superbum'	frischgrün, guter kleinflächiger Bodendecker	weiß, aber wenige Blüten
'Fuldaglut'	rot	karminrot, reich blühend
'Purpurteppich'	rot	purpurrot
'Schorbuser Blut'	bräunlich	blutrot

Fetthenne *(Sedum)*

Blütezeit und Höhe: je nach Art verschieden. Aus der großen Zahl von Arten sollen hier nur einige genannt werden, die sich für unsere Heideecke besonders eignen. Sehr wertvoll ist das Teppich-Sedum *(S. spurium)*. Es wächst leicht, ist sehr ausdauernd und wintergrün. Auch im Halbschatten lässt sich diese anspruchslose Art gut verwenden. Der je nach Sorte grüne oder rote Teppich wird nur 10 cm hoch, die Blüten im Juni/Juli erreichen eine Höhe von 15 cm.
Eine weitere wertvolle Art ist *S. floriferum* 'Weihenstephaner Gold'. Die Blätter sind dunkelgrün und sehen das ganze Jahr über sauber aus. Höhe: etwa 20 cm. Im Juni bis August reich blühend, goldgelb.

Katzenpfötchen *Antennaria dioica* 'Rubra' blüht karminrot. Jedoch auch ohne Blüte ist die Pflanze mit ihrem silbergrauen Laub ein attraktiver Bodendecker.

Die Fetthenne 'Weihenstephaner Gold', ein wertvoller Bodendecker; hier zusammen mit der ebenfalls gelb blühenden Junkerlilie *(Asphodeline lutea)*.

→ TIPP
Die bräunlich roten, flach gewölbten Blüten der hohen *Sedum*-Arten sehen auch den ganzen Winter über gut aus. Also erst im Frühjahr abschneiden!

Wesentlich höher (40–50 cm) werden *S. spectabile* und *S. telephium*. Im Gegensatz zu den vorhin genannten eignen sie sich nicht, um den Boden zu bedecken. Wir pflanzen sie vielmehr einzeln oder in kleinen Gruppen. Blütezeit August/September. Beide Arten lieben kräftigen Boden. Hübsche Sorten von *S. spectabile* sind 'Carmen' und 'Rosenteller', beide dunkelrosa.
Von *S.-Telephium*-Hybriden ist 'Herbstfreude' sehr zu empfehlen. Sie wächst buschig und straff aufrecht. 'Munstead Purple' blüht leuchtend purpurrot, 'Matrona' fällt durch die rosa Blütendolden über dem rötlichen Laub auf. Wegen der hübschen Gestalt und Blüte lässt sich dieses Sedum auch in die Prachtstaudenpflanzung einfügen. Besonders wirkungsvoll in der Nachbarschaft von Herbstastern, Herbst-Anemonen, Katzenminze und Salbei.

Wolliger Ziest *(Stachys byzantina, Syn. S. lanata)*

☼ ✻6–7 ↕30 cm ✂

Eine genügsame, kriechende Staude mit dicken, weißfilzigen Blättern, die sich gut zur Bodenbedeckung auch in extrem trockener Lage eignet. Sie kriecht flach dahin, nur die Blütenquirle werden an die 30 cm hoch. Im Abblühen sehen die Pflanzen unschön aus. Blüten darum rechtzeitig abschneiden! 'Silver Carpet', 20 cm, mit silberweißen Blättern blüht kaum. Sehr wirkungsvoll in Verbindung mit Perlkörbchen, Wilder Zwerg-Aster, Lavendel, Kissen-Aster und Rosen.
Vermehrung erfolgt durch Teilung.

Habichtskraut *(Hieracium × rubrum)*

☼ ✻6–8 ↕10–20 cm ✂

Diese Staude bildet keine so starken Ausläufer wie andere und lässt sich deshalb auch in kleineren Pflanzungen noch gut verwenden. Sie bedeckt den Boden und sieht mit den kleinen leuchtend orangeroten Blüten hübsch aus. Eine gute Wirkung ergibt sich, wenn wir blauen Lein oder niedrige Gräser in diesen Teppich pflanzen oder das Habichtskraut mit andersfarbig blühenden Sonnenröschen *(Helianthemum)* kombinieren. Die Vermehrung durch Abnahme von Ausläufern und durch Teilung ist wirklich denkbar einfach.

Der Wollige Ziest fühlt sich selbst in den Fugen von Treppenstufen wohl.
Daneben in Lila der zweijährige Judassilberling *(Lunaria annua)*.

Dieses Habichtskraut *(Hieracium × rubrum)* entwickelt sich am schönsten auf kargem Boden und eignet sich auch für kleine Pflanzungen.

Stauden für eine Steppenpflanzung

Die Stauden dieser Pflanzgemeinschaft sind nicht laut in den Farben. Es gibt allerdings prächtige Gestalten darunter, wenn wir an die Steppenlilie, Palmlilie (*Yucca* – siehe S. 58) und das Pampasgras denken. Um den Eindruck der Weite zu erreichen, ist es wichtig, aus einem großflächigen Teppich von Bodendeckern nur einige kleine Gruppen oder einzeln stehende höhere Arten herausragen zu lassen.

Was wäre die Steppe ohne Gräser! Bezaubernd sehen die verschiedenen Federgras-Arten aus, wenn ihre langen Grannen im Wind spielen. Der Blaustrahl-Wiesenhafer, Atlas-Schwingel und das Lampenputzergras lassen sich in Verbindung mit den noch näher beschriebenen Stauden verwenden. Das Sandrohr, die Hirse und das Pfeifengras passen in diese Gemeinschaft. Die Krönung der ganzen Steppenpflanzung sind dann im Spätherbst die weithin silbrig leuchtenden Ähren des Silberfahnengrases (*Miscanthus sinensis* 'Silberfeder') oder – wer es pompöser, steifer liebt – die Federbüsche des Pampasgrases. Es wäre natürlich verfehlt, all die hier genannten Gräser in eine kleine Steppenpflanzung bringen zu wollen. Der persönliche Geschmack eines jeden Gartenfreundes muss hier entscheiden, welche Arten er besonders liebt, denn »in der Beschränkung zeigt sich erst der Meister«!

Beispiel für ein Beet mit Steppencharakter

1 Erbsenstrauch *(Caragana arborescens)*
2 Steppenlilie *(Eremurus stenophyllus)*, 5 Stück
3 Zwerg-Iris (*Barbata*-Nana-Gruppe) in verschiedenen Sorten (je 1-3 Stück)
4 Wilde Zwerg-Aster (*Galatella* Syn. *Aster sedifolius* 'Nanus')
5 Rutenhirse (*Panicum virgatum* 'Rehbraun'), 3 Stück
6 Sternkugel-Lauch *(Allium christophii)*, 3 Stück
7 Prachtscharte *(Liatris spicata)*, 4 Stück
8 Königskerze *(Verbascum olympicum)*

Bodendecker

9 Teppich-Sedum (*Sedum hispanicum* var. *minus*, Syn. *S. lydium* 'Glaucum')
10 Teppich-Sedum (*Sedum kamtschaticum* var. *middendorffianum*)
11 Teppich-Sedum (*Sedum floriferum* 'Weihenstephaner Gold')

An Gehölzen eignen sich für diese Gemeinschaft die Felsenbirne *(Amelanchier)*, die Pfaffenhütchen-Art *Euonymus planipes* mit prächtig roter Herbstfärbung und die Strauchmispel *Cotoneaster divaricatus* u. a.
Im Frühjahr dürfen auf keinen Fall Wildkrokusse und Wildtulpen in der Steppenpflanzung fehlen. Einige besonders hübsche, aber relativ unbekannte Arten sind *Tulipa whittalli, Tulipa sylvestris, Tulipa acuminata* und *Tulipa marjolettii*. Die große Familie der Allium-Gewächse schließt dann mit ihrer Blütezeit an. Leichter, nährstoffarmer, trockener Boden braucht nicht verbessert zu werden, wenn wir vorwiegend die folgenden Stauden verwenden.

Adonisröschen *(Adonis vernalis)*

☼ ✻4–5 ↕20 cm

Sicher eine der schönsten Stauden, die kalkhaltigen, durchlässigen Boden lieben und möglichst ungestört an ihrem Platz bleiben wollen. Die sehr großen, goldgelben Blüten stehen über feinem, zierlichem Laub. Vermehrung: Teilung nach der Blüte oder Aussaat sofort nach der Ernte. Die Sämlinge wachsen langsam heran.

Küchenschelle *(Pulsatilla vulgaris)*

☼ ✻4–5 ↕20 cm

Diese bekannte niedrige Pflanze liebt Sonne, Trockenheit und kalkhaltigen Boden. Die Blätter entwickeln sich erst nach den violetten Blüten, die im Frühling mit ihren gelben Staubfäden entzückend aussehen. Bezaubernd sind vor allem auch die federigen Fruchtstände. Es werden auch weiße, rosa und rote Formen angeboten. Vermehrung durch Aussaat und Teilung.

Gold-Wolfsmilch *(Euphorbia polychroma)*

☼ ✻4–5 ↕40 cm ✂

Die kugeligen, leuchtend gelben Büsche sehen sehr interessant aus und fallen bereits aus der Ferne auf. Gute Farbwirkungen lassen sich erzielen, wenn wir sie mit Stauden zusammenpflanzen, die zur gleichen Zeit blau oder rot blühen. Auch blaue Gräser *(Festuca cinerea)* oder die stahlblauen Polster einiger Nelken (*Dianthus gratianopolitanus* 'Nordstjernen') passen gut zu ihr. Aber nicht nur in der »Steppe« können wir diese Staude gut verwenden, sie ist auch für die Trockenmauer, für die Prachtstaudenpflanzung, zusammen mit kleinen, dunkelgrünen Nadelgehölzen und einzeln stehend geeignet. Auch Halbschatten kann die Gold-Wolfsmilch vertragen. So habe ich sie einmal mit dem rotblättrigen Japanischen Fächerahorn und dem blaublühenden Kaukasus-Vergissmeinnicht an absonniger Stelle zusammen gepflanzt. Die Farbwirkung war erstaunlich.
Eine auffällige Erscheinung unter den Wolfsmilch-Arten ist *Euphorbia griffithii* 'Fireglow', 70 cm, mit orangeroten Hochblättern und schöner Herbstfärbung. Vermehrung durch Teilung, Aussaat oder Stecklinge.

Das Adonisröschen, eine langlebige Staude, verlangt einen warmen, trockenen Platz. Einmal gepflanzt, lassen wir es in Ruhe.

Nach den anemonenartigen Blüten zeigt sich die Küchenschelle mit auffallend schönen Samenständen.

Die Gold-Wolfsmilch bringt im Frühjahr weithin leuchtende gelbe Farbtupfer in die Rabatte oder in eine naturnahe Staudenpflanzung.

Pfingstrose *(Paeonia tenuifolia)*

☼ ✻4–5 ↕40 cm ✂

Die Art *P. tenuifolia* passt wegen ihrer geschlitzten, feinen Blätter vorzüglich in das Steppenklima. Sie blüht feuerrot. Kultur siehe S. 67 ff.

Zwerg-Schwertlilie, Zwerg-Iris

(*Iris*-Barbata-Nana-Gruppe)

☼ ✻4–5 ↕15–30 cm

Die verschiedenen Sorten der Niedrigen Bart-Iris bereichern äußerst reizvoll jede Steppenpflanzung. Kultur, Vermehrung usw. wie bei der Hohen Bart-Iris auf S. 69 ff.

Es gibt heute auch wertvolle Sorten der Mittelhohen Bart-Iris (*Iris germanica*, Barbata-Media-Gruppe). Sie erreichen eine Höhe von 30–60 cm, blühen im Mai und lassen sich ebenfalls in die Steppenpflanzung oder in eine Irisfläche mit einbeziehen.

Zier-Lauch *(Alium)*

☼ ✻ + ↕je nach Art verschieden ✂

Diese Staudengattung bietet viele interessante Arten und Züchtungen. Mit ihnen lassen sich Steppenpflanzungen fantastisch akzentuieren. Sonne und durchlässiger Boden sind die Voraussetzungen für ihr gutes Gedeihen. Nur der Bärlauch *(Allium ursinum)* mit starkem Knoblaucharoma liebt Schatten und frischen nährstoffreichen Boden. Die hier genannten winterharten Arten ziehen während oder nach der Blüte ein. Die Zwiebeln werden im Herbst gepflanzt.

Wertvolle Sorten der Zwerg-Schwertlilie (Auswahl)

Name	Höhe	Bemerkung
'Cherry Garden'	30 cm	weinrot
'Cyanea'	15 cm	violettblau
'Fairy Ballet'	30 cm	orchideenweinrot
'Gingerbread Man'	30 cm	braun mit Goldbronze
'Little Buccaneer'	20 cm	dunkles Kastanienbraun
'Oberschwaben'	30 cm	hellblau, weißer Bart
'Orange Tiger'	30 cm	goldorange
'Stockholm'	35 cm	klares Hellgelb mit blauem Bart
'Toskanerprinz'	30 cm	zweitonig zitronengelb
'White Gem'	35 cm	schneeweiß

Blauzungen-Lauch *(Allium karataviense)*

☼ ✻5 ↕25 cm

Die Blätter sind breit und stahlblau. Die großen lila-rosa Kugeln stehen auf sehr kurzem Stiel und sind auch noch später im Fruchtzustand eine Zierde.

Paeonia tenuifolia 'Plena' passt mit ihren fein gefiederten Blättern vorzüglich in die Steppenpflanzung.

Sorten aus der *Iris*-Barbata-Nana-Gruppe sind die kleinsten, aber auch die frühesten unter den Schwertlilien; sie blühen bereits ab April.

Der Sternkugel-Lauch ist wie geschaffen für eine Steppenpflanzung. Im Sommer überrascht er mit großen violetten Blütenkugeln.

Sternkugel-Lauch *(Allium christophii)*

☼ ✻6–7 ↕40 cm

Die Blätter sind oberseits blaugrün. Die lilafarbenen, großen Blütenkugeln stehen auf kräftigen Stielen.

Riesen-Lauch *(Allium giganteum)*

☼ ✻6–7 ↕150 cm und mehr

Die sehr großen violettblauen Blütenkugeln stehen auf festen Stielen. Möglichst Winterschutz (Fichten- oder Tannenzweige) geben! Hervorragend zum Schnitt!

Steppenlilie, Steppenkerze *(Eremurus)*

☼ ✻6–7 ↕100–200 cm (je nach Art)

Bereits die Namen »Steppenlilie« und »Steppenkerze« sagen uns, wo diese fremdartige Schönheit zu Hause ist. Sie ist auch unter der Bezeichnung »Lilienschweif« bekannt.
Wir pflanzen sie im Sommer oder Herbst, denn bereits im zeitigen Frühjahr beginnt diese auffallende Staude mit grünen Köpfen aus dem Boden zu treiben.
Wir pflanzen diese eigenartigen Wurzelstöcke nur 15–20 cm tief. Der Boden muss durchlässig sein. Also Sand beimischen!

Die Blüten von Riesen-Lauch *(Allium giganteum)* und Steppenlilien *(Eremurus stenophyllus)* ergänzen sich kongenial als Höhepunkte einer Steppenpflanzung.

Guter Wasserabzug ist erforderlich. Auf schweren Böden bringen wir deshalb in 20–30 cm Tiefe eine Schotterschicht ein und geben darüber noch 3–5 cm hoch Sand. Auf dieser Sandschicht werden die Wurzeln flach ausgebreitet und mit lockerer Erde bedeckt. Der junge Austrieb wird in Frostnächten mit Fichtenreisig, einem Blumentopf oder Pappkarton abgedeckt. Vor allem kalte Mainächte können schaden. Wie riesige Spargelstangen schieben sich die Triebe aus dem Boden und entfalten sich rasch zu mächtigen Blattschöpfen. Bald danach, im Juni/Juli, können wir dann die exotisch anmutenden Blütenkerzen bewundern. Prachtvoll und einmalig schön! In Verbindung mit den anderen in diesem Abschnitt genannten Stauden bietet sich uns ein Steppenbild von eigenartigem Reiz.
Wir können Steppenkerzen aber auch auf das Prachtstaudenbeet pflanzen. Vor allem die gelben schlanken Kerzen von *E. stenophyllus* passen gut zu blauem Rittersporn, Türkischem Mohn, Feinstrahl oder weißen, rosa und roten Pfingstrosen. *E.* 'Ruiters Hybriden' blühen in Gelb, Orange, Rötlich und Weiß.
Nach einer kurzen Vegetationsdauer von drei Monaten ziehen sich die Steppenlilien wieder in den Boden zurück und bereiten dort die prächtigen Blütenkerzen für das kommende Jahr vor. Da wir in unserer Steppenpflanzung sehr viel mit Bodendeckern arbeiten, werden diese Kahlstellen kaum sichtbar.
Vermehrung: Ältere Pflanzen lassen sich im August vorsichtig teilen. Ausgesät werden Steppenlilien gleich nach der Samenernte, doch dauert es gut fünf Jahre, bis sie wirklich zum Blühen kommen.

→ TIPP

Als Bodendecker unter den *Allium*-Arten eignen sich Stachelnüsschen *(Acaena)*, Hornkraut *(Cerastium tomentosum)*, Fetthenne *(Sedum)*, Thymian *(Thymus)*, Schwingel-Arten *(Festuca)* u. a.

Wertvolle Arten

Eremurus robustus

Diese höchste Art – auch als Kleopatranadel bezeichnet – entwickelt im Juni/Juli gut 2 m hohe, hellrosa Blütenkerzen, die weiß verblühen. Sie hat graugrüne Blätter und ist früh blühend. Eine ausgesprochen imposante Steppenkerze!

Eremurus himalaicus
Mit grünen Blättern und weißen Blüten. Höhe etwa 1,20 m, Blütezeit Juni.

***Eremurus stenophyllus* (Syn. *E. bungei*)**
Wird bis 1,50 m hoch und sieht mit ihren schlanken, kanariengelben Blütenkerzen mit orangefarbenen Staubfäden bildhübsch aus. Blütezeit: Juni/Juli.

***Eremurus*-Hybriden**
Die 'Shelford-Hybriden' und 'Ruiters Hybriden' werden bis 1,50 m hoch und blühen in verschiedenen Farben wie Weiß, Gelb, Hell- und Dunkelrosa, Hell- oder Dunkelorange.

Königskerze *(Verbascum)*

☼ ✻6–8 ↕je nach Art verschieden

Königskerzen sind vielen von uns von Kindheit her bekannt. Wir finden Königskerzen auf Bahndämmen und Schutthalden. Die mächtigsten unter ihnen, vor allem die heimischen, an die 2 m hoch werdenden Arten, wirken sehr dekorativ und sollten deshalb nur einzeln oder in kleinen Gruppen gepflanzt werden.
Die meisten Arten sind nur zweijährig. Doch wenn wir sie einmal im Garten haben, säen sie sich ohne unser Zutun immer wieder von selbst aus.
Oft wachsen sie auf der Terrasse zwischen Plattenfugen heraus, und man kann nur staunen, wie üppig sie sich selbst bei so bescheidenem Lebensraum entwickeln. Im Hochsommer erheben sich über den großen Blattrosetten die hohen Blütenkerzen, die gerade an einer Terrasse oder zwischen Wegplatten recht dekorativ wirken können.

Die einzelnen Arten kreuzen sich leicht miteinander, sodass zahlreiche Bastarde entstehen. Die Vermehrung erfolgt durch Samen, Nebenrosetten oder Wurzelschnittlinge.

Höhere Königskerzen

Verbascum bombyciferum
Diese zweijährige Art wird 180 cm hoch. Die ganze Pflanze ist dicht weißfilzig behaart, die Blüten sind schwefelgelb. Sehr wirkungsvoll als Einzelstaude.

→ TIPP
Königskerzen passen vorzüglich in eine Pflanzung mit Steppencharakter. Sie lieben Sonne und sandige, sehr durchlässige Böden. Auch auf Geröll wachsen sie willig.

Verbascum olympicum
Auch diese grauweiß-filzige gelb blühende Art ist zweijährig und erreicht eine Höhe von annähernd 200 cm. Die Blattrosetten sind sehr groß, die mächtigen Blütenkandelaber sind fast bis zur Spitze reich verzweigt.

Niedrige Königskerzen

***Verbascum*-Hybriden**
Sie blühen in hellgelben, leuchtend gelben, gelbbronze, rosa und weißen Farbtönen. Ideal, wenn wir nur kleinere Flächen mit Steppencharakter gestalten wollen.
Sorten: 'Cotswold Queen', Höhe: 100 cm, Blüten bernsteinfarben-bronze getönt, helllila Staubfäden.
'Pink Domino', Höhe: 80 cm, lilarosa, attraktive Blütenfarbe.

Verbascum phoeniceum
Höhe: 60 cm, dunkelgrüne Blätter, violette Blüten.

Ungewöhnlich und von eigener Schönheit zeigt sich die Steppenlilie bereits beim Austrieb. Ebenso ungewöhnlich ist der seesternähnliche Wurzelstock.

Königskerzen samen sich von selbst aus. Bereits schmale Fugen reichen als Lebensraum.

Prachtscharte *(Liatris spicata)*

☼ ✻7–10 ↕80 cm ✂

Eine eigenartige Staude, die gut in unsere Pflanzung mit Steppencharakter passt. Über grasartigen Blattschöpfen stehen lila Blütenkolben, die interessanterweise von oben nach unten aufblühen. Starker Bienenbeflug! Die Sorte 'Kobold' wird nur 40 cm hoch. Leider ist der knollige Wurzelstock ein Leckerbissen für Wühlmäuse. Besondere Ansprüche stellt die Prachtscharte nicht, der Boden darf nur im Winter nicht zu nass sein. Vermehrung der Sorten durch Teilung, sonst auch durch Aussaat.

Palmlilie *(Yucca filamentosa)*

☼ ✻7–9 ↕120 cm

Einzeln stehend oder in lockeren, kleinen Gruppen bringt diese attraktive Staude ihre Schönheit am besten zur Geltung, vor allem wenn sie aus einem Teppich dazu passender Bodendecker (Stachelnüsschen, Ziest u. a.) herausragt. Besonders gut wirkt die Palmlilie inmitten einer Steppenpflanzung. Dem Äußeren nach könnte man sie für eine Palmenart halten, die im Herbst in ein Glashaus gebracht werden muss. Die Palmlilie ist aber bei uns winterhart. Ja, sie kann sogar sehr alt werden und verbreitet sich durch Ausläufer, wenn wir sie in vollsonniger Lage auf kalkhaltigem, gut durchlässigem Boden pflanzen, für etwas Schutz gegen Winternässe sorgen und sie in rauen Gegenden den Winter über mit Fichtenzweigen abdecken. Über den 30–50 cm hohen, blaugrünen Blättern, die auch den Winter über erhalten bleiben und einer Rosette ähneln, erheben sich im Spätsommer Schäfte mit großen, weißen Blütenglocken. Nach der Blüte schneiden wir die Schäfte unten ab, damit sich Nebenrosetten ausbilden können. Neben der Sorte 'Elegantissima', die noch größere Blütenstände als die Art bringt und stärker wächst, werden in den Staudenkatalogen noch eine ganze Reihe wertvoller Formen angeboten.

Goldhaar-Aster (*Galatella* Syn. *Aster linosyris*)

☼ ✻8–9 ↕30–60 cm ✂

Eine heimische Astern-Wildform mit nadelförmigen Blättern und eine Unmenge goldgelber Blüten. Der Wuchs der Pflanzen ist straff aufrecht. Die einzelnen Büsche bekommen nahezu 1 m Durchmesser. Vermehrung durch Teilung und Aussaat.

Die von oben nach unten aufblühenden, haltbaren Blütenkerzen der Prachtscharte werden gerne von Bienen beflogen.

Palmlilien vertragen nicht nur volle Sonne und Trockenheit. Sie blühen fantastisch und lassen sich perfekt mit Prärie- und Steppenstauden wie Wolfsmilch, Blaustrahlhafer, Iris und Salbei kombinieren.

Bodendecker für die Steppenpflanzung

Stachelnüsschen *(Acaena buchananii)*

☼ ✻6 ↕5–10 cm

Diese trittfeste, teppichbildende Staude eignet sich für eine Steppen- oder Heideecke, für den Steingarten oder zur Grabbepflanzung. Sie ist anspruchslos, jedoch nicht überall ganz winterhart. Die Blätter ähneln denen von Wildrosen. Vermehrung durch Teilung, auch Aussaat.

Ehrenpreis (*Pseudolysimachin spicatum* ssp. *spicatum*)

☼ ✻6–7 ↕30 cm

Dieser Ehrenpreis ist auch unter dem alten Namen *Veronica spicata* ssp. *incana* bekannt. Neben den blauen Blütenkerzen ziert sie besonders durch die silberweißen bis graufilzigen Blattrosetten, mit denen sich eine farblich wirkungsvolle Bodenbedeckung erzielen lässt. Lockerer, sandiger Boden sagt dieser Staude besonders zu. Vermehrung durch Teilung und Aussaat.

Heide-Nelke *(Dianthus deltoides)*

☼ ✻6–8 ↕10–15 cm

Die sehr zierlichen Pflanzen schmiegen sich dem Boden dicht an. Wertvoll sind die Sorten 'Leuchtfunk' mit dunklem Laub und scharlachroten Blüten und 'Erectus' mit karminroten Blüten. Die Sorte 'Albus' blüht weiß. Die Pflanzen selbst sind kurzlebig, vermehren sich aber reichlich durch Selbstaussaat.

Thymian *(Thymus)*

☼ ✻je nach Art verschieden ↕10–15 cm

Ein wertvoller Bodendecker für trockene und magere Stellen, der jedoch Barfröste nicht gut verträgt. Die Blättchen duften sehr aromatisch. Vermehrung durch Teilung. Die Arten und Kulturformen *Thymus serphyllum* 'Coccineus', *Thymus doerfleri* 'Bressingham Seedling' und *Thymus × citrodorus* 'Golden Dwarf' gehören zu den bewährtesten.

Thymus serpyllum

Bildet einen dichten, nur wenige Zentimeter hohen Teppich. Von Juli bis September wird die Fläche von den kleinen rosa Blüten bedeckt. Die Form 'Coccineus' bildet dunkelgrüne, dichte Rasen; Blüte tiefkarminrot.

***Thymus doerfleri* 'Bressingham Seedling'**

Sehr üppige, hellgrüne Polster; im Mai/Juni mit rosa Blüten überschüttet.

***Thymus × citriodorus* 'Golden Dwarf'**

Bildet goldbunte Teppiche, die sehr ausdauernd sind. Die Blätter duften nach Zitrone. Wird die Pflanzung nach Jahren lückig, so lässt sich durch Rückschnitt ein neuer Austrieb erzielen.

Auch das wintergrüne, Rasen bildende Stachelnüsschen *(Acaena buchananii)* eignet sich vorzüglich für sonnige, trockene Stellen.

Aus einem Teppich von goldbuntem Thymian, rosa Grasnelke und grauem Ehrenpreis leuchten die blauen Alpen-Astern.

Thymian kommt mit engen Plattenfugen und nährstoffarmem Boden gut zurecht; wenn es mager zugeht, zeigt er erst seine Schönheit.

Stauden und Rosen

Rosen bringen über viele Monate hinweg Farbe in die Staudenpflanzung. Zu den unterschiedlichen Staudengestalten können sie daher vom Frühsommer bis zum Frost, also als konstantes Element gruppenweise oder einzeln in der Pflanzung eingesetzt werden. Es sollte bei allen Kombinationen von Stauden mit Rosen darauf geachtet werden, dass die Rosen mindestens einen halben Meter im Durchmesser offenen Boden haben. Werden sie von Stauden bedrängt, sollte eingegriffen werden. Sehr wichtig bei der Vergesellschaftung ist es, Stauden auszuwählen, die einen hinreichend gleichen Standort wie die Rosen brauchen. Die besten Partner findet man bei den im Folgenden behandelten Prachtstauden. Doch Vorsicht! Rosen und Stauden sollen sich nicht gegenseitig die Schau stehlen; im Zweifelsfall sollten die Stauden die etwas feineren Blüten und zurückhaltenden Farben aufweisen.

Einfach und locker gefüllt blühende Rosensorten sind ideal zur Vergesellschaftung mit Stauden und werden allgemein dafür empfohlen. Hier aber legen wir den Fokus auf dicht gefüllt blühende Sorten, die besonders prachtvoll ausschauen und sehr schön mit entsprechenden Begleitstauden inszeniert werden können. Besonders geeignet hier etwa die Belladonna-Sorten vom Rittersporn. Die tief ultramarinblaue 'Atlantis' ist ein hübscher Kombinationspartner – lässt beispielsweise das frische Rosa der Strauchrose 'Flashlight' noch romantischer erscheinen; unterstreicht das pudrige Rosé der Strauchrose 'Cinderella' oder bringt den zwischen zartem Rosa und Apricot changierenden Farbton der Edelrose 'Lady Capri' zum Strahlen. Zur tiefrosa Grandiflora-Rose 'Eliza' oder zur purpurrosa Beetrose 'Lilac Topaz' würde dann die helleisblaue Rittersporsorte 'Ballkleid' besser passen.

Freilich lassen sich aus der Vielzahl der rosa blühenden Stauden auch bezaubernde Ton-in-Ton-Pflanzungen mit Rosen kreieren. Streuen Sie dabei immer etwas weiß blühendes, etwa niedriges Schleierkraut und dunkel belaubte Stauden – allen voran entsprechende *Heuchera*-Sorten mit in die Pflanzung. Dann kann es gar nicht langweilig werden.

Die Strauchrose 'Cinderella' duftet besonders am Abend intensiv. Sie wächst bogig überhängend und wird rund 1,5 m hoch, ist gesund und robust und blüht mehrmals bis in den Herbst.

Orangefarbene, gelbe oder weiße Beet- oder Strauchrosen passen ausgezeichnet zum Blau und Violett verschiedener Stauden. Mit den passenden Begleitern sind selbst straff wachsende Edelrosen eine wahre Wonne. Die sehr gesunde und winterharte, aber recht hohe 'Sunny Sky' macht sich wunderbar neben *Salvia nemorosa* 'Caradonna' als Unterpflanzung. Hier könnte zartgrün blühender Frauenmantel *(Alchemilla mollis)* noch zusätzlich die rechte Würze geben; diese Pflanze passt eigentlich zu allen Rosenfarben. Und wer romantisch anmutende Rosen mag, sollte unbedingt einmal die gesunde und reich blühende 'Bailando' zu violetten Katzenminzen oder Ziersalbei positionieren.

Die Blütenfarbe Weiß neutralisiert alle benachbarten Farben und wirkt optisch als Farbentrenner. Weiß blühende Stauden wie Sommer-Margerite, weiße Sorten von Feinstrahl, Glockenblume, Skabiose, Indianernessel, Glockenblume, Aster und weiße Lilien werden durch Rosen in Rottönen in ihrer Wirkung gesteigert. Natürlich dürfen auch weiße Rosen nicht unerwähnt bleiben. Eine sehr gute Wahl ist hier die Kleinstrauchrose 'Diamant'; etwas größere, flachere Blüten bringt 'Schneeflocke' hervor. Neu und hoch bewertet ist die gut 80 cm hohe Beetrose 'Sirius' – die traumschöne dicht gefüllte Englische Rose 'Tranquillity' will etwa doppelt so hoch hinaus.

Verträumt und vornehm wirkt die Verbindung von graulaubigen Stauden mit Rosen. Wer ein ganz besonderes Beet anlegen will, entscheidet sich für etwas mehr als meterhohe, straff aufrecht wachsende 'Novalis', deren gefüllte Blüten in einem raffinierten hellen Lilaton schimmern. Allerdings sind viele silbrig-grau belaubten Stauden eher an Trockenheit angepasst und leiden unter dem nahrhaften Boden, den Rosen beanspruchen. Das trifft selbst auf den Lavendel zu, der oft mit Rosen vergesellschaftet wird. Zu den unproblematischen Rosenbegleitern mit dezentem Silbergrau gehören Hornkraut *(Cerastium tomentosum)*, Ziest *(Stachys byzantina)* oder Vexiernelke *(Lychnis coronaria)*. Stören bei den letztgenannten die Blüten das Bild, können diese einfach für die Vase abgeschnitten werden; die Blattpolster reichen als Akzent allemal.

Stauden und Rosen verbinden sich zu einer hinreißenden Einheit. Hier kontrastieren weiße Fingerhüte und violette Salvien zur dunkelroten 'Munstead Wood'.

'Bailando' ist eine zierliche und doch robuste Beetrose mit herausragender Blattgesundheit. Die Blüten erscheinen sehr zahlreich in großen Dolden.

Wir sind die prächtigsten Prachtstauden

Wegen ihrer opulenten, auffälligen Blüte und der weithin leuchtenden Farben bezeichnen wir eine Gruppe von Stauden als »Prachtstauden«. Auch als »Beet-« oder »Rabattenstauden« werden sie in der gärtnerischen Fachsprache bezeichnet, weil sie bevorzugt auf Beete gepflanzt werden. Sie sind durch jahrzehntelange, manche sogar durch jahrhundertelange Züchtung und Auslese entstanden und im Gegensatz zu Wildstauden vergleichsweise anspruchsvoll. Beinahe alle Prachtstauden, über die wir uns in diesem Abschnitt unterhalten, lieben Sonne und gute, humusreiche Gartenerde. Wir pflegen den Boden zwischen ihnen (siehe S. 15 f.) und sorgen dafür, dass sie genügend Nährstoffe bekommen.

Wohin können wir sie pflanzen?

Die Prachtstauden können auf einer unregelmäßig gestalteten Fläche vor Strauchergruppen oder vor einer Hecke stehen. Ebenso eignen sie sich für die Bepflanzung von Beeten oder Rabatten. Möglichkeiten dazu bieten sich vor einer Hauswand, Mauer, Hecke oder vor Ziersträuchern. Durch einen solchen Hintergrund bekommt das Staudenbeet Halt.

Ziersträucher blühen außerdem überwiegend im Frühjahr, zu einer Zeit also, in der auf dem Prachtstaudenbeet noch nicht viel Farbe vorhanden ist. Der Schwerpunkt der Blüte liegt hier im Mai/Juni, im Sommer und im Herbst. Deshalb setzen wir zwischen die Prachtstauden zusätzlich mehr oder weniger große farblich und der Art und Sorte nach einheitliche Gruppen von Zwiebel- und Knollenpflanzen, die im Frühling blühen - etwa Narzissen, Tulpen, Kaiserkronen, Präriekerzen oder Krokusse.

Da die Farben dieser Frühlingsblüher weithin leuchten, bringen wir sie in den Hintergrund der Prachtstaudenpflanzung. Lehnt sich die Pflanzfläche an eine Strauchkulisse an, so können wir unmittelbar unter die Sträucher die Zwiebeln von

Eine geglückte Zusammenstellung: Rittersporn, Brennende Liebe, Goldgarbe und Steppenkerze *(Eremurus stenophyllus)*.

Schneeglöckchen, Blausternchen oder Traubenhyazinthen legen. Diese Arten vermehren sich und wachsen von Jahr zu Jahr weiter in die Prachtstaudenpflanzung hinein. Auch mit zweijährig wachsenden Vergissmeinnicht, Bellis und Stiefmütterchen lassen sich im Frühjahr gut die Lücken zwischen den höheren, sommerblühenden Prachtstauden füllen. Bis diese den Platz benötigen, haben die genannten Frühjahrsblüher längst ihren Höhepunkt überschritten und wandern auf den Komposthaufen. Auf diese Weise kommen wir dem Ziel, eine **»immerblühende« Staudenrabatte** zu schaffen, schon erfreulich nahe.

Unterschiedliche Höhen sorgen für Spannung

Wichtig: Nicht nur **hohe Beetstauden** verwenden! Die Pflanzung sieht sonst im Sommer und Herbst wie ein undurchdringlicher Dschungel aus, und die einzelnen Staudengestalten kommen nicht zur Wirkung. Deshalb mit niedrigen Arten nicht sparen, wie z. B. **niedrige Sorten** der Gelben Frühlingsmargerite, Weiße Frühlingsmargerite, Feinstrahl, Garten-Federnelken, Mädchenauge, Bart-Nelken, Steppen-Salbei *(Salvia nemorosa)* und Kissen-Aster.

Auch mit Gräsern wie Lampenputzergras, Hirse, Blaustrahl-Wiesenhafer u. a. lässt sich »Luft« zwischen die höheren Stauden bringen. Was wir nicht dazwischen pflanzen, sind bodendeckende Wildstauden, denn die Prachtstauden verlangen offene Flächen.

Und denken Sie daran, dass Prachtstauden nach der Blüte meist recht unansehnlich werden. Deshalb Vorsommerblüher wie Tränendes Herz, Pfingstrosen, Lupinen, Orientalischer Mohn oder Iris möglichst in den Hintergrund pflanzen! Sie werden dann nach der Blüte von den inzwischen in voller Entwicklung stehenden Sommer- und Herbstblühern verdeckt.

Leitstauden bilden das Gerüst

Gesteigert wird die Wirkung, wenn sich markante, ausdauernde Gestalten unter den Prachtstauden in der Pflanzung wiederholen. Dadurch wirkt die Fläche ruhig. Ihre Pflanzstellen sollten deshalb besonders sorgfältig festgelegt werden. Dazu gehören Pfingstrose, Rittersporn, Sonnenbraut, Sommer-Phlox, Sonnenauge, Goldrute, Sonnenhut, Sonnenblume und Raublatt-Aster. Die einzelnen Gattungen sind auf den folgenden Seiten nach dem Zeitpunkt ihrer Blüte geordnet. Weitere wichtige Gesichtspunkte, die bei der Anlage einer Prachtstaudenpflanzung zu beachten sind, wurden bereits auf S. 10 ff. besprochen.

Kombination mit Sommerblumen

Hier sei noch darauf hingewiesen, dass die meisten Prachtstauden nur wenige Wochen blühen, also bei Weitem nicht so lange wie viele Sommerblumen, deren Hauptblütezeit sich von Juni bis Oktober erstreckt. Es ist deshalb von Vorteil, wenn wir zwischen den einzelnen Staudengruppen kleine Flächen – 1 m² oder weniger genügen meist – frei lassen, die dann den Sommer über mit Einjahrsblumen bepflanzt werden. Im Herbst können wir an diese Stellen Frühlingsblüher setzen, eventuell kombiniert mit Tulpen, Narzissen und einfach blühenden Hyazinthen, sodass es auf dem Staudenbeet bereits ab Frühjahr blüht. Auf diese Weise bleibt außerdem zwischen den langlebigen Stauden genügend Platz; sie können sich im Laufe der Jahre ausdehnen, ohne sich gegenseitig zu beengen.

Als beispielhafte Kombinationen für den Sommer eignen sich allerdings nicht alle uns bekannten Sommerblumen. Pompös wirkende Arten, wie z. B. riesenblütige Zinnien, Tagetes mit großen Blütenbällen oder stark gefüllte Astern, sollten besser aus der Staudenpflanzung heraus bleiben. Sommerblumen dagegen, deren ganzes Erscheinungsbild duftig und schlicht ist, können vorzüglich als Blühpartner zu Prachtstauden verwendet werden. In Staudensichtungsgärten, auf Gartenschauen und in botanischen Gärten können wir uns während des Sommers wertvolle Anregungen holen.

So werden beispielsweise Rittersporn-Gruppen in ihrer Blühwirkung erheblich gesteigert, wenn einige weiß blühende Kosmeen *(Cosmos bipinnatus)* und blau blühender Mexikanischer Salbei *(Salvia patens)* in unmittelbarer Nähe blühen. Zu Feinstrahl passen Bartfaden *(Penstemon)* in vielerlei Farben und das einjährige Gras *Pennisetum setaceum* oder das Federborstengras *(P. villosum)*. Zwischen Schwertlilien kann Blauer Waldmeister *(Asperula orientalis)* und Goldmohn *(Eschscholzia californica)* gesät werden.

Ein Genuss für das Auge ist es, wenn in Verbindung mit den hohen Büschen der Sonnenbraut, aber auch zu Sonnenhut, Sonnenauge und anderen gelb blühenden Stauden folgende

Sommerblumen gepflanzt werden: kupfrig orange Kosmeen *(Cosmos sulphureus)*, Gelber Leberbalsam ***(Lonas annua)***, rostbraune Studentenblumen *(Tagetes patula)*, lilaviolette Verbenen *(Verbena rigida)* und einige ausdauernde *Verbena bonariensis*, deren bis 1,5 m hohe, transparente Triebe mit ihren lilablauen Blütentupfern die Pflanzung erfreulich beleben.

Rau- und Glattblatt-Astern in vielerlei Farbtönen gewinnen durch einjähriges rosafarbenes Natalgras *(Rhynchelytrum repens)*, und Garten-Chrysanthemen wirken noch besser, wenn in unmittelbarer Nähe 50 cm hoher blauer Leberbalsam (*Ageratum houstonianum* 'Schnittwunder') und zitronengelbe Tagetes blühen. Das sind nur einige erprobte Beispiele. Darüber hinaus gibt es sicherlich noch manche Möglichkeit, Prachtstauden und Sommerblumen vorteilhaft zu kombinieren. Ein weites Feld für Gartenfreunde also, denen das Gestalten und Experimentieren Spaß macht. Leider gibt es die hier genannten Arten von Sommerblumen in Gärtnereien kaum zu kaufen. Also Samen besorgen und selbst aussäen! Ebenso eignen sich die niedrigen MignonDahlien ausgezeichnet für die Prachtstaudenrabatte. Vor allem leuchtendes Rot, das uns bei den Stauden weitgehend fehlt, lässt sich gut durch Mignon-Dahlien in die Pflanzung bringen. Die 70 cm hohe Duplex-Dahlie 'Bishop of Llandaff' halte ich ebenfalls für ausgezeichnet geeignet. Ihre rötlich dunkelgrünen Blätter und leuchtend roten Blüten fallen schon von ferne auf und beleben jede Prachtstaudenpflanzung.

Prachtstaudenbeet mit Einjahresblumen

Stauden

1 Sonnenauge (*Heliopsis helianthoides* var. *scabra* 'Venus'), 2 Stück
2 Eisenhut *(Aconitum napellus)*
3 Sommer-Phlox (*Phlox-Paniculata*-Hybride 'Starfire'), 2 Stück
4 Weiße Sommer-Margerite (*Leucanthemum-Maximum*-Hybride 'Gruppenstolz'), 3 Stück
5 Lampenputzergras (*Pennisetum alopecuroides* 'Hameln')
6 Mädchenauge (*Coreopsis lanceolata* 'Sonnenkind'), 8 Stück
7 Mädchenauge (*Coreopsis grandiflora* 'Badengold'), 5 Stück
8 Skabiose (Scabiosa caucasica 'Clive Greaves')

Sommerblumen

9 Dahlie (*Dahlia*-Hybride, rot blühende Sorte)
10 Zinnie (*Zinnia tenuifolia* 'Red Spider'), 12 Stück
11 Verbene *(Verbena rigida)*, 10 Stück
12 Verbene *(Verbena bonariensis)*, 5 Stück
13 Sommeraster *(Callistephus chinensis)*, blaue Sorte, 4 Stück
14 Kosmee (*Cosmos sulphureus* 'Lichterfest' o. Ä.)
15 Kosmee (*Cosmos bipinnatus* 'Sonata') 2 Stück

Prachtstauden für Rabatten und andere offene Pflanzflächen

Pfingstrose *(Paeonia)*

☼ ✻5–6 ✂

Pfingstrosen zählen nicht nur zu unseren ältesten Gartenpflanzen, sie sind auch mit die schönsten. Sie lassen sich vielseitig verwenden, sei es einzeln, in der Staudenrabatte oder zum Schnitt. Die zwei wichtigsten Arten sind die Edel-Päonie, auch Chinesische Pfingstrose genannt *(P. lactiflora)*, und die seit beinahe fünf Jahrhunderten bei uns heimische Bauern-Pfingstrose *(P. officinalis)*.

Päonien wachsen am besten auf einem nahrhaften, lehmigen Boden. Sie lieben außerdem freien Stand und viel Sonne. Für Düngung im Frühjahr und nach der Blüte – wenn sie die Knospen für das nächste Jahr bilden – sind alte Pflanzen dankbar. Wir geben im März/April neben Kompost etwa eine halbe Handvoll eines organischen Volldüngers um jede eingewachsene Pflanze. Älteren Pflanzen bekommt es gut, wenn wir sie im Spätherbst mit verrottetem Stallmist umgeben, der dann im Frühjahr oberflächlich mit untergegraben wird.

Da aus kleinen Pflanzen nach einigen Jahren große Büsche werden, setzen wir Päonien einzeln und lassen ihnen Platz zur Entwicklung, mindestens 1 m^2 je Pflanze. Gut sieht es aus, wenn sich Päonien auf einer größeren Pflanzfläche mehrmals wiederholen.

Die beste Pflanzzeit ist ab Anfang September und reicht bis November, wenn die neue Wurzelbildung einsetzt. Der Boden wird möglichst zwei Spaten tief gelockert, treiben doch Päonien ihre dicken, fleischigen Wurzeln einen halben Meter und tiefer in den Boden. Abgeblühte Blüten gleich, das rötlich gefärbte Laub erst im Herbst entfernen, denn die Blätter werden im Sommer zur Bildung neuer Augen benötigt.

→ TIPP

Wichtig ist, dass die Triebknospen nur daumenstark mit Erde bedeckt werden. Sie blühen dann meist schon im nächsten Jahr. Wenn Pfingstrosen nicht blühen wollen, liegt es meist daran, dass sie zu tief gepflanzt wurden.

Wird ein Umpflanzen erforderlich, so sollten Päonien in jedem Fall geteilt werden. Wir lassen die herausgegrabenen Wurzelstöcke erst an der Luft etwas trocknen, damit sich die Erde besser ausschütteln lässt. Dann wird die Pflanze mit dem Spaten in größere Stücke zerlegt. Mit der Hand und unter Zuhilfenahme eines Messers trennen wir dann kleinere Teilstückchen heraus, die zwei bis fünf kräftig entwickelte Augen und eine unbeschädigte Wurzel besitzen sollen.

Bei Trockenheit vor der Blüte sollten wir gründlich gießen. Nach der Blütezeit werden dagegen Trockenperioden gut vertragen. Im Gegenteil, es hat sogar den Anschein, dass die Pflanzen nach einem trockenen Sommer im nächsten Jahr reicher blühen. Vorteilhaft für die Blüte ist es außerdem, wenn wir das Laub erst im Herbst abschneiden.

Bei den Pfingstrosen gibt es zahlreiche sehr interessante Arten. *Paeonia peregrina* beispielsweise hat eine besonders hübsche, warme Farbe, die sie auch in Züchtungen vererbt – wie bei der abgebildeten Sorte 'Otto Froebel'.

Bauern-Pfingstrose *(Paeonia officinalis)*

☼ ✻ 2. Maihälfte ↕50–60 cm ✂

Ihren Namen hat sie zu Recht, ist sie doch beinahe in jedem Bauerngarten zu finden. Sie blüht zwei Wochen vor der Edel-Päonie. Das dunkelgrüne, geschlitzte Laub ist – im Gegensatz zu dieser – matt. Mit einem stärkeren Drahtring können wir verhindern, dass die großen, gefüllten Blütenbälle bei Regen zu Boden sinken. Wenn wir die Bauern-Pfingstrose auf kräftigen, lehmigen Boden pflanzen und sie nicht zu düngen vergessen, wird sie sich im Laufe der Jahre zu einer mächtigen Staude entwickeln.

Wertvolle gefüllte Sorten sind 'Rubra Plena' (rot), *'Rosea Plena'* (rosa), 'Alba Plena' (weiß). Von *P. officinalis* und *P. peregrina* gibt es zahlreiche einfachblühende Sorten in verschiedenen Farben, die sich auch für zeitweilig beschattete Stellen eignen.

Edel-Päonie *(Paeonia lactiflora)*

☼ ✻ 5–6 ↕70–100 cm ✂

Eine ostasiatische Schönheit! Sie lässt sich leider Zeit mit dem Wachstum. Dafür hält sie aber 20 und mehr Jahre am gleichen Platz aus. Geschnitten, wenn die prallen Knospen bereits Farbe zeigen und kurz vor dem Öffnen stehen, ergeben sie einen prächtigen Schmuck für die Vase. Die hellen Sorten überraschen uns außerdem noch mit ihrem Duft. Neben den einfach und gefüllt blühenden Sorten finden sich äußerst reizvolle Blüten »japanischen Typs«, deren äußere breite Blütenblätter sehr schmale innere sogenannte Petaloiden umschließen. Zu ihren schönsten Sorten zählen 'Do Tell' (zartrosa); 'Bowl of Beauty' (pink-weiß), 'Hari Ai Nin' (rot) und 'White Cap' (rot-weiß). Edel-Päonien sind absolut winterhart. Ein Winterschutz ist also überflüssig.

Intersektionelle Päonien

☼ ✻ 5–7 ↕50–90 cm ✂

Ihren Ursprung fanden diese wertvollen Gartenpflanzen in einer Kreuzung Mitte des 20. Jahrhunderts zwischen einer verholzenden Strauchpäonienart, der Paeonia lutea, mit der staudig wachsenden *Paeonia lactiflora*. Eine solche Verbindung zwischen den beiden Sektionen verholzender und rein krautig wachsender Pfingstrosen galt bis dato als undurchführbar. Mit den Jahrzehnten kam eine fantastische Auswahl solcher Pfingstrosen mit ungeahnten Farbstellungen und raf-

Die prachtvollen zitronengelben halbgefüllten Blüten von 'Bartzella' haben eine unglaubliche Fernwirkung.

Wertvolle Sorten von gefüllt blühenden Edel-Päonien (die aus den Arten *P. officinalis, P. lactiflora* und *P. peregrine* hervorgingen)

Farbe	frühe Blütezeit	mitllere Blütezeit	Späte Blütezeit
Dunkelrot	'Red Charm'	'Karl Rosenfield'	'Inspecteur Lavergne'
Karminrot	'Many Happy Returns'	'Felix Crousse'	'Dr. h.c. Steffen'
Rosa	'Mons. Jules Elie'	'Havenly Pink'	'Glory Halleluja'
Hellrosa	'Noemie Demay'	'Lady Alexandra Duff'	'Madylone'
Weiß	'Festiva Maxima'	'Shirley Temple'	'Marie Lemoine'

Vorzügliche einfach und halb gefüllte Sorten

Farbe	Name
Rot	'Joseph Aletti', 'Kankakee', 'Rembrandt', 'Surugu', 'Sword Dance', 'Svarte Petter'
Rosa	'Anemoniflora', 'Holbein', 'Murillo', 'Nymphe', 'Paula Fay', 'Schwindt'
Weiß	'Angelika Kauffmann', 'Jan van Leeuwen', 'Krinkled White', 'Watteau'
Gelb/Lachs	'Claire de Lune' (zartgelb), 'Coral Charm' (lachs)

finierten Farbverläufen und -wechseln zusammen. Die ersten Sorten waren kaum erschwinglich und auch heute kosten sie in guter Qualität meist mindestens 30 Euro. Erklärbar ist das durch die langwierige Vermehrung. Sie alle sind aber extrem robust, zuverlässig, langlebig und blühwillig. Der Flor zieht sich bei eingewachsenen Pflanzen deutlich länger hin als bei etwa den besten Lactifloras. Intersektionelle Päonien halten ihr Laub oft mit einer schönen Herbstfärbung bis zum Frost, dann ziehen sie vollständig ein. Sehr gute Sorten sind etwa 'Bartzella' (gelb), 'Court Jester' (changierend kupfer bis zartgelb), 'Kopper Kettle' (Kupfertöne); 'Callie's Memory' (zartgelb, sanft-rosa überlaufen) oder 'Unique' (sehr dunkles Rot).

Schwertlilie, Bart-Iris (*Iris barbata*-Elatior-Gruppe)

☼ ✻5–6 (je nach Sorte) ↕der Hohen Bart-Iris: 70–100 cm (je nach Sorte)
↕der Mittleren Bart-Iris: 50–70 cm (je nach Sorte) ✂

Mehr als die Gesamtwirkung bedeutet bei dieser Staude die Einzelblüte. Drei märchenhaft gefärbte Hängeblätter umgeben den »Dom«, drei hochragende, oft gewellte Blütenblätter. Zauberhaft, beinahe überirdisch sieht solch ein Iris-Dom aus, und das Licht fällt durch diese Blütenblätter in das Innere wie durch bunte, gotische Fenster.
Die Gattung Iris ist außerordentlich vielgestaltig. Über 200 verschiedene Arten sind bekannt. Wenn wir uns dazu noch die ungeheure Zahl von Sorten vorstellen, dann wird uns verständlich, dass es Spezialisten gibt, die sich ausschließlich mit der Züchtung von Iris befassen.
Uns interessiert hier vorwiegend die *Barbata*-Elatior-Gruppe, also die der prächtig blühenden **Hohen Bart-Iris**, die aus Kreuzungen von *Iris × germanica* mit anderen Arten entstand. Sehr ähnlich zeigen sich die Sorten der *Iris-Barbata*-Media-Gruppe, die, was Blütezeit und Höhe betrifft, zwischen der Zwerg- oder Klein-Iris (siehe S. 55) und der hohen Bart-Iris (*Barbata*-Elatior-Gruppe) liegen. Sie haben einen Blütendurchmesser von 10–12,5 cm. In vielen Ländern, ganz besonders aber in den USA werden jährlich Hunderte neuer Sorten gezüchtet und in den Handel gebracht. Wichtig ist für uns die Auslese aus der Fülle neuer Sorten, denn sie sollen nicht nur gut aussehen, sondern auch reich blühen, standfest sein und Sonne, Wind und Regen trotzen.
Dabei sind die zahlreichen, vor allem die älteren Gartenschwertlilien unglaublich genügsam. Beinahe jeder Gartenboden ist ihnen recht, wenn er nur trocken und die Lage sehr sonnig ist. Großblumige Sorten brauchen unbedingt einen nährstoffreichen Boden. Manche meinen, Iris seien Sumpfpflanzen. Das stimmt zwar für einige Arten, nicht aber für die hier beschriebenen. Wir können sie zwar in die Umgebung des Wasserbeckens pflanzen, aber, wie gesagt, nur in trockenen Boden. In nassen und sauren Böden werden sie krank und kümmern.

→ TIPP
Bei der Pflanzung die knollenförmigen Rhizome nicht zu tief in den Boden setzen! In eine flache Pflanzmulde die auf Handlänge eingekürzten Wurzeln nach allen Seiten ausbreiten und mit Erde zufüllen. Nach dem Andrücken muss die Oberseite der Rhizome noch zu sehen sein.

Die Vermehrung durch Teilung bereitet keine Schwierigkeiten. Die beste Pflanzzeit ist im Juli/August. Bis zum Frostbeginn sollten die Pflanzen eingewurzelt sein, sonst faulen sie.
Erst ab dem zweiten Jahr ergibt sich eine gute Wirkung. Wir können die Pflanzen 4–6 Jahre am gleichen Platz belassen und sehen selbst, welche Sorten nach dieser Zeit verpflanzt bzw. ausgelichtet werden müssen. Das Auslichten erfolgt, indem wir zu dicht stehende Rhizome mit dem Spaten herausstechen (siehe auch S. 24).

Passende Kombinationen

Es ist nicht einfach, passende Nachbarn für die prächtige, edle Iris zu finden. In kleineren Gärten ist es meist nicht möglich, für die Schwertlilien einen eigenen Platz vorzusehen. Wir sind hier oft zu einem Kompromiss gezwungen und müssen sie zu den Prachtstauden wie Pfingstrose, Rittersporn, Berg-Aster oder Taglilien pflanzen.

In aparten Farben blühen die Iris aus der *Barbata*-Elatior-Gruppe. Als Begleiter wurden Lilien, Gräser und hellblau blühender Lein gewählt.

Sorten der Bart-iris

Vor allem bei den Hohen Bart-Iris (*Iris-Barbata*-Elatior-Gruppe) gibt es eine Fülle von Sorten in den verschiedensten Farbtönen und -kombinationen. Da sich das Sortiment laufend ändert und alljährlich neue wertvolle Sorten hinzukommen, werden hier nur wenige Empfehlungen gegeben. Stattdessen sollte sich der Liebhaber den Katalog einer auf Iris spezialisierten Gärtnerei kommen lassen (Adressen S. 158).

In diesem Fall werden sie nahe am Beetrand untergebracht, damit sie von anderen Arten nicht bedrängt und beschattet werden.
Schöner ist es aber, wenn wir die verschiedenen Iris-Sorten für sich allein auf einer Pflanzfläche – und sei sie auch nur klein – zur Wirkung bringen können. Besonders in raueren Lagen eignet sich hierzu ein Beet an der Südseite des Hauses recht gut. Sorten in einfachen, klaren Farbtönen pflanzen wir je nach Fläche in kleineren oder größeren Gruppen. Lebhafte, raffinierte Farben werden am besten einzeln gestellt. Leider dauert der Flor einer Sorte gut zwei Wochen an. Es gibt aber Sorten, die sehr früh oder früh, und andere, die mittel, spät oder sehr spät blühen. Durch entsprechende Auswahl können wir die Blütezeit der Pflanzung über Wo-

Bewährte Sorten von *Iris-Barbata-Media* und *-Elatior*

Name	Blütezeit	Farbe/Höhe/Bemerkungen
'Flourish'	Mai	lamingorosa; 70 cm
'Morgendämmerung'	Mai	gletscherblau, 50 cm, reiche Blüte
'Orageux'	Mai	goldbronze/schwarzrot; 60 cm
'Vamp'	Mai	purpurviolett; 50 cm; Duft!
'Louvois'	Juni	rosigbraun/bordeaux; 80 cm; Duft!
'Lovely Again'	Mai/Juni	lavendelfarben; 90 cm; remontiert
'Lugano'	Mai/Juni	weiß; 80 cm; remontiert
'Tom Tit'	Juni	tintenviolett; 60 cm; kleinblumig
'Feu de Ciel'	Mai/Juni	orange; 80 cm
'Provencal'	Mai/Juni	kastanienrot, goldene Mitte; 80 cm
'Superstition'	Juni	schwarzblau; 90 cm; Duft!
'Viatfire'	Mai/Juni	braunrot; 70 cm

chen hinziehen. Bei der Planung und Anlage des Irisbeetes sollten wir auch darauf achten, dass es nicht zu breit wird. Andernfalls sehen wir einige Trittplatten vor, denn nur aus

Bei der lavendelfarbenen 'Lovely Again' handelt es sich um eine sehr vitale ältere Sorte. Sie remontiert im Spätsommer.

'Champagne Walz' zeigt mit ihren gerüschten Riesenblüten dass sie neueren Datums ist. Sie braucht nahrhaften Boden und gutes Wetter.

der Nähe zeigt sich uns die einmalige Schönheit der edlen Blüten. Es ist ein reizendes Spiel für lange Winterabende, eine solche Pflanzung zusammenzustellen.
Je Quadratmeter genügen 2–3 Pflanzen, wenn wir die Lücken mit anderen Stauden oder Sommerblumen füllen. Zur Unterpflanzung eignen sich verschiedene niedrige Stauden, wie Fetthenne-Arten oder Thymian. Alle Begleiter sollen besonders zur Blütezeit der Iris niedrig bleiben und ihr den großen Auftritt überlassen.
Sehr hübsch sehen Gräser in Verbindung mit *Iris* aus. Wunderschöne Kandidaten sind etwa Blau-Schwingel *(Festuca cinerea)*, Regenbogen-Schwingel *(F. amethystina)*, Blaustrahl-Wiesenhafer, Schillergras *(Koeleria glauca)* und Federgras (*Stipa* spp.).

Sibirische Wiesen-Iris *(Iris sibirica)*

◐ ✻6 ↕80–100 cm ✂

Diese auch bei uns auf feuchten Wiesen heimische Schwertlilie bildet straffe, aufrechte graugrüne Blatthorste, die zur Blütezeit im Frühsommer von Blüten in vielen Blau-, Violett-, Purpur- und Rosatönen oder in Weiß und sogar Gelb gekrönt werden. Die Pflanzen wachsen auf allen Böden, die nicht gerade völlig austrocknen. So sehen sie an Teichen hervorragend aus, wirken aber auch vorzüglich als grasähnliche Strukturelemente in anderen Gartensituationen wie beispielsweise einem Rosengarten.
Die Blüten sind kleiner und zierlicher als etwa der opulenten Bart-Iris, ja die ganze Pflanze wirkt wildhafter und etwas natürlicher. Das Sortenspektrum ist überraschend groß. Neben den schmalen, eher aufrechten Blütenformen finden sich auch rundlichere, meist größere Ausführungen. Lassen Sie Verblühtes ruhig stehen: die Früchte liefern einen ausgesprochen attraktiven Winterschmuck.

Wertvolle Sorten von Sibirischer Wiesen-Iris

Name	Höhe	Farbe/Bemerkungen
'Caesar'	100 cm	sehr schönes, ausdauerndes Blattwerk, große nachtblaue Blüten, wüchsig und reich blühend
'Cambridge'	80 cm	türkisblau, an der Basis weiß und gelb gefleckt, besonders hübsch und reich blühend
'Mrs. Rowe'	80 cm	hübsch silbrig rosa-lavendel, im Alter kleinblütig und wässrig in der Farbe
'My Love'	80 cm	kräftig hellblau mit feiner Zeichnung
'White Swirl'	80 cm	elfenbeinweiß, großblumig

Das Sortenspektrum der sehr wüchsigen Sibirischen Wiesen-Iris wächst stetig. Die Brillanz der blauen und violetten Töne – etwa hier bei der in Deutschland gezüchteten Sorte 'Niklassee' – sucht ihresgleichen in der Pflanzenwelt.

Orientalischer Mohn *(Papaver orientale)*

☼ ✻5-6 ↕50-100 cm ✂

Diese Staude mit den riesengroßen, seidigen Blüten gehört zu den altvertrauten Gestalten des Gartens. Zu beobachten, wie sich die Knospen öffnen und die zerknitterten Blütenblätter von der Sonne glatt gebügelt werden, gehört zu den kleinen Gartenfreuden.

Leider ist der Orientalische Mohn manchmal ein Sorgenkind. Ohne erkennbaren Grund beginnen plötzlich Pflanzen zu kümmern oder gehen sogar ein. Jeder Gartenboden ist geeignet, nur stauende Nässe wird nicht vertragen. Nach der Blüte zieht der Mohn sofort ein und zeigt erst im Herbst wieder Leben in Form neuer Blätter. Wir wollen den Orientalischen Mohn deshalb so in die Staudenpflanzung mit einbauen, dass er im Spätsommer und Herbst durch andere Arten verdeckt wird. Die Pflanzen können nach dem Einziehen geteilt werden. Beste Pflanzzeit: Herbst.

Außer den in der Tabelle genannten altbewährten gibt es bei diesem Mohn eine Fülle neuer Sorten. Hier nur zwei, die mir aufgefallen sind: 'Petticoat' - der Name fantasievoll und zutreffend! -, 70 cm, lachsrosa Blüten mit leicht gewelltem hellerem Rand, und 'John III', eine reich blühende Gruppensorte mit etwas kleineren Blüten in einem ungewöhnlich intensiven Rot. Dann gibt es noch 'Marlene', eine Züchtung der Staudengärtnerei Gräfin von Zeppelin; sie blüht in bisher unerreichtem Burgunderrot. Sie wirkt besonders neben Stauden in Blau und Rosa wie den gleichzeitig blühenden Iris, Feinstrahl, Salbei 'Blauhügel', Pfingstrosen und anderen.

Der zweijährige IslandMohn *(Papaver nudicaule)* eignet sich vorzüglich, um Lücken auf dem Staudenbeet zu füllen.

Türkenmohn der Sorte 'Lambada'. Die Farbbilder im Katalog einer auf Mohn spezialisierten Gärtnerei lassen die Wahl schwerfallen.

Wertvolle Sorten des Türkischen Mohns

Name	Höhe	Farbe
'Beauty of Livermere'	100 cm	dunkelrot
'Catharina'	90 cm	lachrosa
'Glowing Rose'	70 cm	himbeerrosa
'Perry's White'	80 cm	weiß
'Türkenlouis'	80 cm	rot, gefranst

Lupine (*Lupinus-Polyphyllus*-Hybriden)

☼ ✻6-7 ↕80-100 cm ✂

Die Farbenskala der Züchtungen reicht vom reinen Weiß über Gelb, Orange, Rosa, Rot und Blau bis zum tiefen Schwarzblau. Sie sind außerdem leuchtender und großblumiger als die heimische Waldlupine.Die Verwendung dieser farbenprächtigen Staude kann durchaus einzeln erfolgen. Schöner sieht es aber aus, wenn mehrere in verschiedenen Farben zusammenstehen. Das ist schon deshalb anzuraten, weil es unter den anderen Prachtstauden kaum geeignete Partner für sie gibt, die zur gleichen Zeit blühen.

Lupinen lieben durchlässigen, leicht sauren Boden, der im Frühjahr genügend feucht ist, ansonsten sollte er aber nicht zu nass sein. In kalkreichem Boden werden die Blätter gelb, und die Pflanzen verschwinden bald ganz.

Nach der Blütezeit von Ende Mai bis Juli werden die unordentlich aussehenden verblühten Triebe an der Basis abgeschnitten. Die Lupinen treiben dann neu aus, und wir können uns im Frühherbst an einer zweiten, durchaus ansehnlichen

Wertvolle Sorten der Lupine

Name	Farbe
'Edelknabe'	karminrote Töne
'Fräulein'	cremeweiß
'Gallerie'	niedrig, diverse Farben
'Kastellan'	blau mit Weiß
'Kronleuchter'	gelbe Töne
'Mein Schloss'	rote Töne
'Schlossfrau'	rosa mit Weiß

Blüte erfreuen. Wenn es sich machen lässt, bringen wir Lupinen mehr in den Hintergrund der Pflanzung, damit sie von sommer- und herbstblühenden Stauden verdeckt werden. Die Vermehrung erfolgt durch Samen bzw. Stecklinge. Eine Teilung dieser stickstoffsammelnden Pflanze ist wegen der langen, rübenartigen Wurzeln, die mit Bakterienknöllchen besetzt sind, nur schlecht möglich.

Feinstrahl (*Erigeron*-Hybriden)

☼ ✻6-7+9 ↕60-70 cm ✂

Unverständlich, dass diese so reich blühende Staude in Kreisen der Gartenliebhaberinnen und -liebhaber so wenig bekannt ist. Feinstrahl heißt diese auch Berufkraut genannte, hübsche Pflanze deshalb, weil die Blüten aus einem Kranz von feinen, zarten Strahlenblättchen gebildet werden.

→ TIPP

Wichtig ist, dass wir beim Feinstrahl die Stiele gleich nach der Blüte bis auf den Boden zurückschneiden, um einen zweiten Flor zu erhalten.

Für Rabatten und sonstige Prachtstaudenpflanzungen sind die *Erigeron*-Hybriden von großem Wert; besonders auch deshalb, weil sie zweimal blühen: einmal im Juni/Juli und dann nochmals im September, ja manche von ihnen sogar bis in den Oktober hinein. Je mehr Blumen geschnitten werden, desto größer wird der zweite Blütenflor. Die sehr schönen Blumen halten sich 2 Wochen in der Vase. Wir schneiden sie voll erblüht, da sich die Knospen in der Vase nicht öffnen.

Lupinen bezaubern mit leuchtenden Farben. Mit ihren kerzenförmigen Blütenständen sind sie gute Partner für alle margeritenblütigen Stauden.

Die Schönheit des Feinstrahls ist außergewöhnlich. Seine Farbskala reicht von Weiß über Rosa und Rot bis hin zu Dunkelviolett.

Wertvolle Sorten des Feinstrahls

Name	Farbe
'Adria'	violettblau, halb gefüllt
'Dunkelste Aller'	dunkelviolett
'Foersters Liebling'	rosarot, halb gefüllt
'Rosa Juwel'	lilarosa
'Rosa Triumph'	leuchtend rosa
'Rotes Meer'	dunkelrot
'Schwarzes Meer'	tief dunkelviolett
'Sommerneuschnee'	weiß, später lilarosa
'Strahlenmeer'	blauviolett

Die Pflanzen sind anspruchslos und wachsen in jedem guten Gartenboden in möglichst sonniger Lage. Es ist ratsam, diese Staude alle 5–7 Jahre zu teilen und neu aufzupflanzen.
Gute Nachbarpflanzen sind Schafgarbe, Mädchenauge, hohe Nachtkerze, SommerMargerite, Brennende Liebe und Schleierkraut. Auch mit Rosen und Gräsern verträgt sich der Feinstrahl farblich gut. Hübsch sieht die Zusammenstellung der weißen Sorte 'Sommerneuschnee' mit blauem Rittersporn und gelben Steppenkerzen aus.

Rittersporn (*Delphinium*-Hybriden)

☼ ✻6-7+9-10 ↕130-180 cm ✂

Rittersporne bringen einmalige Blautöne in den sommerlichen und herbstlichen Garten. Die majestätischen Blütenrispen eignen sich geschnitten besonders für Bodenvasen. Mit den zierlichen Seitenrispen lässt sich ein hübscher Tischschmuck erzielen. Die Haltbarkeit ist allerdings nur kurz, denn die Blütenblätter rieseln bald ab.
Rittersporne gedeihen in jedem guten Gartenboden in sonniger Lage. Notfalls können Belladonna-Sorten auch noch im leichten Halbschatten gepflanzt werden. Ein windgeschützter, luftiger Platz ist von Vorteil. Nur bei genügend Platz und offenem Boden kann sich diese Staude zu voller Schönheit

entwickeln. Etwas Geduld müssen wir aber schon haben. Es dauert 2–3 Jahre, bis die Pflanzen voll entwickelt sind. Viele Jahre hindurch können sie dann am gleichen Platz verbleiben. Wir müssen nur immer wieder mit Düngung nachhelfen und bei Trockenheit während des Wachstums ausgiebig wässern. Erst wenn der Blütenflor nachlässt, sollten wir an das Umpflanzen denken.
Sobald die Blütentrauben in die Höhe wachsen, wollen wir sie vorbeugend gegen allzu starken Wind oder Regen schützen. Aber bitte nicht einen Pfahl in den Boden rammen und nun die Pflanze mit einem Strick zusammenbinden! Die ganze Schönheit dieser Staude wäre sonst dahin. Wir stecken vielmehr an jede einzelne Blütenrispe einen dünnen Bambus- oder Eisenstab, möglichst unsichtbar.
Sofort nach der ersten Blüte im Juni/Juli sind die Pflanzen bis auf 10 cm über dem Boden zurückzuschneiden (siehe S. 19). Nur dann erfolgt ein neuer Austrieb; im Spätsommer oder Herbst blühen die Pflanzen ein zweites Mal. Gerade um diese Zeit ist die blaue Farbe besonders wertvoll.
Im Spätherbst den Boden um die Pflanzen nur flach mit der Grabgabel lockern; nicht mit dem Spaten umgraben, da sonst die empfindlichen Wurzeln geschädigt würden.
Wenn Rittersporne »verschwinden« sind meist Schnecken die Ursache. Deshalb bereits beim Austrieb im März einige Körner Schneckenkorn – keine Handvoll! – um jede Pflanze

Die Rittersporblüte ist ein Höhepunkt im Staudensommer, denn die Blautöne inspirieren Gefühle und Sinne und laden zum Träumen ein.

streuen. Nach erfolgtem Rückschnitt am Ende der ersten Blüte wiederholen, da gerade im Sommer die Schnecken vom zarten Austrieb magisch angezogen werden.
Margeriten, Lilien, Taglilien *(Hemerocallis)* und Nachtkerzen begleiten beispielsweise als Blühpartner den ersten Rittersporn-Flor. Im Herbst, zur zweiten Blütezeit, sehen etwa Phlox, Mädchenauge *(Coreopsis)*, Sonnenbraut oder Dahlien gut dazu aus – und die ganze Saison geben Rosen fantastische Rittersporn-Nachbarn ab.
Die sortenechte Vermehrung der Belladonna- und Elatum-Sorten erfolgt klassischerweise durch Teilung der Stöcke oder durch Stecklinge. Allerdings treten dabei vermehrt Virosen auf. Am besten weicht man dann auf Sorten aus Saat aus – einige sehr robuste und gesunde Hybriden sind bereits erhältlich. Die Sortengruppen 'Centurion' und 'Magic Foutains' sowie die Sorte 'Stand up' sind empfehlenswert. Alle Pacific-Hybriden werden im Frühjahr ausgesät und blühen bereits im Herbst desselben Jahres.
Wir unterscheiden zwischen drei Gruppen von Gartenrittersporen:

Elatum-Hybriden
Die Sorten dieser Gruppe sind für die Prachtstaudenpflanzung besonders geeignet (siehe Tabelle S. 75 oben).

Belladonna-Hybriden
Zierliche und verhältnismäßig niedrige Sorten (100–130 cm) mit lockerem Wuchs und reich verzweigten Blütenrispen. Vorzüglich zum Schnitt geeignet. Verblühte Triebe laufend entfernen! Die Sorten dieser Gruppe sind erfreulich standfest und remontieren hervorragend, d. h., sie blühen sehr lange, von Juni bis August und nochmals im September/ Oktober.

Pacific-Hybriden
Großblumige, aus Samen gezogene Sorten, die sich besonders für den Schnitt eignen. Sie bilden prächtige schwere Trauben aus und müssen gut gestützt werden.

Brennende Liebe *(Lychnis chalcedonica)*

☼ ✻6–7 ↕70–90 cm ✂

Hier trifft der deutsche Name ins Schwarze. Es ist wirklich ein brennendes Rot, das diese Pflanze schier unentbehrlich für den Garten macht.

Wertvolle hohe Sorten des Rittersporns (*Delphinium-Elatum*-Hybriden, Blütezeit Juni/Juli und September/Oktober)

Name	Höhe	Farbe/Bemerkungen
'Abgesang'	170 cm	leuchtend azurblau mit weißem Auge, spät blühend
'Berghimmel'	170 cm	himmelblau mit weißem Auge, früh und reich blühend
'Blauwal'	160 cm	blau mit dunklem Auge
'Fernzünder'	150 cm	leuchtend blau mit weißem Auge, straffe Rispen
'Finsteraarhorn'	170 cm	tief enzianblau mit schwarzem Auge, sehr wertvolle dunkle Sorte, mittel bis spät
'Frühschein'	170 cm	hell lilablau mit dunklem Auge, früh
'Gletscherwasser'	170 cm	hell eisblau mit weißem Auge, erfrischende lang blühende Sorte, früh bis mittel
'Jubelruf'	170 cm	leuchtend blau mit weißem Auge, schlanke Blütenrispen, herrlich farbintensiv
'Lanzenträger'	200 cm	strahlend enzianblau mit weißem Auge, lange Blütenrispen, recht standfest, robust, mittel bis spät
'Ouvertüre'	160 cm	stahlblau mit Rosa; schwarzes Auge, früh
'Perlmutterbaum'	180 cm	hellblau, rosa getönt, mit dunklem Auge, mittel bis spät
'Sommernachtstraum'	150 cm	auffallend tief enzianblau, von besonderer Leuchtkraft,mit schwarzem Auge; sehr standfest; früh blühend
'Sommerwind'	160 cm	hellblau mit weißem Auge
'Tempelgong'	170 cm	nachtblau mit Purpur, schwarzes Auge, sehr dunkel, vital, gut remontierend
'Waldenburg'	150 cm	dunkelblau, schwarzes Auge
'Zauberflöte'	180 cm	leuchtend blau mit weißem Auge; sehr locker gebaute Blütenrispen; hübsch; spät blühend

Wertvolle niedrige Sorten des Rittersporns (*Delphinium-Belladonna*-Hybriden, Blütezeit Juni–August und September/Oktober)

Name	Höhe	Farbe/Bemerkungen
'Atlantis'	130 cm	tiefblau; robust, gesund, standfest, hervorragende Sorte
'Ballkleid'	120 cm	sehr helles, schwebendes Blau; standfest und sehr schön kombinierbar
'Casa Blanca'	100 cm	schneeweiß, lockerer Blütenaufbau, reizvoll zum Schnitt
'Piccolo'	130 cm	leuchtend blau, sehr auffallend; vorzügliche Fernwirkung, besonders standfest und lang blühend
'Völkerfrieden'	100 cm	enzianblau, lockerer Blütenaufbau; vorzügliche Fernwirkung

Groß ist die Freude, wenn die ersten selbst ausgesäten Rittersporne zu blühen beginnen.

Wir pflanzen die Brennende Liebe zusammen mit weißen Sommer-Margeriten, blauem Rittersporn, gelben Steppenkerzen oder hohen gelben Nachtkerzen (siehe Bild S. 64). Besonders die Rittersporn-Sorten 'Atlantis', 'Piccolo' und 'Völkerfrieden' eignen sich hierzu sehr gut, weil sie lange nachblühen. Nach der Blüte wird die Brennende Liebe unansehnlich. Wir schneiden sie deshalb sofort bis auf den Boden zurück. Vermehrung durch Teilung oder Samen, den diese Staude reichlich ansetzt.

Goldfelberich *(Lysimachia punctata)*

☼ ✻6–8 ↕80 cm ✂

Diese wüchsige Wildstaude passt nicht nur in naturnahe Pflanzungen im Halbschatten. Auch für das Prachtstaudenbeet ist sie geeignet, sind doch die goldgelben Blüten in so großer Zahl vorhanden, dass die Blätter völlig untergehen. Am liebsten wächst der Goldfelberich an leicht schattigen, feuchten, ja sogar sumpfigen Stellen. Hier entwickelt er sich besonders üppig. Aber auch in jedem anderen Gartenboden, ja sogar in leichtem Boden und Trümmerschutt kann man ihn finden. Ein Tausendsassa! Nach meinen Beobachtungen leidet er aber an zu trockenen Stellen häufig unter Blattläusen. Mit seinen Ausläufern breitet er sich überall hin aus und ist kaum zu bändigen. Er lässt sich daher leicht vermehren. Am besten pflanzt man ihn in einen alten Eimer ohne Boden, damit er nicht zu sehr ausufern kann. Auf zu trockenem Boden ist er nach der Blüte nicht mehr schön, wir schneiden ihn deshalb zurück. Etwas zahmer wächst die weiß panaschiert geblätterte Sorte 'Alexander' deren junge Austriebe sogar rosarot überhaucht sind – auch sie blüht gelb.

Nachtkerze *(Oenothera tetragona)*

☼ ✻6–8 ↕50–60 cm ✂

Eine lange und reich blühende Staude mit gelben Schalenblüten. Die bodenständigen Blattrosetten sind nur etwa 10 cm hoch. Nachtkerzen wollen viel Sonne und lassen sich auf der Rabatte gut mit blau blühenden Stauden wie Rittersporn zusammen pflanzen. Wegen der schönen Herbstfärbung der Blätter nur die Samenstände entfernen, da sonst Selbstaussaat, nicht die Stiele. Vermehrung der Sorten durch Teilung und Stecklinge.

'Fyrverkeri' und 'Sonnenwende' sind Sorten mit rötlichen Knospen und goldgelben Blüten. Besonders reich und leuchtend gelb blüht 'Hohes Licht' (60 cm).

Der Goldfelberich, eine unverwüstliche Staude, die sogar den Wurzeldruck von Gehölzen aushält.

Nachtkerze 'Fyrverkeri' mit strahlend gelben Schalenblüten; hier zusammen mit duftigem Wiesen-Phlox und Hohem Sommer-Phlox.

Lilien *(Lilium-Arten)*

☼ ✻ 6–8 (je nach Art und Sorte)
↕30–150 cm (je nach Art und Sorte) ✂

Uns allen ist die weiß blühende Madonnen-Lilie aus Kloster- und Bauerngärten und von Gemälden alter Meister her bekannt. Sie gehört zum alten Gartengut und ist der Inbegriff lilienhafter Schönheit. Leider ist es schwer geworden, heute virusfreies Pflanzmaterial von ihr zu bekommen. Glücklicherweise steht ein sehr ähnlicher, aber wesentlich vitalerer Ersatz für sie zur Verfügung – die Königs-Lilie *(Lilium regale)*. Ihre Ausgangsart blüht weiß mit purpurbraunen Außenseiten; eine vollständig weiße Selektion namens 'Album' ist aber ebenfalls erhältlich. Sehr ähnlich und teilweise von der Königs-Lilie abstammend, bilden auch farbige Sorten derartige Trompetenblüten. Zu den schönsten von ihnen gehören die honiggelbe 'African Queen', die rosafarbene 'Pink Perfection' und die goldgelben 'Royal Gold' und 'Golden Splendour'. Alle diese Trompeten-Lilien duften sehr intensiv. Ihre Blütezeit beginnt Ende Juli und staffelt sich durch die unterschiedlichen Sorten bis in etwa Mitte August. Die Pflanzen erreichen eine eindrucksvolle Höhe von 130 cm mindestens; gelegentlich deutlich mehr.

Lilien, deren Blütenblätter so weit zurück- geschlagen sind, dass sie Staubgefäße und Griffel frei und hängend präsentieren, haben eine sogenannte Turbanform. Sehr wuchsfreudig zeigen sich von ihnen Tiger-Lilien *(Lilium lancifolium)*. Die Auslese 'Splendens' blüht im gleichen wächsernen Orange wie die Art, bringt aber mehr Blüten hervor. Ein sehr reizvoller Abkömmling von ihr ist die gelbe 'Citronella'; ziemlich ähnlich zeigt sich aber auch die ebenfalls robuste Lilienart Lilium leichtlinii. Alle drei Lilien werden mindestens 130 cm hoch und haben ein feines Pünktchenmuster. Sie gedeihen sogar im Halbschatten.

Eindrucksvoll und äußerst pflegeleicht ist auch die Mandarin-Lilie *(Lilium henryi)* mit ihren apfelsinenfarbenen Turbanblüten. Weit über 30 Blüten finden sich an ausgewachsenen

Pflanzen die mannshoch wachsen können. Sie wurde mit der wesentlich sensibleren, purpurn blühenden Prachtlilie *Lilium speciosum* 'Rubrum' gekreuzt und eine der wertvollsten Gartenlilien überhaupt war das Resultat: 'Black Beauty', die der Prachtlilie äußerlich sehr ähnelt, aber weit besser wächst und blüht. Noch ein schönes Kind der Mandarin-Lilie schlägt in ihrer Wuchskraft dem Vater nach – 'Lady Alice', die einen weißen Turban trägt, der in der Mitte orange getönt ist.
Viel kleiner, aber ebenfalls ausgesprochen hübsch sind die Turbanblüten des heimischen Türkenbunds *(Lilium martagon)*, von dem gerade in den vergangenen Jahren spannende Sorten entwickelt wurden. Die Stammart blüht rosarot; eine weiße Selektion ist schon lange bekannt. Die neueren Sorten schimmern in warmen, holzigen Rottönen sowie in Orange, Lachs, Gelb oder Purpur. Türkenbunde sind dankbar für einen halbschattigen, humosen Platz am Gehölzrand und brauchen zuweilen einige Jahre, um sich gut zu etablieren. Dann aber sind sie sehr langlebig und zuverlässig.
Aufrechte Schalenblüten zeichnen die meisten Asiatischen Hybriden aus, die es in nahezu allen Farben gibt. Doch sie alle werden von einer ebenfalls heimischen Wildart ausgestochen – der Feuer-Lilie *(Lilium bulbiferum)*. Nomen est omen, denn ihre Blüte ist leuchtend orangefarben und hat einen goldenen Glanz in ihrer Mitte. Es versteht sich von selbst, dass sie sehr willig wächst.
Am besten pflanzen wir die empfohlenen Lilien als Zwiebel im frühen Herbst bis zum November oder im zeitigen Frühjahr etwa dreimal so tief ein, wie die Zwiebel dick ist.
Der Boden muss für Lilien möglichst locker und durchlässig sein. Unter jede Zwiebel sollten wir ein bis zwei Handvoll Sand geben, damit sie nicht faulen.
Lilienzwiebeln sind Leckerbissen für Wühlmäuse! Wo Gefahr besteht, können wir sie einzeln oder in Gruppen in schützende Drahtkörbe pflanzen, die man aus Hasendraht schnell selbst angefertigt hat. Der Korb muss bis zum Erdniveau hoch reichen.
Abgesehen von Türkenbund brauchen Lilien mindestens einen halben Tag lang volle Sonne, am Fuß aber wollen sie beschattet sein. Darum werden sie grundsätzlich mit niedrigeren Stauden und Gräsern unterpflanzt.

→ TIPP

Beim Austrieb im Frühjahr sind Lilien durch Nachtröste gefährdet. Deshalb die Pflanzen abends mit bereitgestellten Blumentöpfen u. Ä. abdecken, aber immer so, dass das Abdeckmaterial die Sprosse oder Blätter nicht berührt. Vorsicht vor Schnecken!

Ein wunderschöner Ersatz für die oft heikle weiße Madonnen-Lilie ist die ebenfalls sehr stark duftende, sehr robuste Königs-Lilie von der es sogar eine reinweiße Selektion namens 'Album' gibt. Man kann sie sogar durch Samen heranziehen.

Die reich blühende exotisch anmutende 'Black Beauty' gehört zu den besten Gartenlilien überhaupt und blüht im September.

Königs-Lilien lassen sich am besten durch selbst gewonnenes Saatgut vermehren; die wachsen sogar recht rasch heran und blühen zwei, drei Jahre nach der Aussaat das erste Mal. Andere Wildarten funktionieren zwar auch, brauchen aber bis zur Blüte deutlich länger. Tiger-Lilien und Feuer-Lilien bilden an ihren Blattachseln kleine Brutzwiebeln. Meist sind sie zur Blütezeit reif. Sie können abgesammelt und in Töpfen zur Nachzucht kultiviert werden.
Die meisten Lilien sollten Sie nicht mehr umsetzen, sie wollen im Boden richtig heimisch werden. Lediglich die Asiatischen und die Orientalischen Hybriden nehmen wir nach 2–3 Jahren aus dem Boden und pflanzen sie an gut vorbereiteter Stelle neu auf. Häufig kommt es zu Befall durch das Lilienhähnchen, einem leuchtend lackroten, etwa 7 mm großen Käfer, der runde Fraßstellen an Blättern und Blütenknospen verursacht. Im Mai/Juni legen die Weibchen orange-rote Eier in Reihen auf den Unterseiten der Lilienblätter ab, aus denen die gefräßigen gelben, dunkel eingekoteten Larven schlüpfen. Bekämpfung: absammeln, sobald man Käfer oder Larve entdeckt.

Achillea-Hybriden aus verschiedenen Arten gibt es in mittlerweile sehr unterschiedlichen Farbtönen. Die Blüten eignen sich vorzüglich zum Schnitt und besonders die neuen Sorten haben sich als standfest und robust erwiesen.

Wertvolle Sorten der Schafgarbe

Name	Höhe	Bemerkungen
A. filipendulina 'Parker'	120 cm	goldgelb, große Dolden
A.-*Filipendulina*-Hybride 'Coronation Gold'	80 cm	leuchtend goldgelb
Achillea-Hybriden: 'Belle Epoque'	70 cm	hellrot, rosa verblühend
'Feuerland'	90 cm	changierendes Feuerrot
'Helios'	50 cm	strahlend gelb, feiner Wuchs
'Hella Glashoff'	60 cm	helles Cremegelb
'Lilac Beauty'	60 cm	hellviolett
'Petra'	60 cm	kühles Rot
'Terracotta'	80 cm	orange-braun, verblüht heller
'Walter Funcke'	60 cm	samitges warmes Rot

Schafgarbe *(Achillea)*

☼ ✻6–8 ↕80–140 cm ✂

Für das Prachtstaudenbeet eignet sich *A. filipendulina* 'Parker', die auch als Goldgarbe bezeichnet wird. Sie erreicht eine Höhe von 1,20 m und blüht in großen, goldgelb gefärbten Dolden. Die Blätter sind graugrün.
Wir können sie zusammen mit blauem Rittersporn und der leuchtend roten Brennenden Liebe pflanzen. Die Goldgarbe ist denkbar anspruchslos. Ihre volle Schönheit erreicht sie allerdings nur auf gutem, nahrhaftem Boden, der nicht zu trocken sein soll. Die Blüten werden im Winter gern als Trockenblumen verwendet und eignen sich hervorragend zum Schnitt.
Niedriger (70–80 cm) bleibt die wertvolle Sorte 'Coronation Gold' mit ihren leuchtend goldgelben Blüten.
Von *A. millefolium* mit fein zerteilten, graugrünen Blättern gibt es zahlreiche empfehlenswerte Sorten (siehe Sortenkasten). Diese Hybriden neigen ebenso zum Wuchern wie *A. millefolium*, die weiß blühende heimische Wiesen-Schafgarbe. Bekannt als Heilpflanze, eignet sich diese für naturnahe Bereiche auf magerem, kiesigem Boden.
Die Vermehrung geschieht durch Teilung und Aussaat.

Bewährte und verbreitete Sorten von Taglilien

Name	Höhe/Typ	Farbe/Bemerkungen
'Black Plush'	80 cm / Spider-Form	schwarzrot, innen gelb, sehr reich blühend
'Corky'	90 cm / miniaturblumig	goldgelb; Massenblüher; feine dunkle Stiele
'Curls'	60 cm / miniaturblumig	apricot; leicht gewellte Blütenblattränder
'Ed Murray'	70 cm / kleinblumig	schwarzrot; fantastische Gartenwirkung
'Green Flutter'	80 cm / kleinblumig	faszinierendes grünliches Gelb
'Helle Berlinerin'	50 cm / großblumig	sehr helles Creme-Apricot; fantastische Wirkung
'Hexenritt'	80 cm / großblumig	warmes Rot, vollendet, sehr zuverlässig
'Maikönigin'	80 cm / kleinblumig	goldgelb, sehr früh blühend, stark duftend
'Moonlit Masquerade'	60 cm / großblumig	creme mit tiefroter Maske; sehr reich blühend
'Reverend Traub'	80 cm / großblumig	dottergelb; elegante glatte Form
'Serena Madonna'	70 cm / großblumig	creme- bis kreideweiß; eine der „weißesten"
'Summer Wine'	70 cm / großblumig	rosarot; sehr attraktive Farbe
'Sweet Tanja'	70 cm / kleinblumig	zartrosa mit dunkelrosa Maske; bezaubernd

Die *Hemerocallis*-Hybride 'Moonlit Masquerade' ist ein frühe, sehr reich blühende Sorte.

Eine elegante Erscheinung ist die großblumige Taglilie 'Serena Madonna'.

Taglilien (*Hemerocallis*-Hybriden)

☼ ✻6–9 (je nach Art und Sorte)
↕50–100 cm (je nach Art und Sorte) ✂

Schönheit und Widerstandsfähigkeit sind bei dieser Staude vereint. Ähnlich wie bei den Iris gibt es ein umfangreiches, kaum überschaubares Sortiment. Es wächst stetig und es finden sich vorzügliche Sorten in nahezu allen Farbtönen, vom zartesten Creme über Gelb, Orange, intensivem Rosa bis zu tiefem Rot und Braun, mit allen möglichen Übergängen. Es gibt ganz kleinblumige und sehr großblütige *Hemerocallis*, solche mit kräftigen Blatthorsten und starken Stielen und andere von zierlicher Gestalt und graziösem Habitus.
Die Einzelblüte hält nur einen Tag, daher der Name »Taglilie«. Aber über mehrere Wochen hindurch öffnen sich fortlaufend neue Blüten. Die meisten Sorten blühen im Juli, die frühen Arten und Sorten ab Mai, die späten Züchtungen von August bis September.
Hemerocallis werden am besten im Herbst oder im Frühjahr gepflanzt. Die Wurzelkrone sollte dabei nur gut daumenstark mit Erde bedeckt werden. Da Taglilien lange Jahre hindurch am gleichen Platz verbleiben können, ja sogar wollen, sehen wir genügend Platz vor, etwa 1 m^2 je Pflanze. Taglilien sind unverwüstlich und brauchen nur wenig Pflege. Am reichsten fällt der Flor an einem vollsonnigen Standort aus.
Es gibt kaum Probleme bei dieser Gattung: Weder hinsichtlich Krankheiten und Schädlingen noch bei Frosthärte oder Umknicken bei Wind. Lediglich sortenuntypische unförmig rund und blasig aufgetriebene Knospen sollten entfernt und vernichtet werden. Hier haben sich Gallmilben eingenistet, sie sich ansonsten stark ausbreiten würden. So wie die Pflanzen im Herbst absterben, so können sie den Winter über im Garten stehen bleiben. Im Frühjahr sprießen dann die jungen Triebe durch das welke, am Boden liegende Blattwerk hindurch, die Blätter entfalten sich, und die Blüte wird mit den Jahren immer üppiger.

→ TIPP

Im Gegensatz zu *A.-Filipendulina*-Hybriden neigen *A.-Millefolium*-Hybriden zum Wuchern. Außerdem lässt ihre Standfestigkeit auf nährstoffreichem Boden zu wünschen übrig. Doch ihre Blütenfarben überwiegen diese Mängel bei Weitem! Alle 2–3 Jahre aufteilen und neu pflanzen.

Das Taglilien-Sortiment

Die Taglilien werden unterteilt in:

- Miniatur-Hemerocallis, Blütendurchmesser bis 7,5 cm
- Kleinblumige Sorten, Blütendurchmesser bis 7,5–11,5 cm
- Großblumige Sorten, Blütendurchmesser über 11,5 cm

Daneben finden sich auch gefüllte Blüten in jeder Blütengröße. Seit einigen Jahren sind auch sogenannte Spider-Formen mit sehr schmalen Blütenblättern äußerst gefragt. Die Sortenempfehlungen sind nur allererste Anhaltspunkte; die Sortenpalette ist riesengroß. Spezialisierte Gärtnereien bieten für jeden Geschmack etwas an.

Im Prachtstaudenbeet stehen Taglilien sehr gut zu blau blühenden Nachbarn wie Rittersporn, Glockenblumen, Berg-Astern *(Aster amellus)* oder Storchschnabel *(Geranium)*. Aber auch Wolfsmilchgewächse *(Euphorbia)* wirken bestens neben ihnen. Wildarten und grazil wachsende Sorten sehen im Naturgarten etwa gemeinsam mit Akeleien, Margeriten oder Herbst-Anemonen bezaubernd aus.

Die Miniatur-*Hemerocallis* 'Corky', bildhübsch mit zitronengelben Blüten an eleganten Stielen,ist reizend auch für Sträuße. Davor Feinstrahl der Sorte 'Sommerneuschnee'.

Mädchenauge *(Coreopsis)*

Quirlblättriges Mädchenauge *(Coreopsis verticillata)*

☼ ✻ 6–9 ↕ 40–60 cm ✂

C. verticillata 'Grandiflora' ist mit ihrer Leuchtkraft und Blühfreudigkeit ein Edelstein für Staudenpflanzungen. Diese zierliche Staude mit fast nadelartigen Blättern blüht unermüdlich in einem weithin leuchtenden Gelb und sieht immer sauber aus. Gute Nachbarn: *Salvia nemorosa* und andere blau blühende Stauden, hellrosa Rosen. Die Sorte 'Zagreb' wird nur 30 cm hoch, die schwefelgelbe 'Moonbeam' 40 cm. Die Pflanzen lassen sich leicht mit den Händen teilen, denn der Wurzelstock besteht aus einem dichten Geflecht dünner Rhizome. Alle drei Jahre sollte geteilt werden, dann blühen sie in gewohnter Vitalität weiter.

Großblumiges Mädchenauge *(Coreopsis grandiflora)*

☼ ✻ 6–9 ↕ 70 cm ✂

Diesen unermüdlichen Sommerblüher schneiden wir, ebenso wie die Kokardenblume, im September kräftig zurück, damit er gut durch den Winter kommt. Die Blüten halten sich bis zu zwei Wochen in der Vase, und auch die Knospen blühen im Wasser tadellos auf.

Besonders wertvoll sind die goldgelb blühende 70 cm hohe Sorte 'Badengold', die goldgelben halb gefüllten 'Early Sunrise' (40 cm) und 'Sunway' (60 cm), die goldgelbe reich blühende 'Sonnenkind' sowie die dichtbuschige, 40 cm hohe *C. lanceolata* 'Sterntaler', gelb mit rötlich brauner Mitte. Die Vermehrung der Sorten erfolgt durch Samen und Stecklinge.

Steppen-Salbei *(Salvia nemorosa)*

☼ ✻ 6–9 ↕ 40–50 cm ✂

Diese wertvolle Staude gehört in jede Staudenpflanzung, blüht sie doch über mehrere Monate hindurch. Mehr dazu und wertvolle Sorten siehe S. 45.

Schleierkraut *(Gypsophila paniculata)*

☼ ✻ 6–8 ↕ 30–100 cm (je nach Sorte) ✂

Es ist auf kalkhaltigen, durchlässigen, tiefgründigen Böden zu Hause. Besonders beliebt sind die höheren Sorten, weil sich mit den feinen, duftigen Blütenzweigen sommerliche Blütensträuße herrlich auflockern lassen. Für Schnittzwecke sollten wir sie aber nicht in die Staudenrabatte pflanzen, da diese Staude durch das Schneiden ihre schöne Form verliert. Schleierkraut will an seinem Standort verbleiben. Wegen der dicken, fleischigen Wurzeln lässt es sich nicht mehr verpflanzen.

G. paniculata und ihre Sorten lassen sich auch gut als Solitärpflanzen verwenden. Ältere Exemplare von etwa 1 m Höhe ziehen durch ihre rundkugelige Gestalt und ihre Blütenfülle den Blick auf sich.

Große gefüllte weiße Blüten in verzweigten Doldentrauben bringt *G. paniculata* 'Bristol Fairy', 'Flamingo' blüht rosa gefüllt; beide werden etwa 100 cm hoch. Die reich blühende *G.-repens*-Hybride 'Rosenschleier' wird nur 30–40 cm hoch und bringt zartrosa Blüten. Als Nachbar passt sie ausgezeichnet zu blauen Gräsern, Lavendel oder der niedrigen *Salvia nemorosa* 'Ostfriesland'. Vermehrung durch Samen und Stecklinge.

Ein prächtiges Exemplar des Schleierkrauts! Die duftige weiße Blütenfülle lässt an überquellenden Waschmittelschaum denken.

Ton-in-Ton-Pflanzung: Die Mädchenaugen (*Coreopsis verticillata* 'Grandiflora') werden von Sonnenaugen (*Heliopsis*, siehe S. 88) überragt. Beide bringen strahlendes Goldgelb in den sommerlichen Garten.

Ballonblume *(Platycodon grandiflorus)*

☼ ✻6-8 ↕40-60 cm ✂

Dieses aparte Glockenblumengewächs mit bläulich grünen Blättern treibt erst spät aus. Die Blüten sind im geschlossenen Zustand ballonförmig aufgebläht. Leider verblüht diese Staude nicht ganz sauber, sodass sich ein Ausputzen der vertrockneten Blüten von Zeit zu Zeit empfiehlt. Schöne, rote Herbstfärbung der Blätter! Außer einem kräftigen, gut durchlässigen Gartenboden und sonnigen bis halbschattigen Stand brauchen wir ihr nichts zu geben. Wegen der rübenartigen, spröden Wurzeln können wir sie nur durch Samen vermehren.

Kokardenblume (*Gaillardia*-Hybriden)

☼ ✻6-9 ↕50-70 cm ✂

Eine lange blühende Beet- und Schnittstaude mit tiefroten bis goldgelben Blüten. Im September schneiden wir alle Blüten dicht über dem Laub ab, damit sich starke Blattschöpfe bilden können, die für das Weiterleben wichtig sind. Ein leichter Winterschutz aus Fichtenreisig ist zu empfehlen.

Die zierliche Ballonblume erinnert an Glockenblumen. Zur blauen Sorte 'Mariesii' passen gelbe und rosa blühende Stauden.

Die reich blühende Kokarden blume 'Kobold' wächst sehr gedrungen, ist standfest und blüht den ganzen Sommer.

Wertvolle Sorten der Ballonblume

Name	Höhe	Bemerkungen
'Fuji Blue'	40 cm	dunkelblau, großblumig
'Fuji Pink'	50 cm	rosa, großblumig
'Fuji White'	50 cm	reinweiß, großblumig
'Mariesii'	40 cm	leuchtend blau, reich blühend
'Perlmutterschale'	50 cm	perlmuttrosa

Die Vermehrung der Sorten erfolgt durch Teilung, meist aber durch Aussaat im Frühjahr. Auf dem Prachtstaudenbeet passen sie farblich zu Feinstrahl, Rittersporn, Weißer Garten-Margerite, Berg-Aster, Ehrenpreis (*Veronica* und *Pseudolysimachion*), Salbei u. a.
Bewährte Sorten: 'Burgunder' (60 cm, tiefrot), 'Fackelschein' (70 cm, großblumig, rot mit gelbem Rand), 'Kobold' (30 cm, rot mit Gelb, gedrungen wachsende Beetsorte) und andere.

Indianernessel (*Monarda*-Hybriden)

☼ ✻6-9 ↕100-140 cm ✂

Eine lang blühende, farbenprächtige Staude mit straff aufrechtem Wuchs. Wie ein brennender Busch sehen die roten Sorten während der Blütezeit von ferne aus. Die Blätter duften aromatisch. Ihre Duftnote erinnert an Bergamotte und mit den Blättern lässt sich schwarzer Tee mit einer Earl-Grey-Note anreichern. Auch die Blüten sind essbar. Sie wächst in jedem Boden; frische, nahrhafte Plätze sind ihr aber lieber als zu trockene. Die Indianernessel eignet sich auch zur Unterpflanzung lichter Gehölze, kann sie doch leichten Halbschatten gut vertragen. Viele Sorten treiben Ausläufer und brauchen deshalb genügend Raum, wenn sie längere Zeit am gleichen Platz bleiben sollen. Die Pflanzung sollte nur im Frühjahr erfolgen. Vermehrung: Teilung oder Stecklinge im Frühjahr. Besonders die Sorte 'Präriebrand' fällt durch ihre enorme Leuchtkraft auf und 'Squaw' ist wenig anfällig gegenüber Mehltau.

→ TIPP

Die Indianernessel sollte möglichst luftig stehen, um einem Befall mit Mehltau vorzubeugen.

Wertvolle Sorten der Indianernessel

Name	Höhe	Farbe
'Blaustrumpf'	120 cm	violettblau
'Feuerschopf'	120 cm	lachsrosa
'Kardinal'	150 cm	purpurrot
'Präriebrand'	120 cm	lachsrot
'Prärienacht'	140 cm	purpurlila
'Schneewittchen'	100 cm	weiß
'Squaw'	120 cm	dunkelrot

Einige der genannten Sorten können lange Jahre am gleichen Platz verbleiben, ohne dass ihre Blütenfülle nachlässt, andere müssen bereits nach wenigen Jahren geteilt und neu aufgepflanzt werden, damit ihre Farbenpracht erhalten bleibt.

Sonnenbraut (*Helenium*-Hybriden)

☼ ✻6-9 (je nach Sorte) ↕meist 80-130 cm ✂

Sie zählen zu den dankbarsten Beetstauden. Die spät blühenden Sonnenbraut-Sorten bilden mächtige Büsche und bringen auffallende Akzente in die Staudenpflanzung. Die im Juni/Juli blühenden Frühsorten sind niedriger. Die Blüten werden stark von Bienen besucht.

Um schöne Farbwirkungen zu erzielen, bringen wir diese Prachtstaude in Verbindung mit Feinstrahl, Rittersporn, Sommer-Phlox, Skabiosen oder Herbstastern. Rotbraune Sonnenbraut-Sorten wirken gut zusammen mit Goldrute, Sonnenauge und Sonnenhut. Schön ist auch die Kombination von hohen, halbhohen und niedrigen Sorten in Gelb und Rotbraun. Gut wirken sie in Gruppen vor Laub- oder Nadelgehölzen. *Helenium* ist gut zum Schnitt geeignet und ergibt zusammen mit Rittersporn, SommerPhlox, Rudbeckien, Herbstastern und anderen Blumen herrlich bunte

Die samtig kupferrote Sonnenbraut-Sorte 'Moerheim Beauty' blüht besonders reich und lange, bis in den Spätsommer hinein. Dahinter in strahlendem Gelborange das Sonnenauge *(Heliopsis)* der Sorte 'Mars'. Mehr über diese wertvolle Prachtstaude auf S. 88.

Indianernesseln bringen flammende Farben in die Staudenpflanzung. Schön zusammen mit blauen Herbstastern, Mädchenauge, Salbei, Taglilien, Sonnenhut und Gräsern.

Wertvolle Sorten der Sonnenbraut

Name	Höhe	Blütezeit[1])	Farbe/Bemerkungen
'Moerheim Beauty'	80 cm	früh	samtig kupferrot mit dunkler Mitte; sehr reich blühend
'Waltraut'	90 cm	früh	goldbraun, gelb getönt, kompakter Aufbau der Pflanze
'Kanaria'	110 cm	mittel	kanariengelb, sehr standfest
'Zimbelstern'	120 cm	mittel	altgold mit brauner Zeichnung, sehr großblumig; lange Haltbarkeit in der Vase
'Baudirektor Linne'	100 cm	spät	samtig rot mit brauner Mitte; sehr reich und lang blühend, deshalb besonders wertvoll
'Goldrausch'	130 cm	spät	goldgelb mit brauner Mitte, reich blühend
'Königstiger'	120 cm	spät	Mitte goldgelb, Rand lebhaft samtig rotbraun; besonders apart, herrlich für die Vase

[1]) früh = Ende Juni-Anfang August; mittel = Juli/August; spät = August/September

Sträuße. Besonders die mittelfrüh blühende Sorte 'Zimbelstern' zeichnet sich durch lange Haltbarkeit in der Vase aus. Die Sonnenbraut wächst in jedem guten Gartenboden in sonniger, trockener bis leicht feuchter Lage. Bei Trockenheit kräftig wässern! Die Pflanzen können bei guter Pflege und nicht zu engem Stand sehr alt werden. Lässt das Blühen nach, nehmen wir sie aus dem Boden und pflanzen sie nach erfolgter Teilung neu auf. Die sortenechte Vermehrung erfolgt durch Teilung. *Helenium bigelovii* 'The Bishop' ist ebenfalls empfehlenswert. Diese großblumige Sonnenbraut blüht bereits im Juni/Juli, also sehr früh, und zwar gelb mit schwarzem Kopf. Höhe: 70 cm.

→ TIPP

Die hohen Sonnenbraut-Sorten sind nicht sehr standfest, deshalb rechtzeitig eine unauffällige Schnur in halber Höhe um den Busch legen. Oder: Triebe im Frühjahr um die Hälfte einkürzen. Dann bleiben sie zwar niedriger, jedoch standfester und blühen etwas später.

Von der Weißen Sommer-Margerite gibt es in den Staudengärtnereien wertvolle, großblumige Sorten, die auch bei Regen völlig standfest sind. Ältere Margeritenbüsche, deren Blüten nach Regen kreuz und quer liegen, lassen sich also gegen Besseres austauschen.

Weiße Garten-Margerite

(Leucanthemum × superbum, Syn. *Leucanthemum*- bzw. *Chrysanthemum-Maximum*-Hybriden)

☼ ✻6–9 ↕70–100 cm

Zur Blütezeit der Garten-Margerite, bzw Sommer-Margerite werden viele Staudenrabatten nur noch von dieser beherrscht. Die anderen, zur gleichen Zeit blühenden Stauden gehen völlig unter. Selbst der farbenprächtige Phlox kommt gegen dieses leuchtende Weiß kaum mehr an. Sicherlich hat die leichte Vermehrbarkeit (Teilung) zu dieser Margeritenschwemme geführt.

Wertvolle einfach blühende Sorten der Weißen Garten-Margerite

Name	Höhe	Blütezeit	Bemerkungen
'Beethoven'	80 cm	Juni–August	großblumig, wertvolle Sorte für Garten und Schnitt
'Gruppenstolz'	60 cm	Juni–August	straffe Stiele; kompakter Wuchs, deshalb besonders für Gruppen geeignet; vorzüglich für Rabatten

Sorten von *Leucanthemum vulgare*

Name	Höhe	Blütezeit	Bemerkungen
'Maistern'	60 cm	Mai/Juni	reich blühend, standfest
'Maikönigin'	60 cm	Mai/Juni	remontierend nach Rückschnitt

Zu Mohn, Rittersporn, Eisenhut, Brennender Liebe, vor allem aber auch zu den verschiedenen Phlox-Sorten wirkt dagegen das Weiß der Sommer-Margeriten in maßvoller Beigabe besonders schön. Margeriten sind auch prächtige Schnittblumen, die in keinem bunten Sommerstrauß fehlen dürfen. Leider haben die meisten alten Sommer-Margeriten auch noch Schönheitsfehler: Dass sie kleinblütig sind, ist kein Nachteil, dass sie aber bei Regen umfallen und am Boden wirr durcheinanderliegen, kann uns nicht gefallen. Wir sollten uns dann für eine neue standfeste Sorte entscheiden.
An den Boden stellen Margeriten keine besonderen Ansprüche. Zu beachten ist aber, dass sie alle drei bis vier Jahre umgepflanzt werden; sonst fallen sie auseinander und beginnen zu kümmern. Vorher teilen!
Wertvolle gefüllt blühende Sorten, die sich besonders zum Schnitt eignen, sind 'Christine Hagemann' (locker gefüllt, 80 cm), 'Wirral Supreme' (dicht gefüllt, kurzlebig, vorzüglich zum Schnitt, 90 cm) und 'Snehurka' (reich blühend, interessant, 60 cm). Die Hauptblütezeit liegt bei diesen Sorten im Juli/August.Die Bunte Margerite *(Tanacetum coccineum* Syn. *Chrysanthemum coccineum)* blüht im Mai/Juni in rosa und roten Pastelltönen. Eine Schnittblume ersten Ranges!

Federmohn *(Macleaya cordata)*

◐ ✻7–8 ↕200–300 cm

Mit ihren großen, blaugrünen, gebuchteten Blättern ist der Federmohn eine höchst dekorative Solitärstaude. Und auch die lockeren, federförmigen, weißlich rosa Blütenrispen können sich sehen lassen.
Federmohn passt optisch sehr gut ans Wasser, in ein Kiesbeet oder vor eine weiß geschlämmte Mauer. Dort wirkt er übrigens besonders attraktiv, weil das Schattenspiel die Wirkung der markant gelappten Blätter noch verstärkt.

Der Federmohn ist eine sehr markante, ornamental wirkende und gleichzeitig unkomplizierte Staude. Sie wächst bei guten Bedingungen sehr stark; unter Umständen steigert ein Ausdünnen der jungen Triebe die Gesamtwirkung.

Wertvolle Sorten des Sommer-Phlox

Name	Höhe	Blütezeit[1])	Farbe/Bemerkungen
'Bright Eyes'	90 cm	früh	zartrosa, dunkleres Auge, stark duftend
'Casablanca'	90 cm	früh	reinweiß, sehr hübsche, sternige Blüten
'Düsterlohe'	120 cm	früh	dunkelviolett, sehr wüchsig
'Württembergia'	80 cm	früh	kräftig rosa, nur auf Lehmboden
'Anne'	100 cm	mittel	weiß, zartrosa schimmernd, sehr gesund
'Blue Paradise'	100 cm	mittel	bläulich violett, sehr attraktiv, aber anspruchsvoll
'Eva Cullum'	100 cm	mittel	kühles Rosa, dunkel geäugt; sehr wüchsig
'Graf Zeppelin'	90 cm	mittel	weiß, rosarotes Auge, sehr zuverlässig
'Hesperis'	130 cm	mittel	tieflila-fliederfarben, kleinblumig
'Landhochzeit'	100 cm	mittel	hellrosa mit rotem Auge
'Pallas Athene'	80 cm	mittel	weiß, violett überhaucht, stark duftend
'Pax'	90 cm	mittel	reinweiß
'Wennschondennschon'	90 cm	mittel	kirschrot bis lilarot, helle Mitte
'Freudenfeuer'	80 cm	spät	orangerot, dunkel geäugt, sehr wüchsig
'Orange'	80 cm	spät	leuchtend orangerot mit rotem Auge
'Schneerausch'	100 cm	spät	weiß, sehr attraktiv mit violetten Knospen
'Uspech'	80 cm	spät	violett mit weißen Auge, stark duftend

1) früh = Vollblüte ab Anfang Juli - mittelfrüh = Vollblüte ab Mitte Juli - spät = Vollblüte ab Mitte August

Besonders einfach blühende Malven sind von großer Anmut. Wir können sie leicht durch Aussaat heranziehen.

Der Boden sollte nahrhaft sein, aber keinesfalls nass und sumpfig. Fühlt sich der Federmohn wohl, kommt aber ein kleiner Schönheitsfehler zutage - die Pflanze wuchert. Würden wir sie sich selbst überlassen, kämen bald in der ganzen Umgebung Federmohn-Schösslinge aus dem Boden; das attraktive Aussehen der Pflanzensilhouette ist dann dahin. Die vielen Triebe wachsen nicht mehr so hoch wie ehedem, und auch die Blätter bilden sich deutlich kleiner aus. Außerdem würde er zum lästigen »Großunkraut«. Abhilfe lässt sich durch Wurzelsperren schaffen; Betonringe oder solide Kunststoffsperren verhindern den Ausbruch der Wurzeln und erhalten die Schönheit der Pflanze.

Malve, Stockrose

(Alcea rosea) ☼ ✻ 7–9 ↕ bis 200 cm

Malven sind farbenprächtig und dekorativ. Wir dürfen sie deshalb im Rahmen der Prachtstauden nicht vergessen, obwohl sie meist nur zweijährig sind. Besonders im bäuerlichen

Garten spielen sie eine Rolle, und hübsch sieht es aus, wenn Malven an Holzzäunen oder vor weiß geschlämmten Mauern stehen. Ebenso können wir sie aber auch auf die Prachtstaudenrabatte pflanzen. Wir säen Malven möglichst im Mai aus und setzen die Jungpflanzen spätestens Anfang August an Ort und Stelle - bei anderen Pflanzterminen kann es hohe Ausfälle geben. Sie wollen einen nahrhaften Gartenboden in sonniger Lage. Gelegentliche Düngung fördert die Entwicklung. Wenn Malven auf magerem Boden und trocken stehen, werden besonders ältere Pflanzen leicht von Rostpilzen befallen. Mit einem organischen Pilzbekämpfungsmittel können wir vorbeugend dagegen spritzen. Es gibt gefüllte und ungefüllte Sorten in Schwarzrot, Rot, Rosa, Gelb und Weiß.
In diesem Zusammenhang seien noch einige andere zweijährige Pflanzenarten genannt, die sich gut zur Zwischenpflanzung auf dem Prachtstaudenbeet eignen: Bart-Nelken, Marienglockenblumen, Goldlack, Vergissmeinnicht und Stiefmütterchen; Aussaat und Anzucht wie oben.

Sommer-Phlox, Stauden-Phlox

(*Phlox-Paniculata*-Hybriden)

☼ ✻7-9/10 (je nach Sorte) ↕80-120 cm ✂

Ob im Bauerngarten oder in der Großstadt, der hohe Sommer phlox ist überall vertreten, und das mit vollem Recht. Die enorme Leuchtkraft der heutigen Sorten zieht das Auge von weit her an. In manchen Gärten stehen allerdings Phloxstauden, die stark unter Älchenbefall, also unter winzig kleinen tierischen Schädlingen, leiden. Die Pflanzen machen dann einen unschönen, kümmerlichen Eindruck. Von unten bis oben hängen sie voller dürrer brauner Blätter. Wenn wir düngen, bei Trockenheit reichlich gießen und befallene Triebe frühzeitig dicht am Boden abschneiden, können wir dem entgegenwirken. Auch die Züchtung hat sich dieses Schönheitsfehlers angenommen, und bei der Staudensichtung wurden die besonders anfälligen Sorten ausgeschieden.
In vielen Gärten ist nur die alte, rosafarbene Sorte 'Württembergia' vertreten, die bereits vor dem Ersten Weltkrieg gezüchtet wurde und auch heute noch zum Standardsortiment gehört. Ein solcher Garten wirkt eintönig. Es lohnt sich, einige von den neueren farbenprächtigen Sorten (siehe S. 86) dazuzupflanzen.

→ TIPP

Durch einen kleinen Trick lässt sich die Blütezeit des Phloxes verlängern: indem wir bei beginnender Knospenbildung, also gegen Ende Juni, einige Blütentriebe entspitzen. Aus den Blattachseln entstehen dann neue Triebe mit Blütenknospen, die sich erst später entfalten und einen wochenlangen Nachflor bringen.

Hohe Sommer-Phloxe mit *Sedum* kombiniert verleihen einem Prachtstaudenbeet eine ungezwungene, rustikale Note mit einem Hauch von Bauerngarten. Außerdem liefern sie Schnittblumen für fröhliche Sommersträuße.

Die Sorte 'Omega' gehört zu den Wiesen-Phloxen, *Phlox maculata*, die sehr locker und naturhaft wirken.

Wertvolle Sorten des Sonnenauges

Name	Höhe	Farbe/Bemerkungen
'Asahi'	70 cm	orangegelb, sehr kompakt, pomponartige Blüten
'Goldgrünherz'	100 cm	gelb, Mitte grünlich, gefüllt
'Hohlspiegel'	120 cm	goldorange, halb gefüllt, Blütenmitte deutlich vertieft
'Mars'	150 cm	gelborange, großblumig, besonders wertvoll zum Schnitt, einfach
'Spitzentänzerin'	130 cm	leuchtend orangegelb, halb gefüllt, grazil gebaut, wertvoll
'Summer Nights'	120 cm	goldgelb, rote Mitte, einfach; reizvolle Neuheit
'Venus'	120 cm	goldgelb, einfach, standfest, wertvoll zum Schnitt

Hoher Sommer-Phlox gedeiht in fast jedem Garten. Wenn der Boden nährstoffreich und gleichmäßig feucht ist, zeigt sich Phlox robust und langlebig. Am besten entwickelt er sich an absonnigen, eher kühlen Stellen, halbtags Sonne ist ideal. Da es sich um einen typischen Flachwurzler handelt, ist darauf zu achten, dass der Boden nicht austrocknet. Wichtig: Rechtzeitig gießen, denn der einmal staubtrocken gewordene, dicht verflochtene Wurzelstock nimmt nur noch schlecht das Wasser auf. Der Boden unter Phlox darf selbstverständlich nur ganz oberflächlich bearbeitet werden. Wenn wir gelegentlich an eine Düngung denken, entwickeln sich die Pflanzen prächtig und erreichen einen Durchmesser von bis zu 1 m und darüber hinaus. Phloxe können sehr alt werden. Wenn das Wurzelwerk alter Pflanzen aus dem Boden herausschaut, bedecken wir es mit Komposterde. Sollten das Wachsen und das Blühen nachlassen, teilen wir die Wurzelstöcke in faustgroße Klumpen und pflanzen diese neu auf. Die Blütezeit der frühen Sorten beginnt Anfang Juli und erstreckt sich bei den späten bis in den September, gelegentlich sogar in den Oktober hinein. Durch geschickte Sortenauswahl und Entspitzen (siehe Tipp) zeigen Phloxe von Juli bis zum Vollherbst Farbe. Die wertvolle Sorte 'Spätrot' leuchtet sogar im Oktober noch kräftig rotorange aus der Staudenpflanzung heraus. Mit Ausnahme von Gelb steht uns beim Sommerphlox eine reiche Farbskala von Weiß über Rosa, Rot bis Dunkelviolett zur Verfügung. Aber nicht nur im Garten, auch in einem sommerlichen Blumenstrauß dürfen die Phloxblüten nicht fehlen. Wenn dann noch Margeriten und Eisenhut dazukommen, ist die Farbenpracht kaum zu übertreffen.

Zu den ungewöhnlichen Sonnenaugen-Sorten gehört sicher 'Asahi' mit ihren sehr dicht gefüllten Blütenkörbchen, die sich auch in der Vase ausgezeichnet halten. Sie wächst sehr willig und blüht reich und lange.

Die Vermehrung von Sommerphlox ist durch Teilung möglich oder durch Stecklinge, die wir bereits vom Frühjahr ab schneiden und zur Bewurzelung bringen können. Auch die Vermehrung durch Wurzelschnittlinge hat sich, vor allem bei Älchenbefall, bewährt.
Ganz bezaubernd sehen die Sorten von Wiesen-Phlox (*Phlox-Maculata*-Hybriden) zur Blütezeit aus. Wertvolle früh blühende Sorten (Juni/Juli) mit etwas kleineren Einzelblüten und schmaleren Rispen als bei *P. paniculata* sind 'Rosalinde', 80 cm, rosa, und 'Mrs. Lingard', 100 cm, weiß. Im Juli/August blühen mit bis zu 30 cm langen zylindrischen Blütenständen 'Alpha', 80 cm, leuchtend lilarosa, und etwas danach 'Omega', 80 cm, weiß mit rötlichem Auge, sowie 'Natascha', 80 cm, rosa mit weißen Streifen, interessante Farbe. Wiesen-Phlox blüht lange und wird kaum von Älchen befallen. Nach etwa drei Jahren teilen und neu pflanzen.

Sonnenauge (*Heliopsis helianthoides* var. *scabra*)

☼ ✻7–9 ↕70–150 cm ✂

Das Sonnenauge ist wohl die am längsten blühende gelbe Sommerstaude, vor allem wenn wir alles Verblühte laufend herausschneiden. Dabei ist sie sehr standfest und kann viele Jahre am gleichen Platz verbleiben. Auch nach zehn und

Wertvolle Sorten der Berg-Aster

Name	Höhe	Blütezeit	Farbe/Bemerkungen
'Breslau'	50 cm	früh	blauviolett
'Dr. Otto Petschek'	60 cm	mittel	große lavendelblaue Blüten, stark wachsend
'Lady Hindlip'	60 cm	mittel	große rosa Blüten, lockerer Aufbau, reich blühend, schwach wachsend
'Wunder von Stäfa' *(Aster × frikartii)*	70 cm	mittel	himmelblau-violett mit orangegelber Mitte, lockerer Aufbau, robust, reich blühend
'Rosa Erfüllung'	50 cm	spät	rosa
'Sternkugel'	50 cm	spät	lavendelblau, feinstrahlig, reich blühend
'Veilchenkönigin'	50 cm	spät	violettblau, reich blühend

mehr Jahren hat sie noch nichts von ihrer Blühwilligkeit eingebüßt. Siehe Bild S. 83.
Wie der Name schon sagt, ist diese Prachtstaude ein Kind der Sonne, kann aber auch leichten Halbschatten durchaus vertragen. Bei großer Trockenheit in der Hauptwachstumszeit vor und während der Blüte geben wir ihr gelegentlich eine Kanne Wasser. Durch Schlaffwerden ihrer Blätter zeigt sie uns den Mangel. Darüber hinaus ist das Sonnenauge für Volldüngergaben dankbar. Die Vermehrung erfolgt durch Teilung oder Stecklinge.

→ TIPP
A. amellus **braucht Platz, um sich nach allen Seiten hin ausdehnen zu können. Dies sollten wir bei der Pflanzung berücksichtigen. Nach der Blüte zurückschneiden!**

Zu wertvollen Partnern zählen: Rittersporn, Sommer-Phlox, Margeriten, rosa oder violetter Feinstrahl, rote oder lila Indianernessel, rotbraune Sonnenbraut-Sorten und schließlich Herbstastern in blauen und lila Farbtönen. Vor dunklem Hintergrund, also vor Laub- und Nadelgehölzgruppen, hebt sich das strahlende Gelb sehr gut ab. Das Sonnenauge ist so reich blühend, dass es gar nicht auffällt, wenn wir einige Blüten für die Vase schneiden.

Berg-Aster *(Aster amellus)*

☼ ✻7-9 ↕40 70 cm ✂

Die Sorten der Berg-Aster überraschen uns durch ihre leuchtenden Farben. Dabei sind sie sehr standfest. Die Blütezeit reicht bei den mittel- und spät blühenden Sorten bis zur Blütezeit der Herbstastern und überschneidet sich sogar teilweise mit diesen. Die Ansprüche sind gering: kalkhaltiger, am besten lehmiger durchlässiger Boden.
Hübsch sieht es aus, wenn wir ihr als Nachbarn zierliche Gräser zugesellen. Die Vermehrung erfolgt durch Teilung, Stecklinge oder Aussaat.

Fackellilie *(Kniphofia-*Hybriden)

◐ ✻6-9 (je nach Sorte) ↕50-80 cm (je nach Sorte) ✂

Fackellilie oder Feuerpfeil – diese beiden deutschen Bezeichnungen treffen absolut zu! Es ist immer wieder ein herrliches Bild, wenn dann im Sommer und Herbst die feuerfarbenen Blütenpfeile aufleuchten. Als Schnittblume hält sich die Fackellilie ebenfalls lange in der Vase. Mit ihren markanten Blütenkolben und den schilfähnlichen Blättern passt die

Berg-Astern sollten nach der Blüte zurückgeschnitten werden. Hier die reich blühende Sorte 'Veilchenkönigin'.

Wertvolle Sorten der Fackellilie

Name	Höhe	Farbe/Bemerkungen
'Feuerkerze'	70 cm	einheitlich orangerot, sehr wüchsig
'Green Jade'	90 cm	grünlich weiß, ungewöhnliche Farbe
'Limelight'	100 cm	goldgelb
'Royal Standard'	100 cm	gelb mit Rot; beste Schnittsorte
'Safranvogel'	80 cm	lachsrosa, sehr robust, rel. winterhart
'Vanilla'	90 cm	cremegelb bis cremeweiß

Fackellilie zwar in die Nähe von Wasser, doch nasse Böden sind für sie das Aus; gerade im Winter ist sie sehr empfindlich dagegen. Ein guter, nahrhafter Boden in sonniger Lage ist das Richtige für diese Staude. Die Lage soll sonnig sein. Im Sommer sollte sie weder austrocknen noch fußnass stehen. Vor Beginn der kalten Jahreszeit ist es in kalten Regionen ratsam, wenn wir die Blätter schopfartig zusammenbinden und die Pflanze auch seitlich durch eine etwa 20 cm dicke Laubschicht schützen.

Die ungewöhnlichen Blütenstände der Fackellilie sind stets ein Hingucker.

Die anspruchslosen Goldruten strahlen weithin im Sommer und Herbst. Ihre fedrigen Blütenstände passen zu vielen Spätblühern.

Im Frühjahr werden die Blätter etwa um ein Drittel eingekürzt. Die Höhe und auch die Winterhärte der einzelnen Sorten schwanken stark. Nicht immer halten sich die Pflanzen lange im Garten – doch ihre aufsehenerregende Schönheit macht sie zu charaktervollen Stars in jeder Pflanzung. Die Vermehrung durch Teilung erfolgt im April/Mai. Dies ist auch die beste Pflanzzeit.

Goldrute (*Solidago*-Hybriden)

☼ ✻7–9 ↕meist 60–80 cm ✂

Auch bei mir steckt noch im Unterbewusstsein die Erinnerung an Bahndämme oder verwilderte Gärten, die mit wuchernden Goldruten bestanden waren. Ich denke an meine Lehrgärtnerei, in der wir immer wieder einmal die *Solidago* um den Kompostplatz herum weghacken mussten. Sie waren genauso wenig auszurotten wie etwa Giersch oder Ackerwinden.

Doch die Goldrute von heute ist ganz anders als die von gestern. Ungeahnt schöne Sorten wurden inzwischen gezüchtet. Viele von ihnen kommen aus England, wo diese Staude besonders geschätzt wird. Bei manchen erinnern die locker gebauten Blütenrispen an die gelben Akazienblüten der Mittelmeerländer, die man als »Mimosen« kennt. Genauso wie bei Sonnenbraut und den Herbstastern summen in den gelben Blüten im Spätsommer die Bienen, um den Pollen einzubringen.

Den edlen Sorten genügt ein normaler Gartenboden in sonniger Lage. Besonders sagt es ihnen zu, wenn er sandig lehmig und frisch bis leicht feucht ist. Leichter Halbschatten wird noch vertragen, dann leuchten allerdings ihre Blüten nicht so stark. Wenn jährlich gedüngt wird, können sie lange am gleichen Platz verbleiben. Sobald allerdings die Mitte der meist umfangreichen Stöcke zu kümmern beginnt, nehmen wir die Pflanzen aus dem Boden, teilen sie und setzen sie neu. Die Blütenstände sollten vor der Samenreife entfernt werden, um Selbstaussaat und wuchernde Sämlinge zu vermeiden. Die Vermehrung ist durch Teilung und Stecklinge leicht möglich.

Die verschwenderische Pracht der zierlichen, goldenen Blütenrispen lässt sich in der Staudenpflanzung gut mit den ebenfalls recht duftig blühenden Skabiosen sowie Feinstrahl, Rittersporn 'Piccolo' oder 'Völkerfrieden' und Sommer-Margeriten verbinden. Auch rotbraune Sonnenbraut-Sorten sowie blaue und violette Herbstastern sind gute Partner.

Wertvolle Sorten der Goldrute

Name	Höhe	Blütezeit	Farbe/Bemerkungen
'Goldenmosa'	60 cm	Juli/Aug	dunkelgelb, mimosenartige Blütenstände, reizvoll vor hellgelben oder weißen Rosen, *Aster amellus, Veronica longifolia*
'Strahlenkrone'	60 cm	Juli/Aug.	goldgelb, flache Blütenstände, wertvolle Sorte
'Ledsham'	80 cm	Aug./Sept.	zartgelb, besonders lockere Blütenrispen, schön zu hellrosa Rosen, *Rudbeckia* 'Goldsturm'
Solidago rugosa 'Fireworks'	120 cm	Sept./Okt.	gelb, locker verzweigter Aufbau, schöner Farbkontrast, wichtiger Spätblüher

Skabiose *(Scabiosa caucasica)*

☼ ✻6–10 ↕60–80 cm ✂

Den ganzen Sommer über blüht diese locker aufgebaute Staude, und selbst nach den ersten Nachtfrösten lassen sich immer noch ein paar Blüten für die Vase finden. Auf langen, drahtigen Stielen entwickeln sich zierliche Blüten in Weiß, vor allem aber in blauen Farbtönen. In der Staudenpflanzung können wir sie mit Goldruten benachbaren. Sehr gut fügen sie sich in Pflanzungen mit Wildstauden, vor allem auch mit Gräsern wie Lampenputzergras und Blaustrahlhafer ein. Skabiosen sind prächtige Schnittstauden. Die Pflanzen nehmen es keineswegs übel, wenn wir Blüten abschneiden, es folgen immer wieder neue nach. Besondere Ansprüche werden nicht gestellt. Lediglich anhaltende Feuchtigkeit, vor allem im Winter, können sie nicht vertragen. Ansonsten gedeihen Skabiosen in jedem nicht sauren Gartenboden in sonniger Lage und halten dort lange aus. Die Vermehrung erfolgt am besten durch Aussaat. Auch vorsichtige Teilung im Frühjahr ist möglich.

Wertvolle Arten und Sorten der Skabiose

Name	Farbe/Bemerkungen
'Clive Greaves'	himmelblau
'Kompliment'	dunkellavendel
'Perfekta'	violettblau
'Perfekta Alba'	weiß
'Stäfa'	dunkelblau
Scabiosa columbaria	ca. 30 cm hoch
'Butterfly Blue'	rosa beide besonders wertvoll, da lange blühend
'Pink Mist'	auffallendes Rosa über grau-grünem Teppich, starkwüchsig

Knautie, Witwenblume *(Knautia macedonica)*

☼ ✻6–9 ↕60–100 cm ✂

Geradezu vornehm-elegant wirken die dunkel weinroten Blütenköpfchen auf locker verzweigten Stielen; dabei handelt es sich um eine empfehlenswerte Wildstaude mit Beetstaudencharakter und langer Blütezeit.

Bei aller Schönheit sind Skabiosen pflegeleicht und liefern viele Schnittblumen.

Wertvolle Arten und Sorten des Sonnenhuts

Art und Name	Höhe	Farbe/Bemerkungen
R. fulgida var. *sullivantii* 'Goldsturm'	70 cm	Blüten goldgelb mit schwarzem Kopf blüht von Juli bis September unermüdlich, sehr wertvoll
R. fulgida var. *deamii*	80 cm	ähnlich wie 'Goldsturm', aber duftiger und sehr reich blühend; goldgelbe kleinere Blüten mit schwarzem Knopf in der Mitte, ebenso wie R. fulgida var. speciosa, einer weiteren schönen Wildart. Beide vertragen mehr Trockenheit als 'Goldsturm' und eignen sich vorzüglich zum Schnitt
R. laciniata 'Goldball'	200 cm	gelb, gefüllt, sehr wüchsig, Ausläufer treibend, wenig standfest, liebt lehmigen, nährstoffreichen Boden; Blütezeit: August-Oktober
R. laciniata 'Goldquelle'	70 cm	zitronengelb, sehr reich blühend, Blüten gefüllt; standfeste Büsche; Blütezeit: August/September
R. nitida 'Herbstsonne'	200 cm	goldgelb, einfach blühend; auch Fallschirm-Rudbeckie genannt; sehr hübsche Art, trotz Höhe gute Standfestigkeit; bildhübsch wirken die langen Blütenstiele in einer Bodenvase; Blütezeit: August/September
R. nitida 'Juligold'	180 cm	blüht sehr früh (Juli/August) und hat deshalb in Gebieten mit frühen Herbstfrösten Bedeutung

Doch nicht nur in der Nachbarschaft von Beetstauden ist die Knautie eine Bereicherung. Vom Aussehen und von den Ansprüchen her eignet sie sich vor allem auch für sonnig heiße Stellen, für Böschungen sowie für Pflanzungen mit Heide- oder Steppencharakter, wie sie in den ersten Abschnitten dieses Buches vorgestellt sind und für naturhafte Wiesenbeete.

Die Witwenblume *(Knautia macedonica)* ist eine sehr reich und lange blühende Wildstaude, die sich leicht vergesellschaften lässt. Hier steht sie neben dem Rittersporn 'Völkerfrieden' und Gräsern. Mit etwas Glück sät sie sich reich aus.

Purpursonnenhut *(Echinacea purpurea)*

☼ ✻6-9 ↕80-100 cm ✂

Echinacaeen gedeihen in fast allen Gartenböden. Zwar wächst sie etwas steif, doch die schönen Blütenkörbe ziehen Schmetterlinge magisch an. Allgemein bekannt sind purpurfarbene und weiße Sorten; zu den besten gehören die karminroten 'Fatal Attraction' und 'Rubinstern'.
Leider halten sich viele der aktuellen orange, rot oder gelb getönt blühenden Züchtungen nicht sehr gut in Gärten – hier muss man die attraktiven Neuheiten wohl oder übel selbst austesten. Daneben finden sich sehr reizvolle Wildarten wie *Echinacea tennesseensis*, die sich sehr bewährt haben.

Auf den Blütenkörben des Purpursonnenhuts tummeln sich praktisch immer Bienen und Schmetterlinge.

Sonnenhut (*Rudbeckia*-Arten)

☼ ✻7–10 (je nach Art) ↕80–120 cm (je nach Art) ✂

Die Gattung *Rudbeckia* ist außerordentlich vielgestaltig. Gemeinsam haben alle dazu- gehörenden Arten die leuchtend gelbe Farbe und die lange Blühdauer. In Prachtstaudenpflanzungen können wir nicht auf sie verzichten. Daneben sind sie sehr wertvoll zum Schnitt.

Die Ansprüche sind sehr gering. Rudbeckien bevorzugen jedoch nährstoffreichen Boden, der die Feuchtigkeit hält, und einen vollsonnigen warmen Platz. Mit ihrer gelben Blütenfülle sind sie von guter Fernwirkung. Partner sind vor allem Herbstastern, aber auch spät blühende Phlox-Sorten, Eisenhut und Rittersporn in seiner zweiten Blüte. Durch Teilung mit Spaten oder Messer lassen sich alle Sonnenhut-Arten leicht vermehren.

→ TIPP

***Rudbeckia laciniata* 'Goldball' fällt in der Blüte leicht um. Deshalb möglichst entlang eines Zaunes pflanzen, der Halt gibt, oder den mächtigen Busch mit einem etwa 1 m hohen Drahtgeflecht umgeben. Nach der Blüte bis dicht über den Boden zurückschneiden! Vorsicht vor Schnecken!**

In der Tabelle auf S. 116 sind die wertvollsten »Sonnenhüte«, niedrige und hohe, genannt. Die bekannteste Art fällt fast regelmäßig in der Blüte um und ist daher sehr stützungsbedürftig. Gemeint ist die 2 m hohe *R. laciniata* 'Goldball', die sich im Laufe von vielen Jahrzehnten die Gärten aller Länder erobert hat. Sie ist in Italien genauso zu Hause wie in Schweden. Man kann sie in Villengärten antreffen, in Bauerngärten und in Kleingärten, wo im Sommer ihre goldenen Blütenbälle förmlich über die Gartenzäune quellen. Durch ihre Anspruchslosigkeit und die Eigenschaft zu wuchern hat sie sich derart verbreitet.

Eine Art, die sich besonders für trockene Standorte eignet, ist *R. missouriensis*, die sich gut in Präriegärten macht.

Sonnenblume (*Helianthus decapetalus*)

☼ ✻8–9 ↕120 und darüber ✂

Es gibt nicht nur einjährig wachsende Sonnenblumen; zur Gattung *Helianthus* gehören auch sehr wertvolle Stauden, die winterhart sind und jahrelang ausdauern. Am bekanntesten sind die Sorten von *Helianthus decapetalus,* die vorzügliche Schnittblumen liefern. Doch auch andere Arten machen

Wertvolle Sorten der Sonnenblume (*Helianthus decapetalus*)

Name	Höhe	Farbe/Bemerkungen
'Meteor'	150 cm	goldgelb, halb gefüllt
'Soleil d'Or'	150 cm	goldgelb, gefüllt blühend
'Triomphe de Gand'	130 cm	reingelb, einfach, großblumig

sich hervorragend in den Gärten; etwa *Helianthus microcephalus* – allen voran die Sorte 'Lemon Queen', deren grüngelbe Blüten in schieren Mengen auf standfesten, gut 2 m hohen Pflanzen von Juli bis zum Frost erscheinen. Noch höher, bis zu 3 m, wächst *Helianthus giganteus*, die ebenfalls standfeste Sorte 'Sheila's Sunshine' blüht zart cremegelb. Staudensonnenblumen brauchen lediglich gut gedüngten Boden und reichlich Feuchtigkeit. Ihre Vermehrung ist einfach: Wir brauchen nur die Stöcke zu teilen.

Herbstastern (*Symphyotrichum-Arten*)

Zum Ende des Gartenjahres leuchten die Herbstastern in verschwenderischer Blütenfülle auf. In Verbindung mit Gräsern verzaubern sie jeden Garten.

Rudbeckia fulgida var. *deamii* ist eine duftige, überaus reich blühende Sonnenhut-Art, die sich auch für den naturnahen Garten eignet.

Stauden-Sonnenblumen bilden kleinere Blütenkörbe aus als Einjährige. Dafür sind sie aber sehr langlebig und pflegeleicht.

Wertvolle Sorten der Raublatt-Aster

Name	Höhe	Farbe/Bemerkungen
'Alma Pötschke'	90 cm	lachsrot, enorme Leuchtkraft
'Andenken an Paul Gerber'	150 cm	karminrot, gut zum Schnitt
'Barr's Blue'	150 cm	blauviolett
'Herbstschnee'	130 cm	weiß, großblumig, hält die Blüten offen
'Purple Dome'	60 cm	tiefpurpurviolett, standfeste kompakte Zwergsorte für den Vordergrund der Pflanzung
'Rubinschatz'	130 cm	rubinrot
'Rudelsburg'	120 cm	leuchtend lachsrosa
'Violetta'	140 cm	tief purpurviolett, außergewöhnliche Farbe

Herbstastern-Ensemble: links die Glattblatt-Aster 'Dauerblau', daneben die Raublatt-Aster 'Alma Pötschke', vorne Kissen-Aster 'Nesthäkchen' und Hohe Fetthenne 'Herbstfreude'. Eine Pflanzgruppe aus dem Prälatengarten der Benediktinerabtei Schäftlarn.

Raublatt-Aster
(Symphyotrichum* Syn. *Aster novae-angliae)

☼ ✻9–10 ↕60–150 cm ✂

Wegen ihrer Mächtigkeit pflanzen wir Herbstaster möglichst in rhythmischer Wiederholung (siehe S. 65). Es gibt Sorten von erstaunlicher Leuchtkraft und großer Fernwirkung. Wenn niedrige Herbstastern, späte Goldruten, Sonnenhut und Garten-Chrysanthemen dazugesellt werden, leuchtet die Pflanzung im Herbst farbenfroh.

Alle Arten werden von Botanikern heute zur Gattung *Symphyotrichum* gestellt. Im Handel findet man sie aber meist noch unter dem alten Gattungsnamen Aster, der als Synonym geführt wird.

Wie schon der Name sagt, sind die Blätter und Stängel dieser Aster rau und behaart. Leider werden die holzigen Stängel unten leicht kahl, was sich aber etwas verdecken lässt, wenn wir niedrig bleibende Stauden davor pflanzen. Wertvoll ist, dass RaublattAstern straff dastehen und sehr wüchsig sind. Allerdings schließen fast alle Sorten ihre Blüten etwas bei trübem Wetter und gegen Abend. Sie sehen dann aus, als wären sie ballentrocken oder welk.

In ihren Ansprüchen sind Herbstastern nicht wählerisch. Sie wachsen in der Sonne und im leichten Halbschatten und sind mit jedem Gartenboden zufrieden. Dass sie alljährlich gedüngt werden sollten, dürfte selbstverständlich sein, wenn wir uns die riesigen Büsche ansehen, die jedes Jahr neu entstehen. Unter günstigen Verhältnissen können Raublatt-Astern zehn und mehr Jahre am gleichen Standort verbleiben. Sobald die Schönheit nachlässt, die Pflanzen aus dem Boden nehmen, teilen und neu aufpflanzen.

Die Vermehrung erfolgt durch Teilung. Die verholzten Wurzelstöcke zerlegen wir am besten mit dem Spaten in Teilstücke.

Glattblatt-Aster *(Symphyotrichum* Syn. *Aster novi-belgii)*

☼ ✻9–10 ↕60–150 cm ✂

Diese Art wurde züchterisch intensiv bearbeitet und es gibt zahlreiche wunderschöne Sorten. Alle brauchen einen nahrhaften Gartenboden. Die Pflanzen müssen rechtzeitig aufgebunden werden, damit sie nicht auseinanderfallen. In sonnigen, trockenen Herbstwochen gründlich wässern. Sobald die Pflanzen nach einigen Jahren in der Mitte kahl werden, sollte man sie teilen und umpflanzen. Sie besiedeln rasch aus kleinen Teilstücken ganze Zaunpartien und Beetbereiche. Ein luftiger Standort verhindert, dass sich Mehltau allzu sehr verbreitet; es gibt aber auch zur Sicherheit eine Handvoll recht pilzresistente, gesunde Sorten.

Kissen-Aster
(*Symphyotrichum* Syn. *Aster*-Dumosus-Hybriden)
☼ ✻8–9 ↕15–50 cm

Kissen-Astern bilden rasch geschlossene Blütenteppiche. Sie stehen sehr gut neben hohen Astern, Fetter Henne *(Sedum)* und Gräsern. Sie wachsen problemlos und lassen sich leicht durch Teilung vermehren oder verjüngen. Achten Sie beim Kauf auf echte Gartensorten. Nicht selten handelt es sich bei den im Herbst blühend angebotenen Pflanzen um höhere Arten, die durch Stauchmittel kompakt gehalten wurden. Die etablieren sich schlecht im Beet.

Wertvolle Sorten der Kissen-Aster

Name	Höhe	Farbe/Bemerkungen
'Blauer Gletscher'	30 cm	blauviolett, sehr wüchsig und gesund
'Heinz Richard'	30 cm	dunkelrosa, großblumig, gedrungener Wuchs
'Herbstgruß vom Bresserhof'	40 cm	leuchtend rosarot, reich blühend von August bis Oktober, sehr wertvoll
'Kassel'	40 cm	leuchtend karminrot; kugelige Büsche
'Kristina'	30 cm	weiß, großblumig, farblich wichtige Sorte
'Lady in Blue'	25 cm	kräftigblau, halb gefüllt
'Mittelmeer'	30 cm	reinblau, halb gefüllt
'Niobe'	35 cm	weiß; sehr vital
'Prof. A. Kippenberg'	40 cm	reinblau, sehr wertvoll, stark wachsend
'Rosenwichtel'	15 cm	dunkel rosa, halb gefüllt
'Schneekissen'	25 cm	reinweiß
'Silberteppich'	40 cm	hellblau, sehr spät blühend
'Starlight'	40 cm	weinrot

Wertvolle Sorten der Glattblatt-Aster

Name	Höhe	Farbe/Bemerkungen
'Blaue Nachhut'	120 cm	hell violettblau, gesund, sehr spät blühend
'Bonningdale White'	100 cm	reinweiß, halbgefüllt
'Crimson Brocadi'	90 cm	purpurrot, gefüllt
'Dauerblau'	150 cm	dunkelblau, reich und lang blühend, gesund
'Fellowship'	90 cm	sehr hübsches Rosa, locker gefüllt
'Marie Ballard'	90 cm	zart hellblau, gefüllt, sehr früh blühend
'Patricia Ballard'	100 cm	orchideenrosa, gefüllt
'Rosa Perle'	130 cm	reinrosa, gesund
'Royal Ruby'	60 cm	leuchtend rubinrot, sehr leuchtend, kompakt
'Schöne von Dietlikon'	120 cm	blauviolett, standfest, gesund
'Weißes Wunder'	120 cm	weiß

Raublatt-Astern: links 'Alma Pötschke', rechts 'Rudelsburg', dahinter 'Barr's Blue'. Vorne die Kissen-Aster 'Silberblaukissen' und Pfingstrosen mit herbstlich gefärbtem Laub. Im Hintergrund Chinaschilf (*Miscanthus sinensis* 'Silberfeder').

Wertvolle Sorten der kleinblumigen Astern

Name	Höhe	Farbe/Bemerkungen
'Erlkönig' *(S. ericoides)*	120 cm	hellviolett, elegant überhängend, sehr reich blühend
'Lovely' *(S. ericoides)*	60 cm	zartrosa Blütenschleier, sehr kompakt
'Schneegitter' *(S. ercioides)*	100 cm	weiß, reich blühend; Stiele straff aufrecht
'Pink Star' *(S. pilosum)*	100 cm	rosa, standfest und gesund
'Ideal' *(S. cordifolius)*	120 cm	lavendelblau, große Rispen, locker überhängend
'Calliope' *(S. laevis)*	120 cm	zartviolett; dunkles Laub, standfest

'Schneetanne' ist eine sehr filigran-elegante Myrten-Aster von großer Eleganz und Schönheit mit unzähligen kleinen Blüten.

Kleinblumige Astern

(Symphyotrichum cordifolius, S. laevis, S. ericoides, S. pringlei)

☼ ✻9–10 ↕60–150 cm

Die Artenvielfalt der Astern ist immens und von den feinen, wildhaft anmutenden Arten gibt es sehr charmante Züchtungen und Selektionen. Die beiden Arten *S. ericoides* und *S. pringlei* ähneln einander stark; sie werden auch Myrten-Aster oder Septemberkraut genannt. Laub und Blüten sind äußerst zierlich. Inmitten niedriger Begleiter verfehlen sie nie ihre Wirkung; derart frei stehend bleiben sie gesund.

Die Schleier-Aster *(S. laevis)* hat eine anmutig ausschwingende bis überhän-gende Wuchsform. Ihre Sorte 'Ideal' ist eine der besten herbstblühenden Gartenpflanzen überhaupt. Konkurrenz macht ihr höchstens die besonders schöne Glatte Aster *(S. laevis)* – und hier ragt die faszinierende 'Calliope' mit ihren zartvioletten Blüten und rot überlaufenen Blättern besonders heraus.

Alle diese Astern wachsen problemlos auf allen, nicht gerade sommertrockenen Böden. Lediglich bei strengen Barfrösten sollte man die Pflanzen mit Reisig abdecken.

Garten-Chrysantheme, Winteraster

(*Chrysanthemum-Indicum*-Hybriden, Syn. *Dendranthema-Indicum*- bzw. *D.-Grandiflorum*-Hybriden)

☼ ✻9–10 ↕40–90 cm (je nach Sorte) ✂

Das Sortiment der Nationalblume Japans wird heute auf über 5.000 Sorten geschätzt. Die meisten davon werden allerdings unter Glas gezogen und als Schnittblumen oder Topfpflanzen verkauft. Viele im Herbst blühend angebotene Pflanzen halten sich leider im Garten nicht dauerhaft. Entweder wurden sie durch Stauchemittel kompakt gehalten und wachsen im Folgejahr sehr hoch und sparrig, oder sie werden leicht krank – oder beides. Uns interessieren hier ausschließlich die Sorten und Arten, die sicher im Freiland blühen und sich über Jahre dauerhaft halten.

Diese farbenprächtigen Herbststauden bilden von etwa Ende August bis zum Frost einen letzten fulminanten Höhepunkt im Garten. Sie folgen in der Blüte den Sommerstauden wie Taglilien *(Hemerocallis)* und eignen sich bestens als deren Beetnachbarn.

Wertvolle Sorten der Goldrute

Name	Höhe	Blütezeit[1])	Farbe/Bemerkungen
'Clara Curtis'	60 cm	früh	leuchtend rosa, einfach, reich blühend
'Goldmarianne'	80 cm	früh	tiefgelb, halb gefüllt, hart
'Orchid Helen'	50 cm	früh	lilarosa, gefüllt
'Bienchen'	100 cm	mittel-spät	goldgelb, mittig orange, gefüllt
'Fellbacher Wein'	70 cm	mittel	leuchtend weinrot, halb gefüllt
'Golden Orfe'	60 cm	mittel	goldgelb gefüllt
'Hebe'	70 cm	mittel	leuchtend rosa, einfach
'Kleiner Bernstein'	70 cm	mittel-spät	bernsteingelb, einfach
'Ordensstern'	90 cm	mittel-spät	goldbronze, gefüllt, recht große Blüten
'Poesie'	100 cm	mittel-spät	weiß, einfach, duftend, vorzügliche Sorte
'Rehauge'	100 cm	mittel-spät	rotbraun, gefüllt
'Schwabenstolz'	70 cm	mittel	dunkel braunrot, gefüllt
'Schweizerland'	100 cm	mittel-spät	kräftig rosa, gefüllt
'White Bouquet'	100 cm	mittel	reinweiß, pomponartig
'Nebelrose'	90 cm	spät	silberrosa, gefüllt, sehr hart

1) früh = September, mittel = September/Oktober, spät = Oktober/November

Chrysanthemen gibt es in vielen Farben – und diese können durch einen Weißton noch stärker unterstrichen werden. Hier eignet sich die ausgezeichnete, lange blühende Sorte 'Poesie' bestens als Nachbar. Sie duftet obendrein angenehm nach Honig.

Ein Vorteil der Chrysanthemen ist es, dass sie sich im Knospenzustand, ja selbst in voller Blüte gut verpflanzen lassen, ohne darunter zu leiden. Auch als letzte Schnittblume des Jahres sind sie absolut unverzichtbar. Die Blütenstiele halten sich bis zu zwei Wochen. Besteht Nachtfrostgefahr, so können wir durchaus die Knospen abschneiden. Sie öffnen sich oft auch im Wasser gut. Wer das Blühen im Garten aber noch lange hinausschieben will, der muss die Pflanzen vor Frösten mit Folien, Vlies, Sackleinen, Packpapier u. Ä. schützen.

Meist sind es nur wenige Frostnächte im September und ein paar im Oktober, in denen die Blüten gefährdet sind. Mit diesem kleinen Schutz können wir die Farbenpracht bei geschickter Sortenauswahl bis zum Advent verlängern. Wenn die Chrysanthemen an der Hauswand oder unter dem Schirm von Bäumen stehen, halten sie in der Regel auch ohne Schutz lange aus. Lediglich in sehr rauen Gegenden sollten besser keine spät blühenden Sorten gepflanzt werden.

Freilandchrysanthemen wollen volle Sonne und einen recht nahrhaften, kalkhaltigen und durchlässigen Gartenboden. Zu Ausfällen kommt es nämlich meist, wenn im Winter auf regnerische Tage Kälte ohne Schnee folgt. Vor Eintritt stärkerer Fröste decken wir die Pflanzen mit ihren verblühten, abgeschnittenen Trieben oder mit Fichtenzweigen ab. Sie sind dann vor der Wintersonne geschützt. Interessant ist auch, dass ältere Pflanzen im Winter gefährdeter sind als junge. Es empfiehlt sich daher, die Pflanzen im Frühjahr aufzuteilen bzw. durch Stecklinge zu vermehren und neu zu setzen. Sie lassen sich sehr leicht durch Teilung vermehren und wachsen willig an.

Sobald im Frühjahr die Blätter erscheinen, muss man Schnecken bekämpfen!

Chrysanthemen sind starke Zehrer und brauchen eine Düngung; Kompost oder Hornmehl eignen sich gut. Der Wasserbedarf ist groß. Gießen Sie stets durchdringend. Dadurch und durch freien Stand der Pflanzen beugen Sie dem Blattfall in den unteren Stielzonen vor.

Blühen im Verborgenen – Schattenstauden

Es geht in diesem Kapitel um Stauden, die sich im Halbschatten, ja sogar im Schatten wohlfühlen. Viele Menschen glauben, dass an solchen Stellen überhaupt nichts mehr wächst. Das Gegenteil ist der Fall, ja ich möchte sogar behaupten, dass sich gerade im schattigen Bereich besonders attraktive Pflanzungen zusammenstellen lassen. Die einzelnen Arten blühen zwar nicht so farbintensiv wie die Prachtstauden. Dafür geht es uns mit ihnen wie mit bescheidenen, zurückhaltenden Menschen: Je länger wir sie kennen, umso lieber gewinnen wir sie und lernen sie zu schätzen.

Der besseren Übersicht halber soll das Thema unterteilt werden in die Abschnitte **»Fröhlich leuchtend«, »Bodendecker«** und **»Farne«**. Unter »Fröhlich leuchtend« werden züchterisch beeinflusste Stauden besprochen und auch **Wildstauden**, die aber nicht weniger hübsch sind. Erstere stellen höhere Pflegeansprüche, ähnlich den Prachtstauden. Sie eignen sich auch gut für Rabatten im lichten Schatten.

Die meisten Stauden, die für die Bepflanzung schattiger Stellen infrage kommen, sind Wildstauden, d. h., es sind die unverändert aus der Natur übernommenen Arten.

Zu den **Wildstauden** für den schattigen Bereich zählen Elfenblume, Salomonssiegel, Wald-Geißbart, Dreiblatt, Silberkerze, Wiesenraute, Farne und viele andere.

Den **Prachtstauden** hingegen ähneln in ihren Ansprüchen etwa die großblumigen, farbenfrohen Formen verschiedener Primeln, Akelei, Gämswurz, Nelkenwurz, Purpurglöckchen, Astilben, Eisenhut, Herbst-Anemonen und Funkien.

Eine schattige Ecke im Frühling, fein abgestimmt in den Farben. Im Hintergrund leuchtend gelber Hundszahn *(Erythronium tuolumnense)*, davor als Bodendecker blau blühendes Gedenkemein *(Omphalodes verna)*, daneben eine Kissen-Primel *(Primula vulgaris)*.

Die Pflanzen beider Gruppen können kombiniert werden, Bodendecker müssen dann allerdings wegen der bei Beetstauden nötigen Bodenbearbeitung weitgehend ausscheiden. Pflanzen wir dagegen nur Wildstauden, so stellen die anspruchslosen Bodendecker geradezu das Salz in der Suppe dar.

Verwendungsbeispiele

Im **Hausschatten**, also etwa an der Nordseite, lassen sich die meisten der hier genannten Stauden verwenden. Schwieriger wird es an Gehölzrändern oder zwischen Gehölzen. Hier kommt zum Schatten noch die Wurzelkonkurrenz hinzu. Aber Primeln, Frühlings- und Herbst-Anemonen, Elfenblume, Akelei, Bergenien, Silberkerzen, Geißbart und viele Bodendecker wachsen auch hier. Empfindlich gegen Wurzeldruck sind besonders die züchterisch stark beeinflussten Astilben. Die Blätter werden im Sommer welk und dürr.

Auch unter Bäumen und Sträuchern lassen sich viele Wildstauden ansiedeln. Die Wurzeln alter Baumriesen dürfen allerdings nicht das ganze Erdreich durchziehen und so sehr an der Oberfläche liegen, dass es unmöglich ist, mit dem Spaten zu graben. Im tiefen Schatten von Fichten oder im Wurzelfilz älterer Birken gedeiht kaum etwas.

Unter **Laubbäumen**, die nicht zu flach wurzeln, können wir mit Erfolg Vorfrühlingsblüher pflanzen. Sie erreichen ihren Höhepunkt, wenn die Bäume noch ohne Laub sind, und ziehen anschließend ein. Zu nennen wären Schneeglöckchen, Winterling, Wildkrokus, Blausternchen, Traubenhyazinthen, Anemonen u. a. Von den Zwiebelgewächsen fühlen sich an lichten Stellen auch der Türkenbund und die im Mai bluhende *Scilla hispanica* wohl, die von den Botanikern in *Hyacinthoides hispanica* umbenannt wurde, sowie an etwas feuchten Stellen die im April blühende Schachbrettblume.

Auch **zwischen älteren Sträuchern** lassen sich schattenliebende Stauden gruppieren. Zu dicht darf aber das Gestrüpp nicht sein. Wir lichten deshalb erst einmal aus und entfernen zu eng stehende Sträucher ganz. Dann lockern wir den Boden, wobei reichlich Kompost eingebracht wird. Es lässt sich dabei nicht vermeiden, dass hin und wieder auch eine Wurzel abgestochen wird. Doch das überstehen die Sträucher.

Bei den **höheren Stauden** sollten wir die charakteristischen Wuchseigenschaften berücksichtigen. Wald-Geißbart, Silberkerzen, Schaublatt, Herbst-Anemonen u. a. gehen stark in die Breite. Also nicht zu dicht pflanzen! Der Boden zwischen diesen hohen Arten wird mit flach wachsenden Stauden bedeckt. Dabei entscheiden wir uns bei einer kleineren Fläche am besten für nur eine Art. Vielerlei wirkt nur unruhig! Von den Sträuchern ausgehend legen wir zwischen die Bodendecker reichlich Vorfrühlingsblüher.

Fröhlich leuchtend im Schatten

Bei der Pflanzung im Schattenbereich sollten auch einige Gräser nicht vergessen werden. Sehr hübsch und zierlich ist die Rasen-Schmiele, und zwar sowohl in der Blüte als auch vorher und nachher. Apart wirkt auch die große Wald-Segge. Beide können verstreut, einzeln oder in kleinen Gruppen gepflanzt werden. Dicht an die Bäume lassen sich Hainsimsen pflanzen, die sogar im völlig ausgesaugten und ausgedörrten Boden unter Birken erstaunlich gut gedeihen.

Die Orchideen-Primel *(Primula vialii)* ist leider nur kurzlebig und verbreitet sich nicht immer selbst – es lohnt sich aber, sie zwischen Frühling und Frühsommer stets neu auszusäen.

Duft-Veilchen *(Viola odorata)*

◐ - ● ✻4-5 ↕10-15 cm ✂

Kein Frühling ohne Veilchen! Sie sind so bekannt, dass jedes weitere Wort überflüssig ist. Hübsch sieht es aus, wenn sich an sonnigen Märztagen ihr Blauviolett mit dem zarten Rosa der zierlichen Rosenprimel *(Primula rosea)* vereinigt oder das tiefe Veilchenblau zu gelben Himmelsschlüsseln kontrastiert.

Es sind verschiedene Sorten im Handel, wie die stark duftende 'Königin Charlotte', die im Herbst erneut blüht. Etwas größere Blüten hat die violette 'Donau'; 'Red Charme' blüht rot und 'Sulphurea' zartgelb. Vermehren lässt sich das Veilchen durch Teilung oder Aussaat nach der Blüte. *Viola odorata* 'Alba', duftend, darf nicht verwechselt werden mit *Viola sororia* 'Albiflora', das ebenfalls weiß blüht, aber nicht duftet.

Etagen-Primeln *(Primula japonica)* und Lerchensporn *(Corydalis lutea)*, der sich durch Selbstaussaat im Garten verbreitet, bilden ein kontrastreiches Paar. Beide Pflanzen vertragen auch etwa einen halben Tag lang Sonne, wenn der Boden nicht austrocknet.

Leberblümchen *(Hepatica nobilis)*

◐ - ● ✻4-5 ↕5-10 cm

Was wären die ersten Frühlingstage ohne das liebliche Blau der Leberblümchen? Dabei sind sie so bescheiden. Wir können sie unter Sträuchern oder an die Nordseite des Hauses pflanzen, denn sie lieben Schatten. Wenn wir ihnen etwas Gutes tun wollen, beschaffen wir lockeren, faserigen Humus aus dem Buchenwald und vermischen ihn mit der oberen Erdschicht, wo die flach streichenden Wurzeln liegen. In diesem humusreichen Boden, der die Feuchtigkeit gut hält, pflanzen wir größere Gruppen von Leberblümchen und lassen sie verwildern. In wenigen Jahren schon können wir uns im Frühjahr an einer geschlossenen blauen Fläche freuen. Leberblümchen wollen nicht einzeln stehen, wenn auch das Laub im Sommer einzieht. Auch an ihren natürlichen Standorten leben sie gesellig. In Verbindung mit anderen früh blühenden Stauden lässt sich die Wirkung noch steigern. Außer der blauen Farbe gibt es bei Leberblümchen noch rosa und rot blühende Sorten. Die Vermehrung kann durch Teilung oder Aussaat erfolgen.

Frühlings-Anemonen *(Anemone)*

Wenn wir größere Flächen zur Verfügung haben, lassen sich Gruppen von Frühlings-Anemonen gut einfügen. Sie lieben Laubwald-Humusboden. Während der Blüte bekommen sie genügend Licht, weil zu dieser Zeit die Bäume noch nicht belaubt sind. Nach der Blüte ziehen die meisten Arten ein. Wie viele Schattenstauden, so eignen sich auch die Waldanemonen vorzüglich für den Naturgarten.

Viola odorata 'Alba', ein weiß blühendes Duft-Veilchen. Gönnen Sie ihm einen schattigen Platz ohne direkte Sonne.

Das Herbstlaub lassen wir liegen. Sobald die Blätter verrotten, entsteht ein Mulch, in dem sich diese Frühlingsblüher wohlfühlen.

Busch-Windröschen *(Anemone nemorosa)*

◐ - ● ✻4 ↕15 cm

Die uns bekannteste Waldanemone ist wohl das Buschwindröschen. Es bedeckt den Boden mit weißen, zuweilen rosa überhauchten Blüten. Das Buschwindröschen hält ein ganzes Menschenleben am gleichen Platz aus und verbreitet sich immer weiter. Außer dieser uns von Laubwäldern her bekannten Art sind verschiedene Kulturformen (gefüllt, weiß, hellblau, dunkelblau, rosa) im Handel. Ab Sommer ist das Laub eingezogen.

Blaues oder Balkan-Windröschen *(Anemone blanda)*

◐ - ● ✻4-5 ↕15 cm

Es blüht bereits vor *A. nemorosa* und samt sich leicht aus. Sorten: 'Blue Shades', blau; 'Charmer', dunkelrosa; 'White Splendour', weiß, die Pflanzen ziehen im Sommer ein.

Wald-Anemone *(Anemone sylvestris)*

◐ - ● ✻4-5 30–40 cm

Eine sehr ausdauernde, dunkelgrün beblätterte Art, die auch Großes Windröschen genannt wird. Die schalenförmigen weißen Blüten sitzen auf zarten Stielen. Sie liebt halbschattigen oder sonnigen Standort und einen humusreichen, kalkhaltigen Boden. Eine Wildstaude, die sich auch für die Staudenrabatte eignet.

Primeln *(Primula)*

Neben den Veilchen sind die Primeln oder Schlüsselblumen, wie sie auch genannt werden, wohl die bekanntesten Frühlingsblumen in unseren Gärten. Ihre Farben sind so bunt, ihre Formen so lieblich, dass sie einfach nicht fehlen dürfen. Züchter haben noch größere und farbenprächtigere Formen geschaffen, und aus den Primelbeständen Asiens kamen neue, entzückende Arten zu uns, die den Flor bis in den Sommer hinein verlängern. Über 500 verschiedene Primel-Arten sind bekannt. Nur über einige der allerschönsten und dankbarsten wollen wir uns kurz unterhalten.

Da sich die Kulturansprüche der meisten Primeln gleichen, erst das Grundsätzliche: Primeln leiden unter starker Sonnenbestrahlung, ja sie sterben sogar ab. Der Boden soll besser etwas feucht als zu trocken sein. Gut ist es, wenn wir unserem Gartenboden Torfersatzstoffe zugeben, damit die Feuchtigkeit gehalten wird.

Im Winter haben Primeln gerne Sonnenschutz. Wir lassen deshalb das Laub benachbarter Bäume und Sträucher auf ihnen liegen. Aber bitte, nicht des Guten zu viel! Unter einer dichten Laubschicht faulen die Primeln. Auch einige Fichtenzweige können wir locker darüberdecken.

Die im Frühling blühenden unter den Primeln sind gut winterhart und lassen sich auch von Schnee- und Graupelschauern nicht im Blühen stören.

Schlüsselblumen und Buschwindröschen fühlen sich im wandernden Schatten wohl. Solche Stellen gibt es in fast jedem Garten.

Vom Blauen Buschwindröschen *(Anemone blanda)* gibt es im Handel weiße, rosa und blaue Farbtöne.

Die Hain-Anemone *(Anemone sylvestris)*, eine wertvolle Art, leuchtet in strahlendem Weiß und bildet attraktive wollige Samenstände.

☼ Standort Sonne ◐ Halbschatten ● Schatten ↕Höhe ✻Blütezeitpunkt ✂ Schnittblume

Wenn wir Primeln pflanzen, so sollte das nicht einzeln geschehen. Je nach unseren Platzverhältnissen wollen wir kleinere oder größere Gruppen zusammenstellen. In Verbindung mit anderen Schattenstauden wie Salomonssiegel, Akelei, Leberblümchen, Lungenkraut, Haselwurz, Blausternchen usw. lassen sich hübsche Farbwirkungen erzielen.
Nun zu einigen wertvollen Arten, der Blütezeit nach geordnet.

Rosen-Primel *(Primula rosea)*
◐ - ● ✻4–5 ↕15–20 cm

Sie ist eine der schönsten Primeln überhaupt. Bereits im März, noch ehe sich die schmalen Blätter entfaltet haben, leuchten uns an langen Stielen die kräftig rosafarbenen Blüten entgegen, gleich ob die Sonne scheint oder der Himmel bewölkt ist. Sehr hübsch sieht diese Primel auch am Rande eines Wasserbeckens aus. Sie braucht lehmigen, feuchten Boden. Wenn sie längere Zeit trocken steht, geht sie ein. Auch im Wurzelfilz benachbarter Gehölze verschwindet sie. Es ist allerdings normal, dass im Herbst die Blätter absterben. Die Pflanze macht eine Ruhezeit durch, bis dann im Frühjahr die dicken Blütenknospen zwischen dem herbstlichen Laub hervorschauen.
Es gibt Formen dieser Primel mit größeren Blüten, wie z. B. *P. rosea* 'Grandiflora'. Größere Pflanzen lassen sich gut durch Teilung vermehren. Die Aussaat muss sofort nach der Samenreife erfolgen, da die Keimkraft rasch dahin ist. Lichtkeimer!

Kugel-Primeln sind vielseitig verwendbar; sie lassen sich auch mit anderen Stauden auf einer Rabatte zusammen pflanzen.

Kissen-Primel
(Primula vulgaris*, Syn. *P. acaulis)
◐ - ● ✻4–5 ↕10–15 cm
Auch zur Bepflanzung von Rabatten geeignet

Diese bekannte Art bleibt sehr niedrig und blüht in weißen, gelben, rosa, roten und sogar blauen Farbtönen. Besonders apart sind die blauen Töne. Sie sind aber auch empfindlicher als die anderen und gehen in schneelosen Wintern leicht ein. Am schönsten sieht eine Gartenecke aus, wenn sie ganz bunt bepflanzt ist.
Vermehren können wir *P. vulgaris* durch Teilung nach der Blüte. Dies geht sehr leicht, da sich die Pflanzen gut von Hand auseinanderziehen lassen. Die Frühjahrsaussaat ist bald nach der Samenreife vorzunehmen. Lichtkeimer!

Teppich-Primel
(Primula-Juliae*-Hybriden, Syn. *P. × pruhoniciana)
◐ - ● ✻4–5 ↕5–10 cm

Diese Art unterscheidet sich von *P. vulgaris* durch ganz flache Blattkissen und stängellose Blüten in purpur-violetter Farbe.Auf schweren, feuchten Böden ist sie so wüchsig, dass bereits wenige Pflanzen genügen, um 1 m^2 zu bedecken. Wenn sie in ihrer Schönheit nachlassen, brauchen wir sie nur nach der Blüte zu teilen und neu aufzupflanzen. In leichten Sandböden lässt die Blühwilligkeit zu wünschen übrig, dafür werden viele Ausläufer gebildet.
Von *Primula*-Juliae-Hybriden sind Sorten mit rötlichen, rötlich-violetten, gelben und weißen Blüten im Handel, die sich auch zur Bepflanzung einer Rabatte eignen.

Himmelsschlüssel, Schlüsselblume
(Primula-Elatior*-Hybriden, Syn. *P. × polyantha)
◐ - ● ✻4–5 ↕25 cm ✂
Auch zur Bepflanzung von Rabatten geeignet

Diese bekannte Art blüht etwas später als die vorigen.
Die Blüten sitzen hier nicht zwischen den Blättern, sondern auf 20–30 cm langen Stielen. Deshalb eignet sie sich auch gut als Schnittblume. Durch Züchtung wurden größere Einzelblüten und lebhaftere Farben erzielt. Von der großblumigen Form 'Grandiflora' gibt es vielerlei Herkünfte und Farbmischungen. Vermehrung durch Teilung und Aussaat im Frühjahr.

Kugel-Primel *(Primula denticulata)*

◐ - ● ✻4-5 ↕30 cm

Auch zur Bepflanzung von Rabatten geeignet

An ihren kugeligen Blüten auf langen, kräftigen Stielen ist sie leicht zu erkennen. Sie blüht hell bis dunkellila und weiß. Durch Züchtung stehen uns auch blauviolette und rotviolette Farbtöne zur Verfügung. Die Wurzeln sind erstaunlich kräftig und reichen tief in den Boden. Die Blattrosetten entwickeln sich erst nach der Blüte. In Gruppen gepflanzt, lassen sich gute Wirkungen erzielen, vor allem wenn wir in eine größere Zahl von blauvioletten Pflanzen einige weiße einstreuen. Die Vermehrung erfolgt durch Teilung nach der Blüte oder Aussaat im Frühjahr.

Orchideen-Primel *(Primula vialii)*

◐ - ● ✻6-7 ↕30 cm ✂

Etwas Außergewöhnliches für den Gartenliebhaber, eine Primel, die sich von anderen durch ihre violetten Blütenkerzen deutlich unterscheidet (siehe Bild S. 101). Sie liebt Halbschatten und feuchten, humosen Boden. Meist kurzlebig. Anzucht aus Samen. Vorsicht vor Schnecken!

Siebolds-Primel *(Primula sieboldii)*

◐ - ● ✻4-5 ↕20 cm

Diese Primel ist von fremdartigem Reiz. Die großen Blüten in Weiß bis Dunkelrot haben eine gewisse Ähnlichkeit mit einer im Glashaus kultivierten Topfprimel *(P. sinensis)*.
Wie die anderen Primeln will auch sie halbschattig zwischen lichten Gehölzen und ähnlichen Plätzen stehen. Der Boden soll humusreich sein. Wir können ihn gegebenenfalls durch lockere Lauberde oder Torfersatzstoffe verbessern. Die Blätter ziehen im Sommer ein, sodass wir die Primeln am besten zwischen Farne, Gräser und andere sommergrüne Stauden pflanzen.

Etagen-Primeln (verschiedene Arten)

◐ - ● ✻6-7 ↕40-80 cm ✂

Sie werden verhältnismäßig hoch und lassen sich an mehreren übereinanderstehenden Blütenquirlen leicht von den bisher genannten Arten unterscheiden.

Unter der deutschen Sammelbezeichnung »Etagen-Primeln« laufen die Arten *P. beesiana* (samtig lila-purpurfarben), *P. bulleyana* (orangegelb), die sehr winterharte *P. japonica* (karmin-purpurn, es sind aber auch andere Farben erhältlich) und *P. pulverulenta*, purpurrot mit weiß gepuderten Blütenstielen und Blütenkelchen. Letztere ist ähnlich schön und reich blühend wie *P. japonica*.
Alle die genannten Arten werden aber in der Schönheit und Vielfalt der Farben von *P.-Bullesiana*-Hybriden übertroffen. Die Pastelltöne sind einfach bezaubernd und reichen von Gelb über Orange, Rosa, Kirschrot, Karminrot bis zu Violett und Lila. Herrlich wirken sie zwischen halbschattigen Gehölzpartien in Verbindung mit Blattstauden und Farnen. Besonders in Rhododendronpflanzungen heben sich die freundlichen Farben gut von der dunkelgrünen Umgebung ab.
Etagen-Primeln lassen sich durch Teilung vermehren, sehr leicht aber auch aus Samen, der möglichst bald nach der Ernte ausgesät werden soll, damit er nicht austrocknet.
Wo die Pflanzung in Ruhe gelassen wird, entstehen oft Jungpflanzen durch Selbstaussaat.

→ TIPP

Auch Etagen-Primeln lieben halbschattige Lage und feuchten Lehmboden, dem wir am besten Torfersatzstoffe und Kompost beimischen. Dadurch wird die Feuchtigkeit auch im Hochsommer gut gehalten, und der Boden bleibt locker. Wenn der Boden feucht ist, eignen sich Etagen-Primeln auch für sonnige Stellen.

Siebolds-Primel *(Primula sieboldii)* passt gut zwischen Farne und Gräser; im Gegensatz zu anderen Primeln zieht sie nach der Blüte ein.

Diese Etagen-Primeln *(Primula-Bullesiana-*Hybriden) bezaubern durch eine Vielzahl von Pastelltönen.

Dreiblatt *(Trillium)*

◐ – ● ✻ 4–5 ↕30 cm

Eine sehr aparte Pflanze! Über drei schön geformten Blättern entfalten sich im April/Mai dreiteilige, weiße Blüten. Am besten pflanzen wir sie gruppenweise in den Schatten lichter Gehölze. Im Hochsommer ziehen die Pflanzen ein. Die zwei wertvollsten Arten dieser nordamerikanischen Waldblume sind *T. grandiflorum* mit großen, weißen Blüten und *T. erectum* mit roten Blüten. Eine Vermehrung durch Teilung ist nur in beschränktem Umfang möglich. Die Anzucht aus Samen ist sehr langwierig.

Elfenblume *(Epimedium)*

◐ – ● ✻ 4–5 ↕30–35 cm

Diese langlebige, anspruchslose Staude kann wegen ihrer reizvollen Blätter und Blüten nur empfohlen werden. Wenn auch die Blütezeit nur kurz ist, so bilden doch die zierlichen, lederartigen Blätter von dunkelgrünem oder bronzefarbenem Aussehen bis tief in den Winter hinein einen vorzüglichen Gartenschmuck. Nach Möglichkeit soll der Boden humos und frisch sein.

Der Austrieb erfolgt im Frühjahr erst spät und nur wenige Tage, bevor die zarten, akeleiähnlichen Blüten erscheinen. Je nach Art ist die Farbe weiß, gelb oder rot. Die auch den Winter über ordentlich aussehenden Blätter werden erst im Frühjahr, kurz vor dem neuen Austrieb, bis auf den Boden zurückgeschnitten.

Eine besonders kräftige Art ist *E. pinnatum* ssp. *colchicum* (alt: *E. pinnatum* 'Elegans') mit wintergrüner Belaubung und weißlich gelben Blüten. *E. × rubrum* bringt rote Blüten mit weißlichem Sporn. *E. × versicolor* 'Sulphureum' blüht schwefelgelb. Die Blätter dieser beiden Sorten verfärben sich im Herbst dunkelbraunrot bzw. leuchtend braun. Durch Teilung im zeitigen Frühjahr beim Austrieb oder nach der Blüte lässt sich die Elfenblume leicht vermehren. Arten mit starker Rhizombildung eignen sich gut zum Verwildern.

Frühlings-Platterbse *(Lathyrus vernus)*

◐ – ● ✻ 4–5 ↕30 cm

Diese dichtbuschige, dauerhafte Waldstaude sieht im Frühling reizvoll aus, vor allem wenn sie ganz vereinzelt zwischen bodendeckenden Schattenstauden steht. Die erbsenartigen Blüten sind violettlila. Die Form *L. vernus* 'Alboroseus' blüht weiß-rosa. Vermehrung: Teilung und Aussaat.

Bergenie *(Bergenia)*

◐ – ● ✻ 4–5 ↕30–40 cm ✂

Die wintergrünen Bergenien sind äußerst anspruchslose, ja unverwüstliche Stauden. Sie sind mit jedem Boden und jedem Platz zufrieden und gedeihen selbst noch an Stellen, die das ganze Jahr über ohne Sonne sind. Auf etwas lehmigem, frischem, aber nicht nassem Boden werden die derben, fleischigen Blätter erstaunlich groß.

Das Dreiblatt, eine hübsche Waldstaude, fühlt sich unter Bäumen wohl. Hier: *Trillium grandiflorum* 'Plenum'.

Bei der Elfenblume ist schon die Aderung der Blätter eine Zierde; hinzu kommen anmutige Blüten. Viele Arten sind bodendeckend.

Die Bergenien sind sehr schöne Gegenspieler zu feinen früh blühenden Gewächsen aus Zwiebeln und Knollen.

Wertvolle Sorten der *Bergenia*-Hybriden

Sorte	Farbe	Bemerkungen
'Abendglocken'	karminrot	Blätter verfärben sich im Herbst leuchtend rot
'Baby Doll'	zartrosa	besonders hübsch; gedrungen wachsend, Höhe nur 25 cm; gut geeignet als Einfassungspflanze und für die Trockenmauer; hübsches rötliches Farbenspiel des Laubes im Winter
'Biedermeier'	weißlich rosa	kompakte, nur 30 cm hohe Pflanze
'Eroica'	purpurrot	besonders schöne tiefblutrote Winterfärbung; durch die späte Blütezeit wenig frostgefährdet
'Oeschberg'	frisches Rosa	ausgesprochen robuste Sorte, vorzügliche rote Winterfärbung; späte und daher wenig frostgefährdete Blütezeit
'Schneekönigin'	weiß, zartrosa verblühend	sehr reich blühend, hübsche Blattform, im Winter

→ TIPP

Bergenien sind völlig problemlos; sie sind eine Zierde an schattigen Stellen sowie im Halbschatten. Das Blattgrün verblasst aber, wenn die Pflanze zu sonnig und trocken steht.

Die Verwendungsmöglichkeiten dieser sich rasch ausbreitenden Pflanzen sind schier unbegrenzt. Neue Sorten zeigen sich deutlich charmanter und vielfältiger als altbekannte Bergenien aus Großmutters Zeiten. Viele haben eine tolle rötliche Laubfärbung im Winter.

Kaukasusvergissmeinnicht *(Brunnera macrophylla)*

◐ - ● ✻4-5 ↕40-50 cm

Eine beliebte Frühlingsstaude, die besonders auf halbschattigen, nicht zu trockenen Stellen gut gedeiht. Die Blüten erinnern sofort an Vergissmeinnicht. Diese Staude müsste in noch viel mehr Gärten Eingang finden, denn nicht nur während der langen Blütezeit sieht sie entzückend aus, sondern das ganze Jahr über machen ihre dunkelgrünen, herzförmigen Blätter einen gesunden Eindruck. Mittlerweile finden sich auch fantastische, wüchsige Sorten mit panaschierten Blättern und sogar weißen Blüten. Robust und schön ist etwa 'Jack Frost' mit weißen, grün genetzten Blättern. Die zierlichen, blauen Blüten passen im Halbschatten zur Elfenblume, zu Primeln, Gelber Frühlingsmargerite und Farnen; sie fügt sich aber ebenso am Wasser neben goldgelben Trollblumen gut ein. Auch in Verbindung mit orangerotem Nelkenwurz und dem Tränenden Herz lassen sich hübsche Motive schaffen. Vermehrung durch Teilung nach der Blüte.

Gämswurz, Gelbe Frühlingsmargerite *(Doronicum)*

◐ - ● ✻4-5 ↕30-70 cm ✂

Auch zur Bepflanzung von Rabatten geeignet

Sie gehört zu den ersten weithin leuchtenden Stauden des Jahres. Das Gelb der Blüten ist so intensiv, dass es nicht übersehen werden kann. Der meist gebräuchliche Name »Gämswurz« deutet an, dass sie aus den Bergen stammt. Ich finde aber die Bezeichnung »Gelbe Frühlingsmargerite« glücklicher, denn sie vermittelt eine bessere Vorstellung. Durch ihre frühe und reiche Blüte ist diese Staude überall beliebt. Nicht nur im Garten, auch in der Vase halten sich die gelben Blüten sehr lange. Dabei stellt sie kaum Ansprüche. Am besten wächst sie aber im Halbschatten auf feuchtem Lehmboden. Wir setzen diese Staude in den Hintergrund der Pflanzung, da sie im Sommer unansehnlich wird. Die gelbe Farbe wirkt noch leuchtender neben dem hellblauen Kaukasusvergissmeinnicht und roten Tulpen. Achtung Schnecken!

Beim langlebigen Kaukasus Vergissmeinnicht sind die Blüten und die dekorativen Blätter eine Zierde.

Gämswurz, auch Frühlingsmargerite genannt, ist ein anspruchsloser Muntermacher der in jeden Frühlingsgarten gehört.

Neben der Art *D. orientale* (Syn. *D. caucasicum*) sind an Sorten zu empfehlen: 'Frühlingspracht' (gefüllt), 40 cm, 'Magnificum' (großblumig), 50 cm, und 'Little Leo', goldgelb, kompakt und nur 30 cm hoch. Sehr empfehlenswert ist auch die erst ab Mai blühende Art *D. plantagineum* 'Excelsum' mit 70 cm Höhe, 'Strahlengold', 80 cm, großblütig, sehr wüchsig und sehr widerstandsfähig gegen Mehltau. Vermehren können wir diese Staude sehr leicht durch Teilung nach der Blüte.

Akelei *(Aquilegia)*

◐ - ● ✻5-6 ↕60 cm

Auch zur Bepflanzung von Rabatten geeignet

Die Akelei ist eine altbekannte Staude und von jeher in vielen Bauerngärten vertreten. Die Blüten sind ausgesprochen elegant. Die Züchtung hat diese Eleganz noch weiter zu steigern vermocht. So gibt es heute Formen in den verschiedensten Farbtönen und mit besonders langen Spornen.
Hohe Ansprüche stellt die Akelei nicht, sie gedeiht in jedem guten Gartenboden. Halbschatten sagt ihr sehr zu, vor allem halten sich hier die Blüten länger. Bei der Pflanzung wollen wir beachten, dass Akeleien nach der Blüte unansehnlich werden. Die kurzspornige heimische Gartenakelei *(A. vulgaris)* gibt es in den Farben Rot, Weiß, Blau und Violett. Die Pflanzen werden zwar nur wenige Jahre alt, samen sich aber reichlich aus. Sie eignen sich vorzüglich für einen naturnahen Garten. Wer Freude an elegant geformten Blüten hat, dem sind die langspornigen Züchtungen (*Aquilegia-Caerulea*-Hybriden), vor allem die besonders großblumigen, langspornigen 'McKana' zu empfehlen. Die Farbskala reicht hier von Weiß über Gelb, Rosa, Rot bis Purpur und Blau. Die *A.-Flabellata*-Hybride 'Ministar', eine nur 15 cm hohe Zwergakelei, blau mit Weiß, eignet sich für den Steingarten und Trog.

Tränendes Herz

(Lamprocapnos Syn. *Dicentra spectabilis)*

◐ - ● ✻5-6 ↕80 cm

Auch zur Bepflanzung von Rabatten geeignet

Diese Pflanze ist wohl jedem von uns von Kindheit an bekannt, ist doch die Blüte in Form kleiner Herzen sehr einprägsam. Im lichten Schatten, zusammen mit Elfenblume, Akelei, Farnen und anderen fühlt sie sich sehr wohl. Ganz reizend sieht es aus, wenn wir das Tränende Herz mit dem Kaukasusvergissmeinnicht zusammen pflanzen und noch eine Gruppe cremefarbiger Narzissen dazugesellen.
Die Form *L. spectabilis* 'Alba', eine aparte Schnittblume, blüht weiß und besonders lange. Die Zwerg-Herzblume *(L. eximina)*, mit farnartigen graugrünen Blättern, blüht purpurrosa und wird nur 25 cm hoch.
Das Tränende Herz gedeiht auch auf der Prachtstaudenrabatte. Sonne kann es durchaus vertragen, wenn nur der Boden nicht zu trocken ist. Allerdings sollten wir auf die

Akeleien, ideal für den lichten Schatten und den Naturgarten. Einmal vorhanden, säen sie sich jedes Jahr von selbst aus.

Das Tränende Herz ist eine Staude, die wohl jeder schon von Kindheit an kennt. Die herzförmigen Blüten beflügeln die Fantasie.
Bild oben: Tränendes Herz in Weiß – der Inbegriff makelloser Schönheit!

Rabatte nicht mehr als ein oder zwei Pflanzen bringen und diese mehr in den Hintergrund, denn bereits früh im Sommer zieht diese Staude ein. Die Vermehrung erfolgt durch Teilung, Stecklinge und Samen.

Salomonssiegel *(Polygonatum multiflorum)*

◐ - ● ✻5-6 ↕60 cm

Diese sehr dekorative Schattenstaude ist für größere und kleinere Gärten geeignet. Je nach Platz pflanzen wir ein oder mehrere Exemplare. Hübsch sind die überhängenden Triebe, an denen die röhrenförmigen weißen Blütenglocken erscheinen. Schickes weiß gestreiftes Laub hat die Hybride 'Striatum'. Die Sorte 'Weihenstephan', eine Auslese aus dem dortigen Sichtungsgarten, wird 90–120 cm hoch und ist besonders wüchsig. Vermehrt wird durch Teilung.

Hänge-Goldglocke *(Uvularia grandiflora)*

◐ - ● ✻5-6 ↕30 cm

Eine vornehm zurückhaltend wirkende Staude. Die Blätter sind hellgrün, die länglichen Blüten gelb und hängend. Eine feine Pflanze für Einzelstellung im lichten Schatten, ohne starke Konkurrenz durch Nachbarwurzeln. Sehr ausdauernd! Die Vermehrung erfolgt durch Teilung nach der Blüte.

Christophskraut *(Actaea)*

◐ - ● ✻5-6 ↕60 cm

Eine wertvolle Staude für den Halbschatten, die im Herbst weiße Beeren trägt. Die weißlichen Blüten sind dagegen recht unscheinbar. *A. pachypoda* (Syn. *A. alba*) ist im Fruchtstand wohl die schönste Art. Die weißen Beeren hängen bei ihr an roten Stielchen. Eine andere Art, *A. spicata* 'Rubra', bringt rote Beeren. Vermehrung durch Teilung und Aussaat. Geeignete Partner für diese Staude sind die Schattenblume *(Maianthemum bifolium)*, eine heimische Waldstaude, sowie Farne und Schattengräser.

Nelkenwurz *(Geum)*

◐ - ● ✻5-7 ↕30-50 cm (je nach Sorte) ✂

Die Blüten dieser Staude sind von großer Leuchtkraft. Sie haben eine gewisse Ähnlichkeit mit Anemonen. Die immergrünen Blätter liegen in Form einer Blattrosette dicht dem Boden auf.

Wertvoll ist *G. coccineum* 'Borisii' mit orangeroten Blüten. Die Sorte 'Feuermeer', orangerot, remontiert ebenfalls. Halb gefüllte, großblumige, aber nicht sehr ausdauernde Sorten laufen unter der Bezeichnung *G.*-Hybriden. Wertvolle Sorten davon sind 'Dolly North' (dunkelorange), 'Goldball' (dunkel-

Die Trauerglocke eignet sich für Stellen unter eingewachsenen Gehölzen, an denen sie nicht durch andere Stauden bedrängt wird.

Beim Salomonssiegel handelt es sich um eine sehr dekorative Waldstaude mit elegant überhängenden Trieben.

Die rot blühende Sorte 'Borisii' kann im Gegensatz zu anderen Nelkenwurz-Arten zeitweise Trockenheit vertragen.

gelb), 'Rubin' (karminrot). Hübsch ist auch *G. rivale* 'Leonard' mit kupfrig rosa Blüten. Zusammen mit Sumpf-Vergissmeinnicht wirkt sie gut an feuchten Stellen neben dem Wasserbecken, jedenfalls sollte der Boden nicht zu trocken sein. Der besseren Wirkung wegen möglichst in Gruppen verwenden. Vermehrung durch Teilung.

Wiesenraute *(Thalictrum)*

◐ - ● ✻ und ↕ je nach Art verschieden ✂

Th. aquilegifolium gleicht in ihrem zierlichen Aufbau und der Blattform der Akelei. Die Wiesenraute wird 1 m hoch und darüber. Die federigen Blütenrispen in Lilapurpur sind bildhübsch und wirken ausgesprochen duftig. Sie erscheinen im Juni/Juli.
Im tiefen Schatten und auf zu trockenem Boden leidet sie manchmal unter Blattläusen. Wir pflanzen sie deshalb in den lichten Schatten, können sie aber auch in die volle Sonne bringen, wenn der Boden ausreichend feucht ist.
Im Juli–September blüht eine andere wertvolle Art: *Th. delavayi* (Syn. *T. dipterocarpum*). Diese elegante Staude kann bis 2 m hoch werden. Die mit zarten purpurlila Blüten besetzten Triebe fallen leicht um, sollten also gestäbt werden, zeitig genug und möglichst dezent. Beide Arten lassen sich durch Teilung oder Aussaat vermehren.

Wiesenraute *(Thalictrum delavayi)* passt sehr gut zwischen Astilben, Farne und Anemonen.

Der Fingerhut ist an Schönheit und Eleganz kaum zu übertreffen. Ist der Boden feucht genug, gedeiht er sogar in voller Sonne.

Fingerhut *(Digitalis)*

◐ - ● ✻ 6-7 ↕ 100-150 cm

Alle Fingerhut-Arten sind äußerst dekorative Wildstauden, die sich für naturnahe Pflanzungen im Halbschatten, aber auch in der Sonne eignen. Dass sie giftig sind, dürfte bekannt sein. Wenn wir sie mit Farnen, Wald-Geißbart und bodendeckenden Schattenstauden in größeren, lockeren Gruppen zusammen pflanzen, ergibt sich ein schöner Anblick. Die meisten Arten sind nur zweijährig und sterben ab, wenn man sie nicht sofort nach der Blüte zurückschneidet. Sie säen sich aber selbst aus, sodass ständig für Nachwuchs gesorgt ist.
Wertvoll ist für uns *D. purpurea* 'Excelsior', die in rosa, roten und weißen Farbtönen blüht. Sie wird etwa 120 cm hoch. Die Form 'Gloxiniaeflora' blüht ähnlich wie die soeben genannte Art. Jeder Blütenstiel hat aber an seinem Ende noch eine große Einzelblüte, die einer Schale oder auch Glocke gleicht. Sie hat Ähnlichkeit mit einer Gloxinienblüte, daher auch der Name. Von der Nähe sieht dieses Gebilde recht apart aus, aus der Ferne finde ich allerdings die gewöhnlichen Fingerhüte eleganter.
Ausdauernd ist *D. lutea* mit 70 cm Höhe und gelblichen Blüten. *Digitalis × mertonensis*, 80 cm hoch, lachsrosa, ist dagegen nur kurzlebig. Die Vermehrung von Fingerhut erfolgt im Juni durch Aussaat.

Wald-Geißbart

(*Aruncus dioicus*, Syn. *A. sylvestris*)

◐ - ● ✻ 6-7 ↕ 180 cm ✂

Diese mächtige Staude will einzeln inmitten von Bodendeckern stehen. Erst dann kann sie sich voll entfalten und wirken. Die Blüten erscheinen in langen, weißen Rispen. Interessant, dass die Staude zweihäusig ist: Weibliche und männliche Blüten sind auf verschiedenen Pflanzen. Die männlichen Pflanzen ziehen wir vor, denn ihre Blüten sind reinweiß und zart. Die weiblichen Blütenstände sind dagegen gelblich weiß und plump. Der Wald-Geißbart gehört zu unseren wertvollsten und ausdauerndsten Blütenstauden, es finden sich immer mehr spannende neue Sorten in den Gärtnereien. Reizvoll ist auch der 30 cm hohe Zwerg-Geißbart *(A. aethusifolius)*. Die Vermehrung erfolgt durch Teilung oder Aussaat.

Frauenmantel *(Alchemilla)*

◐ - ● ✻6-7 ↕30-40 cm

Auch zur Bepflanzung von Rabatten geeignet

Die größte Art für den Garten ist der Großblättrige Frauenmantel *(A. mollis)*. Alle Übergänge vom leichten Schatten bis zur vollen Sonne sind dieser Staude recht. Die ornamentalen Blätter sind graugrün und machen einen gesunden, üppigen Eindruck. Ihre besonderen Reize entfalten sie im Morgentau, wenn die kleinen Wassertröpfchen in der Sonne glitzern. Die zierlichen, gelben Blüten sind dagegen unscheinbar, eignen sich aber zum Schnitt. Vermehrung durch Teilung. Selbstaussaat. In Staudengärtnereien sind außerdem erhältlich: *A. epipsila*, 40 cm, eine empfehlenswerte zierliche Art, kompakter und standfester als *A. mollis*, und *A. erythropoda*, der Zwerg-Frauenmantel, 20 cm.

Schaublatt *(Rodgersia)*

◐ - ● ✻6-7 ↕100-120 cm je nach Art

Ein prächtiges Bild, wenn sich die üppig grünen, dekorativen Blätter dieser Staude über einem Teppich von rotbraunem Günsel ausbreiten oder in Verbindung mit Etagen-Primeln, Farnen und anderen Schattenstauden den Raum beherrschen. Rodgersien passen auch ans Wasser. Eine gute Wirkung lässt sich erzielen, wenn eine der hier genannten Arten zusammen mit Begleitstauden neben den Hauseingang an der Ost- oder Nordseite gepflanzt wird.

Die verschiedenen Arten wollen einen windgeschützten, leicht schattigen Standort und humusreichen, nahrhaften Boden. Sie lieben genügend Bodenfeuchtigkeit, wollen aber keinesfalls nass stehen. Die Vermehrung erfolgt durch Teilung.

Die Blätter verschiedener Schaublatt-Arten, die meist 60–100 cm hoch werden, gleichen dem Laub bekannter Gehölze, wie es im botanischen Artnamen zum Ausdruck kommt. So sieht das Laub von *R. aesculifolia* in der Form den Blättern von Rosskastanien *(Aesculus)* täuschend ähnlich. Es ist nur wesentlich größer. Bei *R. sambucifolia* gleicht es den Blättern des Holunders *(Sambucus)*. Das Laub von *R. podophylla* ist handförmig gefiedert. Besonders reizvoll sind die sehr großen, schildförmigen Blätter von *Astilboides tabularis* Syn. *Rodgersia tabularis*. Diese tropisch-üppig wirkende Art benötigt mehr Bodenfeuchtigkeit als die oben genannten Rodgersien.

Mächtig, prächtig! Der mannshohe Wald-Geißbart wirkt besonders eindrucksvoll vor einer dunklen Gehölzkulisse.

Der Frauenmantel in schönster Blüte. Ein anschließender Rückschnitt verhindert die unerwünschte Selbstaussaat.

Bei *Rodgersia aesculifolia* ähneln die Blätter denen von Kastanien. Rodgersien eignen sich auch für die Wassernähe und für Pflanzgefäße.

Purpurglöckchen (*Heuchera*-Hybriden)

◐ - ● ✻6-7 ↕50-60 cm

Auch zur Bepflanzung von Rabatten geeignet

Diese Staude verträgt leichten Schatten und ebenso Sonne. Die zierlichen Blütenglöckchen hängen in eleganten Rispen über rundlich herzförmigen Blättern. Bei Pflanzung an sonnigen Stellen passen Katzenminze, Schleierkraut. Feinstrahl, Salbei und verschiedene Gräser gut zu ihr. Gegen Trockenheit ist das Purpurglöckchen empfindlich, sonst aber ist es mit jedem nahrhaften Gartenboden zufrieden. Samenstände abschneiden! Einige wertvolle Sorten: In roten Tönen blühen 'Red Spangles', 'Rosenrot', 'Ricard', 'Carmen', in Rosa 'Scintillation', 'Weserlachs', 'Pruhoniciana' und in Weiß 'Schneewittchen'. 'Gracillima' blüht hellrosa, 'Chocolate Ruffles' weiß über schokoladefarbigen Blättern. Vermehrung: durch Teilung.

Prachtspiere (*Astilbe*)

◐ - ● ✻ und ↕je nach Art verschieden ✂

Auch zur Bepflanzung von Rabatten geeignet

Astilben gehören zu unseren bekanntesten Schattenstauden. Ihre Blütezeit liegt gleich nach dem Rittersporn. Bereits der rote Austrieb der Blätter ist reizvoll. Das ganze Jahr über behalten die zierlichen Blätter ihr gesundes Aussehen.

Je nach Sorte erscheinen die graziösen, duftigen Blüten von Ende Juni bis in den September, ja Oktober hinein. Die Farbenskala reicht von Weiß und Creme über alle möglichen Rosatöne bis hin zu Karmin und dunkelstem Blutrot. Neben Sorten mit aufrecht stehenden Blütenrispen gibt es solche, deren Blütenzweige elegant überhängen.

Diese kleinen Schönheiten sind äußerst anspruchslos und fühlen sich gerade im Halbschatten, sogar im tiefen Schatten wohl. Der Boden sollte allerdings nahrhaft und möglichst etwas feucht sein. Verrotteter Pferdemist bekommt ihnen ausgezeichnet. Viel Sonne, längere Trockenheit und Nährstoffmangel bekommen ihnen nicht. In der Sonne befriedigen sie nur, wenn sie viel Feuchtigkeit haben. In diesem Fall also reichlich gießen, denn die großen Wurzelstöcke brauchen das Wasser rasch auf.

Sobald die Wurzelballen im Laufe von Jahren aus dem Boden herauswachsen, füllen wir Erde auf. Wenn sie in der Mitte kahl werden, nehmen wir sie aus dem Boden und pflanzen sie geteilt neu auf. Die Vermehrung erfolgt ebenfalls durch Teilung mit dem Messer oder Spaten.

Astilben möglichst in Gruppen pflanzen! In Höhe und Farbe sind sie so unterschiedlich, dass wir auf Begleitpflanzen durchaus verzichten können. Gut passen aber Farne, Silberkerzen und Funkien dazu. Am schönsten wirken ihre Pastellfarben vor dunklen Gehölzen. Zu beachten ist bei der Pflanzung, dass sie nicht mit deren Wurzelfilz in Berührung kommen. In magerem und trockenem Boden verkümmern die Pflanzen.

Die eleganten Blüten in zarten Farben geben auch einen sehr hübschen Schmuck für die Vase ab. Die Blüten müssen aber beim Schnitt bereits geöffnet sein. Um die Haltbarkeit zu verlängern, werden die Stielenden scharf angeschnitten.

Das duftige Purpurglöckchen, zusammen mit hübschen Blühpartnern: blaue und weiße Glockenblumen *(Campanula persicifolia)*.

Imposant gibt sich die Schattenpflanzung mit Schaublatt *(Rodgersia podophylla)*, kombiniert mit hohen weißen Astilben. Richtig wohl fühlt sich diese Kombination am feuchten Gehölzrand in großen Gärten.

***Astilbe-Japonica*-Hybriden**

◐ - ● ✻ 6-7 ↕50-70 cm

Die Sorten blühen früh: 'Deutschland' (weiß, 50 cm), 'Mainz' (lilarosa, 50 cm), 'Montgomery' (dunkelrot, 60 cm).

***Astilbe-Arendsii*-Hybriden**

◐ - ● ✻ meist 6-7 ↕je nach Sorte 60-100 cm

Sie werden höher als die bereits genannten. Sie sind wohl die edelsten Astilben und zeichnen sich durch üppigen, gesunden Wuchs, schöne Belaubung und leuchtende Blütenfarben aus. Die frühen Sorten blühen von Ende Juni bis Ende Juli, die mittleren von Mitte Juli bis Mitte August und die späten von Ende Juli bis in den September hinein.
Des Weiteren sind noch einige sehr wertvolle Sorten von *A.-thunbergii*-Hybriden im Handel, die locker verzweigte, elegant überhängende Blütenrispen besitzen und im Juli/August blühen: 'Prof. van der Wielen', reinweiß, entwickelt 120 cm hohe, breit ausladende Blütenstände, 'Straußenfeder', lachsrosa, 100 cm hoch, besonders prunkvoll, und 'Jo Ophorst', rubinrot, 90 cm hoch.
Auch bei *A.-Simplicifolia*-Hybriden gibt es eine Reihe von bewährten Sorten, die den Katalogen von Staudengärtnereien entnommen werden können.

Storchschnabel *(Geranium)*

◐ - ● ✻ 6-9 je nach Art ↕je nach Sorte 30-60 cm

Die hier genannten Arten stehen am besten zwischen weit gepflanzten Gehölzen oder vor ihnen. Sie vertragen leichten

Wertvolle Sorten der *Astilbe-Arendsii*-Hybriden

Name	Höhe	Blütezeit	Farbe
'Amethyst'	100 cm	früh	violett
'Anita Pfeifer'	70 cm	mittel	dunkelrosa
'Brautschleier'	70 cm	früh	weiß
'Bressingham Beauty'	120 cm	früh	leuchtend rosa
'Cattleya'	100 cm	spät	hellrosa
'Else Schluck'	70 cm	mittel	leuchtend rot
'Fanal'	60 cm	früh	leuchtend rot
'Feuer'	80 cm	mittel	leuchtend rot
'Glut'	80 cm	spät	leuchtend rot
'Grete Püngel'	80 cm	früh	hellrosa
'Spinell'	90 cm	mittel	leuchtend rot
'Weiße Gloria'	70 cm	mittel	weiß

Wertvolle Sorten der *Astilbe-Arendsii*-Hybriden

Name	Höhe	Blütezeit	Farbe
'Finale'	40 cm	spät	hellrosa
'Serenade'	40 cm	spät	leuchtend rosa
'Veronica Klose'	40 cm	spät	dunkelpurpur

Die züchterisch bearbeiteten Astilben zählen zu den besonders prächtig blühenden Stauden. Die Gattung bietet reichlich Arten und Sorten, sodass ein Schattenbeet mit nur wenigen Begleitern von Frühsommer bis Herbst in Blüte stehen kann.

Schatten, wachsen aber auch in der Sonne gut und haben ausgesprochenen Wildpflanzencharakter. Sie sind dauerhaft und unempfindlich gegen Trockenheit. Der Boden darf nur nicht zu schwer sein. Schön ist nicht nur die Blüte, sondern auch das Blattwerk, das sich bei einigen Arten im Herbst interessant verfärbt. Die Vermehrung erfolgt durch Teilung oder Aussaat.

Geranium himalayense **(Syn. *G. grandiflorum*)**

◐ - ● ✻5-6 ↕40 cm

Grazile, großblütige Schönheit, die remoniert, also nachblüht. Sie bildet durch unterirdische Ausläufer dichte Teppiche, fällt durch schöne Herbstfärbung auf und verträgt zeitweise Trockenheit.

Geranium × magnificum

◐ - ● ✻6-7 ↕50-60 cm

Leuchtend blauviolett. Im Herbst färben sich die Blätter feurig rot; unempfindlich gegen Trockenheit.
Neben diesen beiden gibt es zahlreiche weitere Arten und Sorten, die sich für unsere Zwecke eignen. Siehe Kataloge! Auch niedrige Storchschnabel sind darunter wie *G. macrorrhizum* 'Spessart', 25 cm, zartrosa, vorzüglich zur Bodenbedeckung unter Gehölzen, und *G. renardii*, 25 cm, weiß mit wintergrünen grauen Blättern.

Eisenhut *(Aconitum)*

◐ - ● ✻6-9 je nach Art ↕80-150 cm je nach Sorte
Auch zur Bepflanzung von Rabatten geeignet

Wenn die blauen Töne des Rittersporns im Garten verklungen sind, beginnt der Eisenhut zu blühen. Diese bildschöne Pflanze können wir zu Astilben und Silberkerzen gesellen. Auch für eine farbenfrohe Prachtstaudenpflanzung halte ich den Eisenhut für unentbehrlich. Im Juli/August, also zur Blütezeit von *Aconitum napellus,* fehlt uns nämlich die blaue Farbe in der Nachbarschaft von rosa und rotem Phlox, weißen Margeriten und gelb blühenden Stauden. Besonders wertvoll im Juli/August sind *A. henryi* 'Spark', 150 cm, mit lockeren tiefvioletten Blütenrispen, sowie *A. × cammarum* 'Bicolor', 120 cm, der »Bayern-Eisenhut«, in Weißblau und 'Franz Marc', marineblau, 120-150 cm.
Besonders wertvolle, spät blühende Arten (August-Oktober), deren Blau in Verbindung mit rosa oder weißen Herbst-Anemonen und spät blühenden Silberkerzen ganz bezaubernd aussieht, sind *A. carmichaelii* 'Wilsonii', 150 cm, und Aconitum carmichaelii 'Arendsii, 100 cm.
Ebenso wie Pfingstrosen, Phlox und Tränendes Herz gehört der Eisenhut zum eisernen Bestand alter Bauerngärten. Er zieht lichten Schatten der vollen Sonne vor. In kühler, frischer Lage fühlt er sich wohl. Für gutes Gedeihen sorgen wir durch kräftige Düngung und Feuchtigkeit. In zu praller Sonne und bei Trockenheit treten häufig Blattläuse auf.

Kleine Freude am Wegesrand: Storchschnabel *(Geranium × magnificum)* und bodendeckende Taubnessel beleben den Zaun.

Dieser Storchschnabel *(Geranium himalayense)* ist vielseitig verwendbar. Hier zusammen mit Frauenmantel und Margeriten.

Dieser Eisenhut *(Aconitum × cammarum* 'Bicolor') in Weißblau wird auch »Bayern-Eisenhut« genannt. Eisenhut ist sehr langlebig.

Die Pflanzen wollen möglichst lange an ihrem Platz bleiben. Vermehrung: Die rübenförmigen Wurzelstöcke (giftig!) lassen sich leicht mit der Hand (unbedingt Handschuhe tragen) teilen, auch Aussaat.

Silberkerze

(Actaea Syn. *Cimicifuga)*

Die hohen weißen Kerzen sind von solcher Eleganz, dass sie wirklich in keinem Garten fehlen sollten, soweit schattige Stellen vorhanden sind. Nicht nur aus der Nähe betrachtet sind sie hübsch, sie haben auch eine beachtliche Fernwirkung, besonders wenn sie sich von einem dunklen Hintergrund (Gehölze) abheben. Als Nachbarn sind Farne, Eisenhut und Herbst-Anemonen geeignet und verschiedene schattenverträglichen Bodendecker, wie Haselwurz, Gedenkemein, Waldsteinie, Immergrün, Günsel u.a. auf S. 119 ff. beschriebene Arten.

→ TIPP

Silberkerzen entwickeln erst nach Jahren ihre volle Schönheit. Am liebsten wollen sie jahrzehntelang am gleichen Platz bleiben. Wenn dann der Boden humusreich und eher etwas feucht als zu trocken ist, wachsen sie zu auffälligen Pflanzenpersönlichkeiten heran.

Juli-Silberkerze
(Actaea* Syn. *Cimicifuga racemosa* var. *racemosa)
◐ - ● ✻7 ↕180 cm

Das Blattwerk ist zierlich gefiedert, die hohen Blütenkerzen hängen leicht über.

Lanzen-Silberkerze
(Actaea* Syn. *Cimicifuga racemosa* var. *cordifolia)
◐ - ● ✻8–10 ↕180 cm

Eine Silberkerze mit besonders schönen, herzförmigen Blättern (des Öfteren treten Blattkrankheiten auf) und cremeweißen, lanzenähnlichen Blüten auf eleganten Stielen. Verträgt auch Sonne und Trockenheit.

September-Silberkerze *(Actaea* Syn. *Cimicifuga ramosa)*
◐ - ● ✻9 ↕180 cm

Eine wertvolle Staude mit langen, cremeweißen, kaum verzweigten Blütenkerzen. Die 160 cm hoch werdende Sorte 'Atropurpurea' schmückt sich mit braunroten Blättern, sodass die weißen Blütenkerzen in auffallendem Kontrast zum Laub stehen. Sehr hübsch zusammen mit hellrosa blühenden Herbst-Anemonen und Eisenhut.

Oktober-Silberkerze (*Actaea* Syn. *Cimicifuga simplex* 'White Pearl'= 'Armleuchter')
◐ - ● ✻9–10 ↕140 cm

Reich verzweigte, leicht überhängende silberweiße Blütenkerzen.

Funkie, Herzlilie *(Hosta)* ✂

Funkien zählen zu unseren dekorativsten Blattstauden. Die Blätter zeigen je nach Art und Sorte verschiedene Farbtöne zwischen weiß, creme, grün, gelb oder stahlblau. Aber auch die violetten oder weißen Blüten sind reizvoll. Mit Funkien können wir absonnige Stellen bepflanzen. Dabei sind sie denkbar anspruchslos und gedeihen in jedem normalen, nahrhaften Gartenboden. Einmal eingewachsen, sind sie langlebig und selbst Trockenheit kann sie nicht umbringen, wenn sie dann auch sichtlich leiden. Am wohlsten fühlen sie

Herbstliches Blühen im lichten Schatten: Eisenhut *(Aconitum carmichaelii* var. *wilsonii* 'Spätlese'), Lanzen-Silberkerze *(Actaea racemosa)* und Diamantgras *(Calamagrostis brachytricha)*.

sich zwar im Halbschatten, doch sie machen ebenso im tiefen Schatten wie in voller Sonne - wenn die Bodenfeuchte ausreicht - eine gute Figur. Ihre Schönheit entfaltet sich voll, wenn sie aus niedrigen Stauden herausragen. Sie passen übrigens vorzüglich an den Rand eines Teiches. Auf Schnecken achten! Die angegebenen Höhen beziehen sich auf die Blätter.

Große Blaublatt-Funkie (*Hosta sieboldiana* 'Elegans')
◐ - ● ✻6-7 ↕60 cm

Die riesigen Blätter sind bläulich bereift, eine sehr wirkungsvolle Blattschmuckstaude mit ausladendem Wuchs.

Lanzen-Funkie *(Hosta lancifolia)*
◐ - ● ✻8-9 ↕50 cm

Zierliche Art mit schmalen grünen, glänzenden Blättern, die wie Lanzen an langen Stielen aussehen.

Schneefeder-Funkie (*Hosta undulata* 'Univittata')
◐ - ● ✻6-9 ↕40 cm

Zierliche Art bzw. Sorte mit weißbunten, gewellten Blättern, die sich auch zur Pflanzung in Töpfen und Schalen eignet.

Grüne Riesen-Funkie *(Hosta elata)*
◐ - ● ✻6-8 ↕80 cm

Diese üppig wachsende Art mit großen grünen Blättern bildet große Horste, sie kann viel Sonne vertragen.

Funkien sind überaus dekorative und dabei recht genügsame Blattstauden. Schade, dass sie auch von Schnecken geschätzt werden.

Hosta sieboldiana 'Frances Williams', ähnlich der Sorte 'Elegans', jedoch mit gelbem Rand.

Frühlingsgold-Funkie (*Hosta fortunei* 'Aurea')
◐ - ● ✻7-8 ↕60 cm

Die jungen Blätter sind im Frühjahr goldgelb mit grünem Rand, später vergrünen sie.

Weißrand-Funkie (*Hosta sieboldii*, Syn. *H. albomarginata)*
◐ - ● ✻7-8 ↕30 cm

Schmale grüne Blätter mit weißem Rand. Blütenfarbe: lila. Die Sorte 'Alba' bringt weiße Blüten.

Goldrand-Funkie (*Hosta fortunei* 'Aureo-Marginata')
◐ - ● ✻7-8 ↕60 cm

Große, dunkelgrüne, bereifte Blätter mit hellgelbem Blattrand.

Herbst-Anemonen

(Anemone-Japonica-Hybriden, *A. hupehensis, A. tomentosa)*
◐ - ● ✻8-10 je nach Sorte ↕50-120 cm je nach Sorte

Im herbstlichen Garten sind sie unersetzlich. Herbst-Anemonen gehören zu unseren lieblichsten und dabei wertvollsten Stauden. Je nach Sorte blühen sie in Weiß, Rosa oder Dunkelrot, und immer leuchten aus der Mitte die goldgelben Staubgefäße. Die Blüte kann die Form einer flachen Schale haben, oder sie ist halb gefüllt. Herbst-Anemonen eignen sich auch zur Bepflanzung von Rabatten.
Am besten sagt ihnen ein lockerer, nährstoffreicher Boden zu, obwohl die Wurzeln auch in schwere Böden einzudringen vermögen. Sie werden kaum von Krankheiten befallen und zeigen gesundes Laub. Herbst-Anemonen sind - außer den Sorten der *A. tomentosa* - in schneearmen Wintern gefährdet. Sofern die Pflanzen nicht durch das Laub benachbarter Gehölze im Spätherbst bedeckt werden, sollten wir sie in Gegenden mit wenig Schnee schützen. Wir bringen 5-10 cm hoch Laub auf und legen ein paar Fichtenzweige darüber. Besonders im ersten Winter nach der Pflanzung dürfen wir dies nicht versäumen.
Den Platz für die Herbst-Anemonen müssen wir überlegt auswählen, gehören sie doch zu den Stauden (Hahnenfußgewächse wie Pfingstrose, Rittersporn, Eisenhut, Silberkerze u. a.), die nach der Pflanzung nicht mehr gestört werden wollen. Erst nach Jahren entfalten sie ihre volle Schönheit. Sobald sie eingewurzelt sind, beginnen sie sich mithilfe un-

Wertvolle Arten und Sorten der Herbst-Anemone

Art und Sorte	Höhe	Blütezeit	Farbe/Bemerkungen
A.-Japonica-Hybriden 'Honorine Jobert'	80–120 cm	Aug./Okt.	starkwüchsig; reich und sehr lange blühend, schneeweiße schalenförmige schneeweiße schalenförmige Blüten groß und einfach; sehr wertvoll
Rosenschale'	80–100 cm	Sept./Okt.	starkwüchsig; die einfachen, rosa Blüten sind relativ groß; eine sehr wüchsige, neuere Sorte
'Prinz Heinrich'	60–80 cm	Sept./Okt.	weinrote, halb gefüllte, offene Schalenblüten, die sehr aufrecht stehen; lange Blütezeit
A. hupehensis 'Praecox'	50–80 cm	Juli/Sept.	reich und lange blühend, die schalenförmigen Blüten sind kräftig leuchtend rosa
'Septembercharme'	60–80 cm	Aug./Sept.	zierlich im Aufbau; reich blühend und standfest, mit einfachen, flachen rosa Blütenschalen, Ausläufer bildend; reizvolle, zuverlässige Sorte
A. tomentosa' Robustissima	80–100 cm	Aug./Sept.	reich blühend; die hellrosa Blüten sind schalenförmig einfach, kräftiger Wuchs; sehr wertvoll, weil sie auch unter ungünstigen Verhältnissen winterhart ist

terirdischer Knospen nach allen Seiten auszubreiten. Wir müssen also genügend Raum (auf Dauer je Pflanze etwa 1,5 m^2) für sie vorsehen. Wenn wir sie aus irgendwelchen Gründen verpflanzen müssen, dann am besten im Frühjahr. Bezaubernde Farbwirkungen können wir erzielen, wenn wir sie mit späten Arten von Eisenhut, Silberkerzen, Astilben, aber auch mit Gräsern oder Funkien zusammen pflanzen. Im Herbst können wir außerdem Zwiebeln von Schneeglöckchen oder Traubenhyazinthen zwischen sie setzen. So regt sich im Frühjahr bereits blühendes Leben.

Alpenveilchen *(Cyclamen)*

Die Freiland-Alpenveilchen fühlen sich besonders im lichten Schatten von Sträuchern oder Bäumen wohl. Wenn der Boden schwer oder feucht ist, sollten wir sie in den Wurzelfilz von Gehölzen pflanzen. Es handelt sich hier um eine ausgesprochene Liebhaberstaude, die wir am besten aus der Nähe betrachten.Die Knollen kommen in kalkhaltigen, lehmigen Humusboden, dem bei Bedarf etwas Kalk zugesetzt wird. Sie werden so tief gepflanzt, dass sie gut daumenstark mit Erde bedeckt sind. Im Winter geben wir am besten eine luftdurchlässige Nadelstreudecke darüber, damit sie bei Barfrösten nicht geschädigt werden. Keine stauende Nässe!

Vorfrühlings-Alpenveilchen *(Cyclamen coum)*

◐ - ● ✲2–3 ↕5–10 cm

Blüht leuchtend karminrot. Die Blätter sind rundlich bis nierenförmig und dunkelgrün.

Sommer-Alpenveilchen *(Cyclamen purpurascens)*

◐ - ● ✲7–9 ↕10–15 cm

Diese Art kommt vor allem in südlichen Bergländern, bei uns aber nur in den Berchtesgadener Alpen vor, ist vollkommen winterhart und sehr langlebig. Sie liebt etwas frischeren Boden, steht sie doch an den genannten Standorten in Wäldern. Die Lage soll halbschattig, aber warm sein, der Boden gut durchlüftet und kalkhaltig. Die Blätter sind dunkelgrün und graugrün marmoriert, die Blütenfarbe ist rosarot.

Herbst-Alpenveilchen *(Cyclamen hederifolium)*

◐ - ● ✲7–10 ↕10–15 cm

Diese Art will einen warmen, trockenen und ebenfalls leicht beschatteten Standort. Unter einer Nadelstreudecke (Kie-

Die Herbst-Anemone 'Honorine Jobert', eine sehr langlebige alte Sorte in strahlendem Weiß. Hübsch zusammen mit Eisenhut, blauen Kissen-Astern.

Das Vorfrühlings-Alpenveilchen *(Cyclamen coum)* blüht oft schon im ausgehenden Winter – hier 'Silver Leaf' mit hellem Laub.

fernnadeln) ist diese wertvolle Kleinstaude gut winterhart. Die Blütenfarbe ist rosa. Die Blätter sind efeuartig wintergrün. Hübsche Blattzeichnung.
Sorten: 'Perlenteppich', reinweiß, 'Rosenteppich', rosa; sehr schöner Blattschmuck. Kann durch Selbstaussaat große Bestände bilden; wächst auch zwischen Wurzeln.

Mandelblättrige Wolfsmilch *(Euphorbia amygdaloides)*

◐ - ● ✻ 4-5 ↕ 40 cm

Bereits im Frühjahr ist diese Staude mit ihren gesunden, dunkel olivgrünen Blättern sehr interessant. Noch aparter ist sie aber im Herbst. Sie verfärbt sich dann purpurrot, und wenn sie gar noch aus dem Schnee herausleuchtet, ist es ein Genuss für das Auge. Die Blüten sind dagegen unauffällig. Wir sollten es mit dieser Wolfsmilch-Art einmal versuchen und einige Pflanzen zwischen Maiglöckchen, Leberblümchen, Immergrün und anderen bodenbedeckenden Stauden ansiedeln, die den gleichen Standort schätzen. Weitere passende Nachbarn sind A*nemone sylvestris*, Alpenveilchen, Fingerhut, Kaukasusvergissmeinnicht und Funkien.
Die Bäume und Sträucher, zwischen denen wir sie ansiedeln, sollten so weit auseinanderstehen, dass auch den Sommer über Licht und Wärme eindringen können. Der Boden darf nicht ganz austrocknen, aber auch nicht staunass sein.
Die Vermehrung ist durch Aussaat, aber auch durch Teilung und Stecklinge möglich.

Christrose, Schneerose, Nieswurz *(Helleborus)*

◐ - ● ✻ 10–4 je nach Art ↕ 20–50 cm je nach Art

Wem von uns wäre sie nicht bekannt! Die Blüten zur Winterszeit zeigen uns, dass das Leben in der Staudenpflanzung auch bei strenger Kälte nicht ganz erloschen ist.

Pflanzbeispiel für schattige und halbschattige Lagen

1 Juli-Silberkerze *(Actaea racemosa var. racemosa)*
2 Astilbe (Astilbe-Arendsii-Hybride 'Cattleya'), 3 Stück
3 Duft-Schneeball (*Viburnum farreri*, Syn. *V. fragrans*)
4 Schneefeder-Funkie (Hosta undulata 'Univittata'), 6 Stück
5 Lanzen-Silberkerze *(Cimicifuga racemosa var. cordifolia)*
6 Herbst-Anemone (*Anemone hupehensis* 'Septembercharme'), 3 Stück
7 Astilbe (*Astilbe-Arendsii*-Hybride 'Glut'), 6 Stück
8 Rasen-Schmiele *(Deschampsia caespitosa)*, 3 Stück
9 Herbst-Eisenhut *(Aconitum carmichaelii* var. *wilsonii)*

Bodendecker:
10 Fiederpolster *(Cotula squalida)*
11 Günsel (*Ajuga reptans* 'Atropurpurea')

Christrosen wollen Jahrzehnte hindurch am gleichen Platz bleiben. An den Boden stellen sie einige Ansprüche: Er soll nahrhaft, lehmig humos und kalkhaltig sein. In schattigen Gärten sagt es ihnen zu. Nur zur Blütezeit lieben sie reichlich Feuchtigkeit. Den Sommer über wollen sie es dagegen lieber trocken haben. Ein schönes Bild entsteht, wenn wir sie in Gemeinschaft mit anderen Frühlingsblühern wie Seidelbast, Primeln, Leberblümchen, Kaukasus-vergissmeinnicht, Lungenkraut, Farnen u. a. pflanzen.
Die bekannteste Art ist *H. niger*, die »echte«Christrose. Sie wird etwa 30 cm hoch und bringt je nach Sorte von November bis März große, weiße Blüten hervor - Züchterfleiß hat uns mittlerweile sehr zuverlässig blühende Sorten geschenkt. Der Nieswurz, auch Stinkende Nieswurz oder Palmblatt-Christrose genannt *(H. foetidus)*, bildet an einem ca. 50 cm hohen beblätterten Stiel im März/April viele glockenartig hängende, hellgrüne Blüten. Sie sieht durch ihr gesundes, grünes Laub das ganze Jahr hindurch attraktiv aus und versamt sich leicht.
Weiter sind zu nennen die *H.-Orientalis*-Hybriden, die Lenzrosen. Die kräftigen Pflanzen werden bis zu 40 cm hoch und blühen im März/April je nach Sorte weiß, rosa und dunkelrot. Sie sind sehr anspruchslos, säen sich zuweilen selbst aus und machen sich auch hübsch in der Vase.
Alle *Helleborus*-Arten sind winterhart. Selbst wenn sie nach dem Frost ramponiert aussehen, erholen sie sich rasch, sowie die Temperaturen wieder über den Nullpunkt steigen. Die Vermehrung aller genannten Sorten erfolgt durch Teilung. Alle Arten lassen sich sofort nach der Samenreife aussäen.

→ TIPP

Christrosen wollen Jahrzehnte hindurch am gleichen Platz bleiben, ebenso wie andere Stauden aus der Familie der Hahnenfußgewächse: Rittersporn, Eisenhut und Silberkerze.

Bodendecker für schattige Stellen

Haselwurz *(Asarum europaeum)*

● ✻4 ↕10 cm

Die Haselwurz ist ein wertvoller Bodendecker, der zeitweise Trockenheit verträgt und in tiefem Schatten den Rasen ersetzen kann. Die Pflänzchen mit ihren immergrünen, nierenförmigen, glänzend lederartigen Blättern sind unverwüstlich und das ganze Jahr über schön. Die Haselwurz kriecht mit ihren Wurzeln und Ausläufern ziemlich oberirdisch dahin. Wir wollen sie deshalb recht flach pflanzen, sodass die Wurzeln eben noch mit Erde bedeckt sind. Am besten gedeihen sie in reifem Laubhumusboden im kühlen Schatten. Die rotbraunen Blüten entwickeln sich im zeitigen Frühjahr, bleiben aber unter den Blättern unbemerkt. Vermehrung durch Teilung.

Ysander *(Pachysandra terminalis)*

● ✻4 ↕25 cm

Mit diesem immergrünen Bodendecker lassen sich auch die ungünstigsten Stellen im Garten begrünen. Zu trocken sollte der Boden allerdings nicht sein. Die dichten, schmückenden Blätter sind einfach unverwüstlich. Sie ertragen Wurzeldruck und Tropfenfall und bleiben für das Auge immer ansehnlich. Die weißen Blüten sind dagegen wenig auffallend. Besonders in lockerem, kalkarmem, humosem Boden kriechen die unterirdischen Ausläufer dieser etwa 25 cm hohen Staude gerne umher. Laubschlucker! Bei der Pflanzung sollten wir darauf achten, dass die kriechenden Rhizome flach liegend ins Erdreich kommen, wie es ihrer natürlichen Lebensweise entspricht. Nach langsamem Start bilden sie eine einheitliche dichte Decke.
Vermehrung: Die Pflanzen lassen sich durch Auseinanderreißen der zahlreichen Rhizome leicht teilen.

Lungenkraut *(Pulmonaria)*

● ✻4-5 ↕20-30 cm

Das Lungenkraut liebt Waldhumusboden. Es ist eine wertvolle niedrige Staude, mit der sich der Boden bedecken lässt.

Lenzrosen fühlen sich im Schatten und in der Sonne wohl. Sie sind ausgesprochen langlebig und sollten nicht gestört werden.

Ysander mit schmückenden Blättern, jedoch unscheinbaren Blüten gilt als »Laubschlucker« unter Laub abwerfenden Gehölzen.

Gut wirkt das Lungenkraut zwischen Gehölzen oder am Gehölzrand, besonders wenn es mit anderen schattenliebenden Stauden wie Elfenblume, Farnen, der dekorativen Hainsimse oder Waldsteinien zusammen gepflanzt wird.
Bei der sehr früh und reich blühenden *P. angustifolia* 'Azurea' sind die Blüten enzianblau.
Bei *P. saccharata* 'Mrs. Moon' wechselt die Blütenfarbe von Rot nach Blau. Rote und blaue Blüten sind meist gleichzeitig zu sehen. Diese Art mit silbrig gefleckten Blättern ist schöner als unser heimisches Lungenkraut *(P. officinalis)*.
P. rubra hat große, hellgrüne, stark behaarte, ungefleckte Blätter und ziegelrote Blüten, die die Farbe nicht wechseln.
Vermehrung: Teilen im zeitigen Frühjahr oder Herbst.

Gedenkemein *(Omphalodes verna)*

● ✻4-5 ↕15 cm

Eine entzückende, vergissmeinnichtähnliche Staude für halbschattige Stellen. Der Boden soll trocken bis frisch sein. Diese Kalk liebende Art ist ausdauernd und verbreitet sich durch Ausläufer. Die Blüten sind leuchtend blau. Die weiß blühende Selektion 'Alba' wächst etwas langsamer. Die Vermehrung erfolgt durch Teilung oder Aussaat.

Waldsteinie, Golderdbeere *(Waldsteinia)*

● ✻4-5 ↕15–20 cm

Mit ihren erdbeerähnlichen, wintergrünen Blättern bildet diese Staude bereits in zwei Jahren dichte Teppiche, die auch nach zehn Jahren noch keine Alterserscheinungen zeigen. Diese Bodenbedeckungspflanze eignet sich gleich gut für Schatten und Halbschatten. Wertvoll ist, dass sie auch ziemlich trockenen Boden vertragen kann.
Es gibt wohl kaum eine andere Staude, die imstande wäre, unschöne Kahlstellen im Schatten von Gehölzen besser und länger zu begrünen. Die kleinen, goldgelben Blüten sind eine willkommene Zugabe.
Für uns sind zwei Arten von Bedeutung: *W. geoides* hat glänzende Blätter mit Herbstfärbung und kriecht nicht (Höhe: 20 cm), *W. ternata* hat dreilappige wintergrüne Blätter und bildet durch ihre oberirdischen Ausläufer dichte Teppiche, auch im Wurzelbereich von Gehölzen. Höhe 15 cm. Die Vermehrung ist sehr leicht. Beide Arten lassen sich im Frühjahr oder Herbst in viele rasch wachsende Einzelstücke aufteilen.

Günsel *(Ajuga reptans)*

● ✻4-6 ↕10 cm

Da der kriechende Günsel frische bis feuchte Plätze liebt, können Einzelheiten unter »Stauden am Wasser« auf S. 135 ersehen werden.

Immergrün *(Vinca)*

● ✻4-6 ↕10–30 cm

Eine bekannte Staude, die sich als wintergrüner Bodendecker auch für frische bis feuchte Böden eignet. Sie bildet einen freundlich grünen Teppich, ohne dabei andere Stauden zu erdrücken. Am besten wächst sie in lockerer Laubhumuserde oder kräftiger Komposterde. *V. minor* ist härter und länger blauviolett blühend als die großblättrige *V. major*, die warme, schattige Stellen liebt und von Mai bis Juni blüht. Von *V. minor* gibt es verschiedene Formen, unter denen 'Bowles' ihres kompakten Wuchses und ihrer leuchtend blauen Blüten wegen zu den schönsten zählt. Andere Sorten:

Besonders hübsch sind Sorten von *Pulmonaria saccarata*, einem Lungenkraut mit weiß gefleckten Blättern.

Das Gedenkemein, eine reizende Pflanze mit vergissmeinnichtähnlichen Blüten, eignet sich für schattige und halbschattige Plätze.

Immergrün *(Vinca minor)*, eine gerne verwendete heimische Waldbodenpflanze. Hübsch wirken die hier eingestreuten Siebolds-Primeln.

'Gertrud Jekyll' (feine Triebe, weiß), 'Grüner Teppich' (hellblau), 'Rubra' (purpurrot). Die Vermehrung erfolgt durch Teilung. Mehr Pflanzen erhalten wir durch Abtrennen bereits bewurzelter Triebe, die sich schnell bestocken.

Waldmeister *(Galium odoratum)*

● ✻5 ↕15 cm

Eine schattenliebende Pflanze, die uns in Verbindung mit der Maibowle - dazu Blätter anwelken lassen - wohl allen bekannt ist. Da sie nicht höher als 15 cm wird, eignet sie sich gut zur Bodendeckung unter Laubgehölzen. Der Waldmeister breitet sich zwischen anderen Pflanzen aus, ohne dass man dafür den abwertenden Ausdruck »wuchern« gebrauchen müsste. Er verdrängt nichts. Wer deshalb in seinem Garten einen Platz unter Bäumen oder im Hausschatten begrünen will, pflanze diese Ausläufer treibende Staude. Interessant ist, dass der Geruch des Inhaltsstoffes Cumarin Schnecken abschreckt. Waldmeister kann übrigens auch nach der Blüte geerntet werden. Im Mai erscheint eine Menge weißer duftender Sternblüten.

Schaumblüte *(Tiarella)*

● ✻5 ↕20-30 cm

Tiarella cordifolia ist ein zierlicher, nur 20 cm hoher Bodendecker, der sich in etwas feuchtem, leicht saurem, lockerem Humusboden wohlfühlt und lange ausdauert. Über den frischgrünen Blättern leuchten weiße, lockere Blütenrispen. Im Herbst nimmt das Laub einen bronzefarbenen Ton an.

T. wherryi mit schön gezeichneten Blättern - Herbstfärbung - blüht im Mai/Juni. Diese Art bildet keine Ausläufer. Sie ist flach wurzelnd und deshalb gegen lang anhaltende Trockenheit empfindlich. Höhe: 30 cm.

Vermehrung: Teilung und Aussaat.

Maiglöckchen *(Convallaria majalis)*

● ✻5 ↕20 cm

Mit ihren zierlichen weißen Blüten und ihrem angenehmen Duft sind sie gut geeignet, um den beschatteten Boden unter Gehölzen zu begrünen. Die Form *C. majalis* 'Grandiflora' bringt besonders große, weiße Blütenglöckchen. Vermehrung durch Teilung.

Taubnessel *(Lamium)*

● ✻5-7 ↕20 cm

Die Gefleckte Taubnessel *(L. maculatum)* treibt Ausläufer und ist für magere und leichte Böden geeignet. Die Blätter sind dunkelgrün und z. T. weißsilbrig gefleckt, die Blüten rötlich. Die Form *L. maculatum* 'White Nancy' hat eine besonders ausgeprägte Blattfärbung und schöne weiße Blüten. Die noch niedrigere Form 'Silbergroschen' zeichnet sich durch silberweißes Blatt und zartlila Blüten aus.

Die ähnliche Goldnessel *(Lamiastrum galeobdolon)* blüht gelb über dunkelgrüner, dichter Belaubung. Sie eignet sich für einen größeren Garten, Gleiches gilt für die Florentiner Goldnessel (*L. galeobdolon* 'Florentinum') mit silbrig weiß gezeichneten Nesselblättern. Zahmer wächst etwa 'Silberteppich'. Vermehrung aller Arten durch Teilung.

Niedrige Astilbe *(Astilbe chinensis* var. *pumila)*

● ✻8-9 ↕25 cm

Diese Astilbe bildet durch Ausläufer dichte Teppiche. Die Wurzeln kommen selbst auf hartem Boden gut zurecht, und erstaunlich schnell entwickelt sich eine geschlossene Pflanzendecke. Diese Form verträgt auch volle Sonne und mäßige Trockenheit ausgezeichnet. Die schmalen Blütenrispen bringen über viele Wochen hinweg lilarosa Farbe in die Pflanzung. Ein wertvoller Bodendecker, der das ganze Jahr über gut aussieht und nicht unangenehm wuchert. Lässt sich durch Teilung leicht vermehren.

Bei der Schaumblüte *(Tiarella cordifolia)* handelt es sich um einen besonders reich blühenden Bodendecker mit hübschem Laub.

Die Gefleckte Taubnessel, hier die niedrige Form 'Silbergroschen' mit hübsch gezeichnetem Laub, schafft eine lebendige Bodenecke.

Farne

Das Besondere an den Farnen sind nicht weithin leuchtende Blüten, sondern das zarte, wohltuende Grün ihrer Blätter, die wir »Wedel« nennen. Sie sehen oft aus, als wären sie kostbarste Filigranarbeit. Besonders schön wirken sie beim Austrieb. Dabei entrollen sie sich bei manchen Arten in der Form eines Bischofsstabes. Den ganzen Sommer über bleiben sie dann grün, manche auch im Winter.
Mit Farnen lassen sich stimmungsvolle Motive im Halbschatten und selbst im Schatten schaffen. Mit ihnen können wir oft vernachlässigte Gartenteile wirkungsvoll gestalten. Ausschließlich Schatten bevorzugen aber nur wenige Arten. Die meisten von ihnen fühlen sich sowohl an halbschattigen Stellen als auch in der Sonne wohl.
An sonnigen Standorten muss nur der Boden schwerer und feuchter sein. Blechnum und *Osmunda* wollen sauren Boden. Sie eignen sich deshalb besonders gut zwischen Rhododendren und Azaleen.
Um den Farnen möglichst natürliche Verhältnisse zu bieten, graben wir den Boden tief um und vermischen ihn mit groben Torfersatzstoffen. Auch Kompost, halbverrottetes Laub und klein gehackte Gehölzstückchen können wir dabei einarbeiten. Der Boden darf auf keinen Fall zu trocken sein. Nach der Pflanzung wollen Farne möglichst lange ungestört am gleichen Platz bleiben.
Hohe Farne sollten nicht ganze Flächen bedecken. Elegant sieht es aus, wenn sie über Teppichen von immergrünen Bodendeckern ihre Scherenschnittblätter entfalten. Haselwurz, Ysander, Waldmeister, Buschwindröschen, die Niedrige Astilbe u. a. eignen sich gut für eine solche Unterpflanzung. Zu Farnen passen weiter die verschiedensten höheren Blütenstauden des Halbschattens, wie z. B. Elfenblume, Salomonssiegel, Akelei, Silberkerze, Herbst-Anemonen u. a. Die Vermehrung erfolgt durch Teilung. Die Aussaat der Sporen ist für uns zu umständlich und langwierig.
Nur einige für unseren Garten wertvolle Arten und Formen sollen aus dem riesigen Reich der Farne genannt werden.

Der heimische Rippenfarn *(Blechnum spicant)* steht hier neben dem ebenfalls kleinen Hirschzungenfarn mit glatten Wedeln.

Rippenfarn *(Blechnum spicant)*

● ↕30–40 cm

Dieser heimische, wintergrüne Farn liebt locker-humosen, sauren Boden. Die Wedel sind lederartig, ungewöhnlich schmal und glänzend grün. Bei jungen Pflanzen sind sie flach auf dem Boden ausgebreitet, bei älteren bilden sie dichte Horste, aus deren Mitte im Sommer die Sporenwedel herausragen.

Hirschzungenfarn

(Asplenium scolopendrium, Syn. *Phyllitis scolopendrium)*

● ↕30–40 cm

Diese Kalk liebende Art hat wintergrüne, glänzend dunkelgrüne, glatte Blätter, die wie lange Zungen aussehen. Sehr hübsch ist auch die Form *A. scolopendrium* 'Crispa' mit gewellten Wedeln. Während der glattrandige Hirschzungenfarn einen aufwärts gerichteten Wuchs zeigt, fallen die Blätter der verschiedenen Formen auseinander. Die Pflanzen sehen dadurch wie Nester aus.
A. trichomanes, ein kleiner, wintergrüner Farn (20 cm), eignet sich für Mauerfugen.

Filigranfarn *(Polystichum)*

● ↕30–50 cm

Die hierzu gehörenden wintergrünen Arten fallen durch ihre Gestalt und ornamentale Belaubung ins Auge. Sie bevorzugen feuchte humose, kalkarme Böden in halbschattiger Lage.

Polystichum aculeatum *(Glanz-Schildfarn)*
Fällt durch seine schmalen langen, doppelt gefiederten Wedel auf. Verträgt relativ viel Sonne.

***Polystichum setiferum* 'Proliferum'**
Sehr schön mit seinen locker angeordneten, zarten Wedeln. Diese Form ist breit ausladend. Besonders wüchsig ist die Form 'Proliferum Dahlem' mit bis zu 1 m langen, überhängenden Wedeln in hellem Grün.

***Polystichum setiferum* 'Proliferum Plumosum Densum'**
Er ist der König aller Filigranfarne. Seine fein zerteilten, dicht übereinanderliegenden Fiederblätter sind für das Auge ein ästhetischer Genuss. Man glaubt, vor einem hochedlen Gewächshausfarn zu stehen, und dabei ist er völlig winterhart.

Königsfarn *(Osmunda regalis)*

● ↕100–200 cm

Der stattlichste von allen! Er kann an wintermilden Stellen sehr alt werden und sich dann zu mächtigen Büschen mit einer Höhe bis zu 2 m entwickeln. Feuchter, kalkarmer Boden wird bevorzugt, deshalb evtl. Torfersatzstoffe an der Pflanzstelle einbringen!

Wurmfarn *(Dryopteris filix-mas)*

● ↕80–100 cm

Einer der am häufigsten vorkommenden heimischen Waldfarne. Mit ihren edlen, steil aufgerichteten Wedeln ist diese widerstandsfähige wintergrüne Art besonders im Austrieb sehr hübsch. Eine andere Art, *D. erythrosora*, ist im Austrieb rötlich braun, später glänzend grün.

Frauenfarn *(Athyrium filix-femina)*

● ↕80–100 cm

Die hellgrünen, großen Wedel sind fein gefiedert und sterben im Herbst ab. Der Frauenfarn kommt auch in unseren heimischen Wäldern vor. Er liebt nicht zu kalkreiche, ausreichend feuchte Plätze. Es gibt vielerlei Formen mit unterschiedlich gestalteten Wedeln und in verschiedenen Höhen.

Pfauenradfarn, Hufeisenfarn *(Adiantum pedatum)*

● ↕40 cm

Ein sehr zierlicher sommergrüner Farn! Wertvoll für den Garten und zum Schnitt. Am besten wirkt diese Art zwischen niedrigen Bodendeckern, wo sie keinem Druck von stark wachsenden Nachbarn ausgesetzt ist. Der Boden soll kalkarm und locker-humos sein. Im Austrieb etwas spätfrostgefährdet.

Becherfarn, Straußfarn *(Matteuccia struthiopteris)*

● ↕60–100 cm

Dieser besonders im Frühjahr sehr hübsche Farn hat einen trichterförmigen Wuchs. Die hellgrünen Wedel sind einfach gefiedert. Diese Art bildet Ausläufer und Kolonien. Deshalb sollten wir bei der Pflanzung genügend Platz lassen.
So wertvoll dieser Farn auch in kleinen Gärten ist, weil er leicht wächst, kann er durch seinen Ausdehnungsdrang allerdings lästig werden. Reizvoll im Austrieb und im Winter durch schöne dunkelbraune Trichter.

Polystichum setiferum 'Proliferum Plumosum Densum'. Seine zartgliedrigen Wedel ähneln filigraner grüner Spitze.

Der Becherfarn wirkt besonders im Frühjahr, wenn sich die zartgrünen Wedel entrollen, er belebt den Garten aber auch im Winter. Hier erheben sich die eleganten Trichter über einer Unterpflanzung aus Lungenkraut.

Stauden am Wasser

Wasser bringt Leben in unseren Garten. Bereits mit einer bescheidenen Vogeltränke können wir ihm ein i-Tüpfelchen aufsetzen, und erst recht mit einem Gartenteich. Eine Wasserfläche - und sei sie noch so klein - lädt ein zum Verweilen, zum Beobachten, zum Erholen. Wir sehen, wie sich die Pflanzen, der blaue Himmel und die ziehenden Wolken in ihr spiegeln. Wie ein Feuchtbiotop gebaut wird und andere Einzelheiten finden wir in Büchern zu diesem speziellen Thema.
Zum Füllen des Wasserbeckens nehmen wir Leitungswasser. (Mehr hierzu, vor allem auch über die Erdmischung, siehe bei Seerosen S.138 f.). Sobald das Wasser eingelassen ist, geht unter dem Einfluss
von Luft, Licht und Wärme ein Umsetzungsprozess vor sich. Meist siedeln sich Algen an, und das Wasser wird trübe und undurchsichtig. Die verschiedenen Sumpf- und Wasserpflanzen in Verbindung mit der Kleintierwelt sorgen für das biologische Gleichgewicht und damit für klares Wasser. Falsch wäre es, undurchsichtiges Wasser gegen frisches auszuwechseln. Der ganze Umsetzungsprozess müsste dann von vorn beginnen.
In der Bepflanzung des Wasserbeckens wollen wir uns beschränken. Nur ein Drittel des Beckens sollte mit Pflanzen bedeckt sein, damit das Wasser noch genügend zur Wirkung kommt. Wasserbecken, deren Oberfläche mit üppigen Seerosenblättern völlig zu ist, sind keine Zierde.

Die gefüllte Sumpf-Dotterblume (*Caltha palustris* 'Multiplex') blüht länger als die heimische Art.

Zwischen Pflanzen und Tieren unseres Wasserbeckens besteht eine enge Lebensgemeinschaft. Die im Wasser gelösten Nährstoffe werden von den Pflanzen aufgenommen. Diese geben andererseits bei der Assimilation Sauerstoff ab, den die Fische wiederum zum Leben benötigen. Wenn sich Pflanzen und Tiere in idealer Weise ergänzen, sprechen wir vom »biologischen Gleichgewicht«. Am besten eignen sich für unser Wasserbecken Goldfische und Goldorfen, weil sie durch ihre leuchtende Farbe gut zu sehen sind.
In größeren Wasserbecken mit ausreichender Tiefe bleiben die Fische den Winter über im Freien. Aus kleineren Becken nehmen wir sie im Herbst heraus, geben sie in ein mit Wasser gefülltes Aquarium oder eine kleine Wanne und stellen sie den Winter über in einen kühlen Raum. Dort brauchen wir sie kaum zu füttern.

Sumpf-Dotterblume *(Caltha palustris)*

◐ ✻4–5 ↕20–25 cm

Im Frühling leuchtet sie uns vom Rand kleiner Wassergräben und Bäche entgegen; aber auch in der Nähe unseres Sumpf- oder Wasserbeckens ist die buttergelbe Sumpf-Dotterblume ein hübscher Frühlingsschmuck. Dazu passen Rosen-Primeln *(Primula rosea)* und das blaue Kaukasusvergissmeinnicht (S. 107). Durch eine Gruppe reinweißer Dichter-Narzissen lässt sich dieses Frühlingsbild noch steigern.
Der Boden braucht keineswegs sumpfig zu sein; eine etwas höhere Bodenfeuchtigkeit genügt vollauf, damit sich die Sumpf-Dotterblume wohlfühlt. Am liebsten hat sie lehmigen Boden und gedeiht in der Sonne wie im leichten Schatten.
Während ich bei den meisten Stauden die schlichten, einfachen Formen vorziehe, möchte ich hier auch die gefüllt blühende *C. palustris* 'Multiplex' empfehlen. Sie blüht länger als die einfache Art und verträgt auch etwas mehr Trockenheit.

Schildblatt

(*Darmera peltata*, Syn. *Peltiphyllum peltatum*)

◐ ✻4–5 ↕bis 100 cm

Diese imposante Blattstaude passt so richtig ans Wasser, ganz gleich, ob es sich um einen Gartenteich oder einen Bachlauf handelt. Auch neben einen Gießwasserbehälter gepflanzt, wirkt das Schildblatt recht dekorativ.

Bereits im April/Mai erscheinen auf 50 cm hohen, behaarten Stielen die doldenartigen Blütenstände mit weißen oder rötlichen Blüten. Die sich anschließend entwickelnden schildförmigen Blätter mit 30 cm Durchmesser befinden sich auf langen, elegant überhängenden Stielen.
Das Schildblatt, eine prächtige Staude für die Einzelstellung, gedeiht am besten in frischem bis feuchtem Boden, kommt aber auch an trockenen Stellen gut zurecht. Sonnige oder halbschattige Plätze werden gleich gut vertragen. Die Vermehrung kann durch Teilung oder Aussaat erfolgen.

Trollblume (*Trollius*-Hybriden)

◐ ✻4–5 ↕50–80 cm ✂

Durch Züchterfleiß ist es gelungen, sowohl die Farbe als auch die Größe und Zahl der Blüten dieser auf moorigen, ungedüngten Wiesen heimischen Pflanze erstaunlich zu steigern. Alle Übergänge vom hellsten Gelb bis zum rötlichsten Orange sind heute in der Farbskala vertreten.

→ TIPP
Trollblumen möglichst etwas in den Hintergrund pflanzen, sodass sie nach der Blüte von Sommer- oder Herbststauden verdeckt werden.

Trollblumen lieben einen lehmigen, feuchten, nahrhaften Gartenboden. Sind diese Verhältnisse an unserem Wasserbecken nicht von Natur aus gegeben, so setzen wir dem Boden entsprechend Torfersatzstoffe zu und gießen öfter. Vor allem während der Vegetationszeit, also von März bis Juli, sollte man das nicht vergessen. Leichter Schatten wird gut vertragen und ist in trockenen Lagen geradezu willkommen. Wegen der leuchtenden Farbe und der reichen Blütenfülle ist diese Staude auch für das Prachtstaudenbeet sehr geeignet. Zum Schnitt bevorzugen wir die langstieligen Sorten. Sollten die Blumen nicht gleich in Wasser gestellt und daher etwas welk geworden sein, so stellen wir sie bis fast an die Blüten ins Wasser. Sie erholen sich dann rasch wieder.
Trollblumen gehören zur Familie der Hahnenfußgewächse und wollen wie ihre Verwandten (Pfingstrose, Eisenhut usw.) möglichst lange am gleichen Platz bleiben. Ältere Büsche können beinahe einen ganzen Quadratmeter bedecken und sind von unvergleichlicher Schönheit. Sie quellen geradezu über von ihren goldenen Blütenkugeln. Bei der Pflanzung wollen wir also ausreichend Platz vorsehen, damit sie später nicht zu sehr beengt stehen.

Wertvolle Sorten der Trollblume

Name	Höhe	Farbe/Bemerkungen
'Baudirektor Linne'	50 cm	intensiv orange, große typische Kugelblüten
'Earliest of All'	60 cm	reich goldgelb blühend; die früheste Sorte (ab April) verträgt Trockenheit relativ gut
'Lemon Queen'	60 cm	hell zitronengelb, kräftiger Wuchs
'Orange Globe'	80 cm	orangegelb
'Safranvogel'	80 cm	lachsrosa, sehr robust, rel. winterhart
T. chinensis 'Golden Queen'	90 cm	orangegelb, offene Blütenschalen, blüht erst im Juni/Juli; auch für etwas trockenere Stellen geeignet

Im Frühjahr dauert es etwas, bis die Trollblumen vom Winterschlaf erwachen. Um die Entwicklung zu fördern, düngen wir bereits beizeiten. Nach der Blüte schneiden wir sie zurück, damit sie im Herbst remontieren, also etwas nachblühen, wollen dabei aber das Laub nach Möglichkeit schonen. Die Vermehrung erfolgt am besten durch Teilung nach der Blüte. Werden Gartenformen durch Aussaat vermehrt, so variieren sie vielfach in der Farbe, was aber durchaus reizvoll sein kann.
Sehr spät blüht die wertvolle *T. chinensis* 'Golden Queen'. Die goldgelben Blütenblätter sind bei ihr ausnahmsweise weit geöffnet. Die Blütezeit liegt im Juni/Juli. Höhe: 90–100 cm. Diese Sorte ist auch für etwas trockenere Stellen geeignet. Vermehrung: Teilung und Aussaat.

Ein simples Wasserbecken aus Beton wird von Schildblatt, Gräsern und Spanischen Hasenglöckchen *(Scilla hispanica)* verschönert.

Trollblumen sind für die Wassernähe wie geschaffen; sie lieben frischen, aber nicht feuchten Boden.

☼ Standort Sonne ◐ Halbschatten ● Schatten ↕ Höhe ✻ Blütezeitpunkt ✂ Schnittblume

Japanische Schwertlilie

(*Iris ensata*, Syn. *I. kaempferi*)

◐ ✻6–7 ↕80 cm ✂

Iris ensata, eine Schöne aus dem Fernen Osten, kommt in ihrer Heimat in Überschwemmungsgebieten vor. Im Frühjahr treten die Flüsse über die Ufer und setzen dabei auch die Standorte dieser Iris unter Wasser. Im Sommer geht dann das Wasser wieder zurück, und die Pflanzen stehen bis zum kommenden Frühjahr trocken. Diesen Rhythmus sollten wir den prächtigen Sorten auch im Garten bieten: Vom Austrieb bis zur Blüte feucht, dann trockener, und zwar in sonniger Lage.

Wir pflanzen in humusreichen lehmhaltigen Gartenboden, der möglichst kalkarm sein soll. Wenn nötig, wird der Erde saurer Torf beigemischt. Während der Vegetationszeit, also vom Frühjahr bis zum Sommer, können die Japanischen Schwertlilien auch im flachen Wasser stehen, also in Körbe oder andere Gefäße setzen, die wir im Frühjahr so tief in das Wasserbecken stellen, dass bis handhoch das Wasser darüber steht. Nach der Blüte werden sie dann in der Umgebung in normalen Gartenboden eingesenkt.
Die Blüten dieser Iris sind z. T. ungewöhnlich groß und kommen in prachtvollen Farbschattierungen von Weiß über Rosa, Blau bis zum tiefen Violett vor. In Japan ist eine große Zahl von Kulturformen vorhanden, die immer mehr ihren

Bepflanzung eines Gartenteiches und Ufergestaltung

1 Fackellilie (*Kniphofia*-Hybriden), Sorte nach Wahl, 4 Stück
2 Blutweiderich *(Lythrum salicaria)*
3 Essigbaum (*Rhus typhina* 'Laciniata')
4 Etagen-Primel (*Primula*-Bullesiana-Hybriden), 7 Stück
5 Lampenputzergras (*Pennisetum alopecuroides* 'Hameln', Syn. *P. compressum* 'Hameln'), 3 Stück
6 Rohr-Pfeifengras *(Molinia arundinacea)*
7 Blumenbinse *(Butomus umbellatus)*
8 Sibirische Wiesen-Iris *(Iris sibirica)*
9 Rohrkolben *(Typha minima)*
10 Seerose (*Nymphaea*-Hybride), 2 Stück
11 Tannenwedel *(Hippuris vulgaris)*
12 Ligularie (*Ligularia × hessei* 'Gregynog Gold')
13 Pfeilkraut *(Sagittaria sagittifolia)*
14 Trollblume (*Trollius*-Hybride 'Earliest of All')
15 Dreimasterblume (*Tradescantia*-Andersoniana-Hybriden, 'Zwanenburg Blue' oder 'J. C. Weguelin')

Bodendecker
16 Pfennigkraut *(Lysimachia nummularia)*
17 Günsel (*Ajuga reptans* 'Atropurpurea')

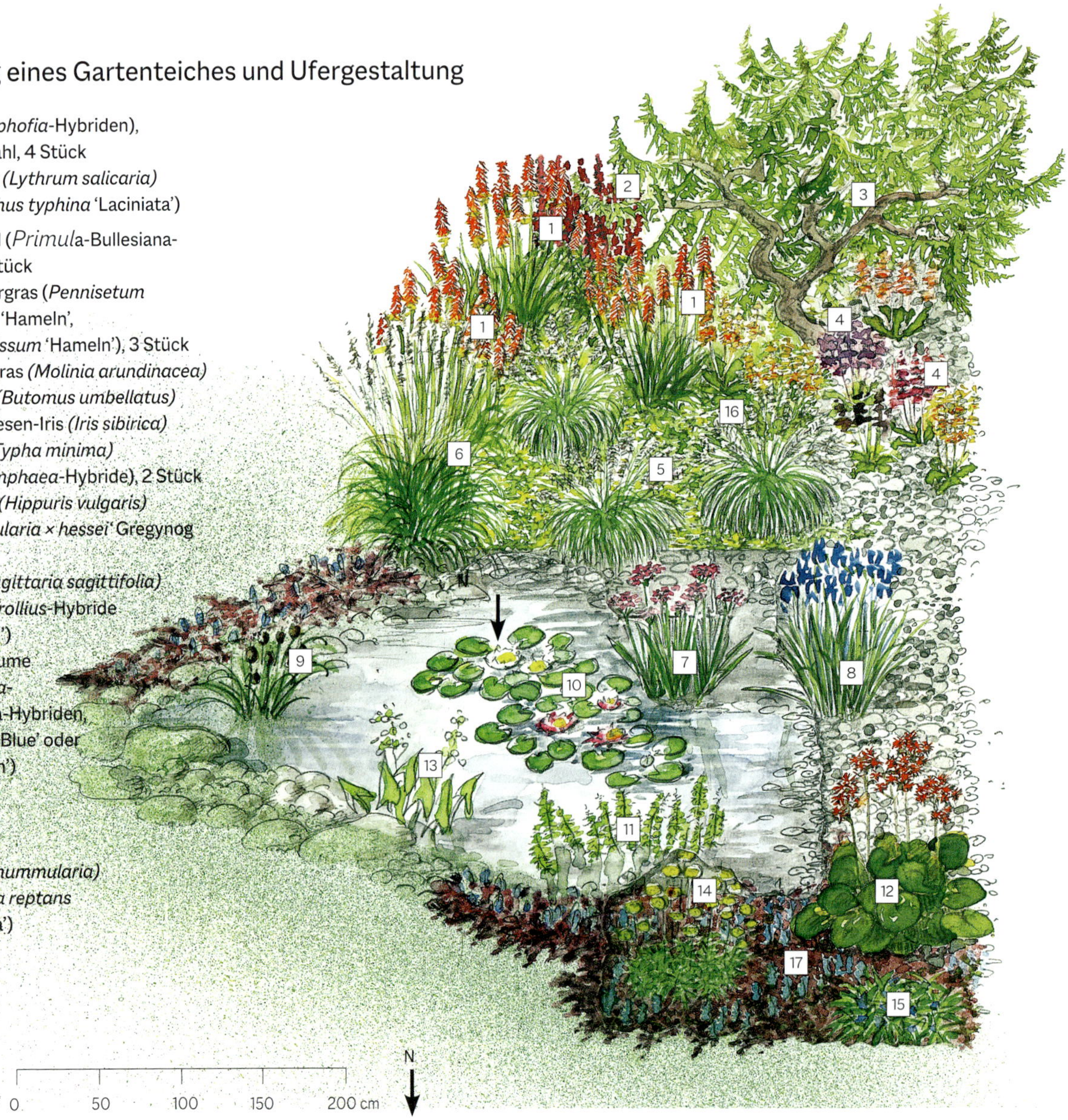

Weg auch in unsere Gärten finden. Die faszinierenden Blumen der Japanischen Pracht-Iris bringen nicht nur ans Wasserbecken einen fernöstlichen Hauch, sie sind auch herrliche Schnittblumen. Mithilfe eines Blumenigels in flache Schalen gestellt, zeigen die Blütenstiele ihre volle Schönheit. Von den Staudengärtnereien werden inzwischen Sorten in besonders schönen Farben angeboten. Einzelheiten können in Staudenkatalogen nachgelesen werden.
Vermehrung: Ältere Pflanzen lassen sich gut teilen.

Sumpf-Schwertlilie *(Iris pseudacorus)*

◐ ✻5-6 ↕60-100 cm ✂

Wie die Wiesen-Iris stammt auch die goldgelbe Sumpf-Schwertliie aus Europa und wächst wild an Gewässern und in Gräben. Diese Art gedeiht sowohl in nassen Sumpfböden als auch an anderen Standorten, die nicht völlig austrocknen. Während die Wildart mitunter stark wuchert, verhalten sich Züchtungen und Selektionen deutlich zahmer. Zu den schönsten von ihnen gehören 'Sulphur Queen' in hellem Schwefelgelb und die sattgelbe niedrige 'Berlin Tiger', deren Hängeblätter ein aufregendes dunkles Streifenmuster aufweisen. Allen gemeinsam ist, dass sie völlig problemlos wachsen. Durch Teilung lassen sich die Pflanzen leicht vermehren. Besonders die Wildart eignet sich vorzüglich auch zur Verwendung (in Pflanzgefäßen!) in Wasserbecken.

Sumpfprimeln *(Primula)*

◐ ✻6-8 ↕50-80 cm ✂

Sie lieben feuchte, kühle Plätze und lichten Schatten. Solange der Boden feucht ist, gedeihen sie aber auch in der vollen Sonne. Vielleicht können wir in Verbindung mit Wasser eine kleine Gruppe dieser Schönheiten pflanzen. Leider sind manche nicht sehr langlebig. Ältere Pflanzen lassen sich durch Teilung vermehren, sonst durch Aussaat.
Die Sumpfprimeln sehen ganz anders aus als die vom Frühlingsgarten her bekannten Kissen-Primeln. Am Ende langer Stiele sitzen bei ihnen gelbe Dolden, deren Einzelblüten nickend herunterhängen.
Bei der stark wachsenden *Primula florindae* werden die überhängenden gelben Blüten bis zu 80 cm hoch. Die Blätter liegen bei dieser ausdauernden Art flach rosettenartig am Boden.
P. sikkimensis wird etwa 50 cm hoch und ist zierlicher als obige. Die schwefelgelben, nickenden Blütenglöckchen sitzen auf bemehlten Stängeln. Am Wasserbecken lassen sich auch die bezaubernden Etagen-Primeln (alle Arten!) vorteilhaft verwenden.
Vor allem die Japan-Primel *(P. japonica)* sei hier genannt. Obwohl sie nicht zu den Sumpfprimeln zählt, passt diese wüchsige, dankbare Etagen-Primel (60 cm) ausgezeichnet in die Nähe von Wasser. Je nach gewählter Sorte blüht sie im Mai/Juni in verschiedenen Rosa- und Rottönen.

Die Japanische Schwertlilie ist eine fernöstliche Schönheit mit besonders ausgefallenen Blütenformen – hier eine »doppelte« Blüte.

Die Gelbe Sumpf-Schwertlilie ist eine Zierde für unseren Gartenteich.

Die Tibet-Primel *(Primula florindae)* mit hängenden, duftenden Blüten liebt luftfeuchte, kühle Stellen. Der Boden sollte kalkarm und humusreich sein – kein Problem im Halbschatten.

Gauklerblume *(Mimulus luteus)*

◐ ✻ 6–9 ↕20–30 cm

Über mehrere Monate hinweg bringt die Gauklerblume hübsch geformte, goldgelbe Lippenblüten hervor. Die flach wurzelnden Pflanzen gedeihen am besten an halbschattigen, feuchten Stellen. Durch Selbstaussaat vermehren sie sich leicht weiter, sodass sie an zusagenden Stellen des Gartens ohne unser Zutun erscheinen. Werden die Pflanzen zu viel, können wir sie leicht herauszupfen.
Von den Gartenformen ist am schönsten die *M.*-Hybride (Syn. *M.× tigrinus*) 'Grandiflorus' mit großen, gelbrot gefleckten Blüten. Diese Form ist allerdings nicht ausdauernd, sodass wir sie wie eine Einjahrsblume behandeln und immer wieder neu aussäen müssen.

Dreimasterblume

(*Tradescantia-Andersoniana*-Hybriden)

◐ ✻ 6–9 ↕40–50 cm

Die Gartenformen dieser Staude sind durch vielfältige Kreuzungen entstanden. Sie sind anspruchslos, wollen aber ausreichend feuchten Boden und lassen sich gut in der Nähe von Wasser, aber auch auf dem Prachtstaudenbeet verwenden. Die bescheiden aussehenden Blüten schließen sich an sonnigen Tagen bereits um die Mittagszeit.
Bewährte Partner sind Blattpflanzen wie Bergenien und Funkien sowie Sibirische Iris, Blutweiderich und Goldfelberich.

Wertvolle Sorten der Dreimasterblume

Name	Farbe/Bemerkungen
'Concord Grape'	violett, lange blühend
'Kompliment'	dunkellavendel
'Innocence'	reinweiß
'Perfekta Alba'	weiß
'Karminglut'	karminrot
Zwanenburg Blue'	tiefblau

Die Blütezeit zieht sich lange hin, und das Laub bleibt bis in den Herbst hinein grün. Die verblühten Stängel schneiden wir ab, weil sonst unerwünschte Sämlinge aufgehen und die wertvollen Sorten verdrängen. Die Vermehrung erfolgt durch Teilung; durch Aussaat erhalten wir viele Zwischentöne.

Ligularie *(Ligularia)*

◐ ✻ 7–9 ↕100–150 cm (je nach Art)

Mit dieser behäbig ausgebreiteten Staude lassen sich sehr gut größere Wasserbecken, Bachläufe und Teichränder beleben. Auch auf breiten Staudenrabatten kann die Ligularie verwendet werden. Für kleinere Gärten ist sie im Allgemeinen zu wuchtig. Einzeln stehend, also als Solitärstaude, kann sie einen Punkt im Garten oder am Haus vorteilhaft betonen. Ligularien entwickeln üppige Blattmassen. Außerdem be-

'Grandiflorus', die Gartenform der Gauklerblume, muss anders als *Mimulus luteus* jedes Jahr erneut ausgesät werden.

Wenn die Dreimasterblume gleich nach der Blüte völlig zurückgeschnitten wird, bringt sie einen zweiten Flor.

Ligularia × hessei, die Riesen-Ligularie, passt schon wegen ihrer üppigen Blätter vorzüglich ans Wasser.

herrschen auch die gelben Blütenkolben oder Blütenschirme den Garten. In halbschattiger Lage, bei kräftigem, feuchtem Boden, aber auch in der Sonne fühlen sie sich wohl. Leider sind sie durch Schnecken, mit Ausnahme von *L. przewalskii*, sehr gefährdet. Vermehrung der Pflanzen durch Teilung.

Einige wertvolle Arten:

Ligularia dentata **(Syn. *L. clivorum 'Desdemona'*)**
◐ ↕100 cm

Sehr apart durch die großen rundlichen bis herzförmigen purpurroten Blätter, die Blüten sind rötlich orange.

Ligularia × hessei
◐ ↕100 cm

Die hohen, gelben Blüten sind bei der Riesen-Ligularie kolbenförmig; besonders hübsch ist die englische Sorte 'Gregynog Gold' mit kupfrigem Farbton und sehr großen herzförmigen Blättern.

Ligularia × palmatiloba
◐ ↕150 cm

Die Palmblatt-Ligularie blüht früh; hübsch sind nicht nur die dekorativen, handförmig gelappten Blätter, sondern auch die leuchtend gelben Blüten.

Ligularia przewalskii
◐ ↕100–120 cm

Trotz des unaussprechlichen Namens soll man nicht auf diese wertvolle Art verzichten. Sie wächst vergleichsweise niedrig und bildet gelbe, kerzenartige Blütenstände über dem ahornartig geschlitzten Laub. Deshalb eignet sie sich auch bestens für kleinere Gärten; auch Gruppenpflanzungen sind äußerst reizvoll. In guten Böden breitet sich der Wurzelstock allerdings etwas aus.

***Ligularia-Stenophylla*-Hybride 'Weihenstephan'**
◐ ↕160 cm

Wertvolle Sorte mit rundem Blatt und großen leuchtend gelben Blütenkerzen; vorzüglich zum Schnitt.

Mädesüß *(Filipendula)*
◐ ✻7–8 ↕80–120 cm

Zusammen mit dem Weiderich *(Lythrum)* und anderen Stauden lässt sich das Mädesüß in der Umgebung von Wasser verwenden. Der Standort soll sonnig bis halbschattig sein, der Boden leicht feucht. Besonders während des Triebes ist diese Staude für reichlich Wasser dankbar. Sonst aber ist ihr jeder Gartenboden recht. Die Vermehrung erfolgt durch Teilung.
Besonders schön ist *F. rubra* 'Venusta' (bis 150 cm) mit rosaroten Blüten. Eine gute Gartenform ist auch *F. purpurea* 'Elegans' (80 cm), dunkelrosa bis karminrot mit karminrosa überhängenden Rispen.

Blut-Weiderich *(Lythrum)*
◐ ✻7–9 ↕60–150 cm (je nach Sorte) ✂

Diese bekannte, beinahe strauchartige Staude liebt feuchten Boden. Aber auch an trockenen Standorten gedeiht sie, nur bleibt sie hier kleiner. Die Blüten werden gern von Schmetterlingen beflogen. Vermehrung durch Teilung. Gute Sorten von *L. salicaria* sind 'Feuerkerze' (120 cm) mit leuchtend rosaroten Blüten, 'Zigeunerblut' (120 cm), leuchtend dunkelrot, 'Robert' (80 cm) mit lachskarminroten Blüten und die purpurrosa 'Lady Sackville' (80 cm). Zierlicher und eleganter wirkt die Art *L. virgatum*. Sie wird nur 60–80 cm hoch und ist deshalb für kleinere Verhältnisse geeignet. Eine sehr lang blühende, hübsche Sorte hiervon ist 'Rose Queen' (60 cm) mit zierlichen rosaroten Blütenrispen.

Ligularia przewalskii, eine elegant wirkende Art mit handförmig geschlitzten Blättern, eignet sich vor allem auch für den kleinen Garten.

Der Blutweiderich ist eine Wildstaude mit hohen, weithin leuchtenden Blütenkerzen, die auch nach der Blüte noch eine Zierde sind.

Gelenkblume *(Physostegia virginiana)*

◐ ✻6-9 ↕60-100 cm ✂

Ihren Namen hat die Gelenkblume zu Recht, lassen sich doch die eng gestellten, meist in vier Reihen stehenden Einzelblüten drehen, als ob sie Gelenke hätten. Sie bleiben so stehen, wie man sie stellt.

Die Gelenkblume ist außerordentlich robust und kann durch unterirdische Wurzelausläufer sogar lästig werden. Die Blüten werden von Bienen stark beflogen. Zwei Monate hält die reiche Blüte an. Die großen Büsche wirken nur, wenn sie nicht durch andere Stauden beengt stehen. Sie sollten gelegentlich geteilt und neu aufgepflanzt werden. Die Gelenkblume eignet sich in Wassernähe und für größere Prachtstaudenpflanzungen. Auf dem Staudenbeet schön zusammen mit Japan-Anemonen, Eisenhut und spätem Phlox.

Die Vermehrung ist durch Teilung leicht möglich. Wir können aber auch im Frühjahr Wurzelrisslinge abnehmen, also Triebe mit Wurzeln, die von der Pflanze abgerissen werden.

Wertvolle Sorten: 'Bouquet Rose', 70 cm, violettrosa; 'Summersnow', weiß, 90 cm; 'Vivid', 60 cm, weinrot, niedriger, kompakter Wuchs, die späte Sorte, blüht erst im September/Oktober.

Gute Nachbarn sind Berg-Aster *(Aster amellus)*, Feinstrahl *(Erigeron)*, Indianernessel *(Monarda)*, Hoher Sommer-Phlox, Salbei (*Salvia nemorosa* u. a.), Wolliger Ziest *(Stachys)* und vor allem auch duftige Gräser.

Purpurdost *(Eutrochium* Syn. *Eupatorium fistulosum)*

◐ ✻6-8 ↕80-180 cm ✂

Eine dekorative Riesenstaude mit rotbraunen Stängeln und weinroten Blüten; gut geeignet für die Wassernähe. Besonders wertvoll ist *E. fistulosum* 'Atropurpureum' (im Handel auch als *E. purpureum* 'Atropurpureum'), 180 cm, die auf dunklen Stielen nicht nur kräftig purpurrot blüht, sondern auch kompakt und breit wächst. Weitere Sorten sind 'Purple Blush', 140 cm, eine niedrige Neuheit, 'Riesenschirm', 180 cm, mit riesigen schirmförmigen Dolden und 'Chocolate', 80 cm, mit weißen Blüten über rotbraunem Laub. Am besten sagen dem Purpurdost ein lehmhaltiger, eher etwas feuchter als zu trockener Boden und volle Sonne zu. Leichter Schatten wird gut vertragen, sofern sich die Pflanzstelle nicht unter Bäumen befindet.

Als Begleitstauden eignen sich besonders gut Weiderich, Weidenblättrige Sonnenblume *(Helianthus salicifolius)*, Ligularie, Taglilie, Trollblume und andere feuchtigkeitsliebende Blütenstauden bzw. Gräser.

Sonnenhut *(Rudbeckia maxima)*

◐ ✻8-9 ↕150-200 cm ✂

Eine recht eigenwillige Gestalt unter den Sonnenhüten! Die großen, eiförmigen Blätter sind von blaugrüner Farbe und sehr dekorativ. Überaus apart sind auch die großen, gold-

Die lang blühende Gelenkblume ist trotz ihrer Schönheit eine Staude, die keine besonderen Ansprüche stellt.

Das imposante *Eupatorium fistulosum* 'Atropurpureum' eignet sich sowohl zur Einzelstellung am Teichrand als auch für Rabatten.

Dieser Sonnenhut *(Rudbeckia maxima)*, eine schöne Wildstaude, eignet sich für die Wassernähe, aber auch für den lichten Schatten.

gelben Blüten mit einem spitzen schwarzen Hut in der Mitte. Eine attraktive Staude für den Teichrand bzw. in unmittelbarer Nähe von Wasser. Im lichten Schatten wirkt diese Staude gut zwischen Laub- und Nadelgehölzen, vorausgesetzt, dass sie frei steht, also nicht durch andere Pflanzen beengt wird. Der Boden sollte etwas feucht sein. Die Vermehrung dieses Sonnenhutes, der sich vor allem auch für den Naturgarten eignet, erfolgt durch Teilung.

Pflanzung rund um ein Wasserfass

1 Immergrüner Schirmbambus (*Fargesia murieliae*, Syn. *Thamnocalamus spathaceus*), 2 Stück
2 Taglilie (*Hemerocallis*-Hybriden), 2 Stück
3 Blutweiderich *(Lythrum salicaria)*, 3 Stück
4 Trollblume (*Trollius*-Hybride 'Earliest of all')
5 Sibirische Wiesen-Iris *(Iris sibirica)*
 a 'Mrs. Rowe'
 b 'My Love'
 c 'White Swirl'
 d 'Berlin Purple Wine'
6 Lilie (*Lilium lancifolim*-Hybride wie 'Hiawatha' oder 'Red Velvet'), 3 Stück
7 Kugel-Primel *(Primula denticulata)*
8 Hohe Bart-Iris (*Barbata*-Elatior-Gruppe), 3 Stück
9 Duft-Veilchen *(Viola odorata)*, 4 Stück
10 Rosen-Primel *(Primula rosea)*, 7 Stück
11 Japanische Schwertlilie *(Iris ensata)*
12 Trollblume (*Trollius chinensis* 'Golden Queen')
13 Ligularie *(Ligularia przewalskii)*

Bodendecker

14 Pfennigkraut *(Lysimachia nummularia)*, 30 Stück
15 Knöterich (*Persicaria affinis* 'Superbum'), 10 Stück

Weidenblättrige Sonnenblume *(Helianthus salicifolius)*

◐ ✻9-10 ↕180-200 cm

Die sehr langen, weidenähnlichen Blätter an hohen Stielen geben dieser Staude ein beinahe exotisches Aussehen. Es ist ein Bild von besonderer Schönheit, wenn sich die vielen Blätter bei leisestem Wind bewegen. Noch reizvoller wird es, wenn sich diese Bewegung in einem Wasserbecken spiegelt. Den ganzen Sommer über ist diese Pflanze üppig und schön. Die kleinen, gelben Blüten passen eigentlich gar nicht so recht zu ihrem edlen Charakter, wirken fast ein wenig gewöhnlich. Sie erscheinen aber erst sehr spät im Jahr. Zu dieser Zeit hat die Weidenblättrige Sonnenblume auch ihre volle Höhe erreicht und fällt bei Wind leicht auseinander.Der Boden sollte durchlässig, nährstoffreich und eher trocken als feucht sein, obwohl sie sich so gut für die Nähe von Wasser eignet. Diese eindrucksvolle Wildstaude verwenden wir als Solitärpflanze in Einzelstellung oder in kleineren Gruppen, je nach Gartengröße. Die Vermehrung durch Teilung ist einfach.

Einige Bodendecker für die Pflanzung am Wasser

Bodendecker sind das »Salz in der Suppe«. Das gilt für verschiedene Pflanzgemeinschaften, die in diesem Buch vorgestellt wurden (Steppe, Heide, Schatten und ebenso in der Nähe von Wasser). Bodendecker bilden den ruhigen, dem Boden dicht anliegenden Teppich, aus dem halbhohe, hohe oder sogar riesige Pflanzengestalten wie die Weidenblättrige Sonnenblume, der Purpurdost oder die Herkulesstaude herausragen.

Das Blau der eleganten Wiesen-Iris kommt erst richtig zur Geltung, wenn sich die Blüten über einem Teppich aus sattgelbem Pfennigkraut oder rosa blühendem Knöterich erheben, und der Günsel mit braunroten Blättern ist der passende Untergrund für gelb blühende Sorten von Taglilien oder Fackellilien. Gleichzeitig entsteht eine interessante räumliche Wirkung.

Die Weidenblättrige Sonnenblume wirkt durch ihren Wuchs und ihr Laub. Farbe bringen dann Nachbarpflanzen, wie Taglilien.

Ein Bachlauf mit kleinen Tümpeln in einem Reihenhausgarten. Zusammen mit verschieden großen Steinen ergibt sich ein lebendiges Bild. Freilich wird es durch eine leger angeordnete Staudengesellschaft auf natürlich anmutende Weise bereichert.

Pfennigkraut *(Lysimachia nummularia)*

◐ ✻6-7 ↕5 cm

Eine wertvolle, schnell wachsende bodenbedeckende Staude für feuchte Plätze, die auch unter dem Namen »Hellerkraut« bekannt ist. In ihrem Äußeren ist sie ganz für die Umgebung des Wasserbeckens geschaffen. Die glänzend grünen, rundlichen Blätter machen einen üppigen Eindruck, wie wir ihn von der Umgebung des Wassers erwarten. Die pfenniggroßen Blüten sind von sattgelber Farbe; *L. n.* 'Aurea' mit leuchtend gelbgrünen Blättern wirkt besonders kontrastreich neben rotblättrigem Günsel. Das gelbe Laub verträgt keine volle Sonne. Die Vermehrung durch Teilung ist einfach und sehr ergiebig.

Günsel *(Ajuga reptans)*

◐ ✻4-6 ↕10 cm

Der Kriechende Günsel liebt lehmigen, kühl-feuchten Boden. Es stehen uns Formen mit verschiedenen Blattfarben zur Verfügung, sodass sich zu dem Grün der meisten höheren Stauden interessante Farbkontraste schaffen lassen. *A. reptans* 'Atropurpurea' (= 'Purpurea') hat rotbraune Blätter, bei 'Burgundy Glow' ist die Blattfarbe purpurrosa mit Weiß. Die blauen Blüten sind ein zusätzlicher Schmuck. 'Purple Torch', mit bräunlich grünen Blättern, blüht rosa. Die Vermehrung durch Teilung der kriechenden Rhizome ist einfach. Auf zusagendem Standort, vor allem im lichten Schatten, wachsen sie leicht an und bedecken rasch den Boden, sodass kaum mehr Unkraut durchdringt.

Fiederpolster *(Cotula)*

◐ ↕2-5 cm

Die gefiederte Art *C. squalida* bildet einen bräunlich grünen Teppich, *C. dioica* ist dunkelgrün. Die Blüten sind unscheinbar. Uns genügen für die Bodenbedeckung in der Nähe des Wasserbeckens die hübschen Blättchen.
Sowohl Sonne als auch Halbschatten sagen diesem Bodendecker bei genügend Bodenfeuchtigkeit zu. Trotz des dichten Teppichs fühlen sich Blumenzwiebeln darunter wohl.

Knöterich *(Persicaria affinis)*

◐ ✻6-10 ↕20 cm

Dieser niedrig und dicht dahinkriechende Verwandte der bekannten hohen, wild wuchernden Knöterich-Arten hat bald das ihn umgebende Erdreich bedeckt. Die Blätter sind gesundgrün, im Winter bronzefarben, die Blüten tiefrosa. Besonders die Sorte 'Superbum' ist sehr reich blühend. Am besten sagen diesem Knöterich sonnige bis leicht schattige Lagen und etwas feuchter Boden zu.

Das Pfennigkraut ist ein robuster Bodendecker auf Böden, die nicht völlig austrocknen.

Das Fiederpolster bildet sehr flache Matten und schafft Ruhe zwischen anderen Pflanzen oder wie hier, Steinen am Ufer.

Knöterich ist ein idealer Bodendecker und verträgt überraschend viel Trockenheit. Die rosa Blüten sind eine Zierde und locken viele Insekten an.

Pflanzen im Wasserbecken

Die Vermehrung durch Teilung ist denkbar einfach. Wenn nicht anders angegeben, eignen sich die folgenden Pflanzen bevorzugt für flachen Wasserstand (5-20 cm).

Pfeilkraut *(Sagittaria sagittifolia)*

◐ ✻6-7 ↕50 cm
Wassertiefe 10-40 cm

Eine der attraktivsten Pflanzen für den flachen Wasserbereich, verträgt jedoch auch stark schwankenden Wasserstand; überwintert im Schlamm mittels Knollen. Die aus dem Wasser ragenden Blätter sind lang gestreckt und pfeilförmig, die im Wasser flutenden dagegen rundlich. Die weißlich-rötlichen Blüten sind klein und stehen in lockerer Rispe. Die Vermehrung durch Teilung ist einfach. Das Wachstum ist so üppig, dass wir des Öfteren eingreifen müssen. Es ist deshalb zu raten, das Pfeilkraut in kleine Körbe, große Töpfe oder ähnliche Pflanzgefäße zu setzen und diese nicht zu tief ins Wasser zu stellen.

Simse

(Schoenoplectus lacustris, Syn. *Scirpus lacustris)*
◐ ✻6-8 ↕100-250 cm
Wassertiefe 0-100 cm

Ihre bis zu 250 cm hoch werdenden peitschenförmigen Halme erinnern uns sofort an überlange Zwiebelröhren. Eine interessante Pflanzengestalt! Besonders hübsch finde ich es, wenn die Pflanzen aus nur wenigen Halmen bestehen. Sie sehen dann kostbarer aus. Wir sollten sie deshalb in Pflanzgefäße setzen, damit sie nicht wuchern können.
Die gebüschelten, bräun-lichen Blätter entstehen am Ende der peitschenförmigen Triebe. Der Wasserstand kann 20-120 cm, ja sogar noch tiefer sein. Vermehrung durch Teilung.
Besonders interessant sieht die Zebra-Simse *(S. tabernaemontani* 'Zebrinus', Höhe 60-120 cm) aus. Die bis zu 150 cm langen »Zwiebelröhren« sind weiß quer gestreift und erinnern an Stachelschweinborsten. Am besten sagt ihr flacher Wasserstand (10-20 cm) zu.

Das wüchsige Pfeilkraut verträgt sogar stark schwankende Wasserstände. Den Winter überdauert es im Schlamm.

Die Zebra-Simse eignet sich auch für Kübel. Vergrünt sie, wird sie geteilt und bildet dann wieder ihr Streifenmuster aus.

Der Froschlöffel fällt durch seine markanten Blätter auf. Er ist ein schöner Gegenspieler etwa zum Rohrkolben.

Froschlöffel *(Alisma plantago-aquatica)*

◐ ✻7–9 ↕50–100 cm
Wassertiefe 5–40 cm

Die großen, löffelartigen Blätter sind lang gestielt und erreichen eine Höhe von 40–50 cm. Die großen, zierlichen Blütenrispen sind im Sommer mit ungezählten kleinen, weißen Blüten geschmückt. Vermehrung durch Teilung des Wurzelstockes oder Aussaat in feuchten Boden.

Blumenbinse *(Butomus umbellatus)*

◐ ✻8–9 ↕80–100 cm
Wassertiefe 10–50 cm

Bei dieser Sumpf- oder Wasserpflanze ragen die binsenartigen Blätter steil empor. Die rosafarbenen Blütendolden stehen auf etwa 100 cm hohen, runden Stängeln. Eine sehr wertvolle, winterharte Staude, die besonders für größere Wasserbecken geeignet ist. Ein Wasserstand von 5–10 cm reicht aus, er kann aber auch bis zu 50 cm betragen, ohne dass dies von Nachteil wäre.
Die bildhübsche Blumenbinse wirkt allerdings erst, wenn wir sie am Ufer mit Froschlöffel, Gelber Sumpf-Schwertlilie, Pfeilkraut und Rohrkolben zusammenpflanzen.

Tannenwedel *(Hippuris vulgaris)*

◐ ✻7–8 ↕30–40 cm
Wassertiefe 0–50 cm

Die aus dem Wasser ragenden Triebe sehen auf den ersten Blick Fichtenzweigen sehr ähnlich. Die Blüte ist unscheinbar. Diese Pflanze für flachen Wasserstand breitet sich stark aus und kann in kleineren Becken lästig werden. Wir sollten sie deshalb nicht auf den Beckengrund auspflanzen, sondern in einen Korb, eine Kiste oder eine Betonröhre mit 30–50 cm Durchmesser. Vermehrung durch Teilung ist leicht möglich.

Rohrkolben *(Typha)*

Wir müssen hier verschiedene Arten unterscheiden und können je nach Größe des Wasserbeckens wählen. Die Vermehrung ist bei allen durch Teilung leicht möglich.

Typha latifolia

◐ ✻7–8 ↕250 cm
Wassertiefe 0–80 cm

Diese Art kommt in der Natur in sauren Hochmoorböden vor. Wir alle kennen sie mit ihren breit linealen Blättern und den schwarzbraunen Rohrkolben. Sie wuchert sehr stark, ist also nur für größere Wasserbecken in Pflanzgefäßen zu empfehlen.

Typha angustifolia

◐ ✻7–8 ↕100–200 cm
Wassertiefe 10–80 cm

Diese Art wird nicht ganz so hoch wie *T. latifolia*. Sie hat zierlichere Blätter und Kolben, wuchert aber ebenfalls und sollte deshalb in Wasserbecken nicht frei ausgepflanzt werden.

Typha minima

◐ ✻5–6 ↕40–60 cm
Wassertiefe 0–10 cm

Ein sehr zierlicher Rohrkolben, den wir auch im kleinsten Becken oder einem Kübel verwenden können. Er hat sehr schmale Blätter und kleine, geradezu verspielt aussehende Kolben.

Der Tannenwedel wirkt zwar recht duftig, hat aber einen erstaunlichen Ausbreitungsdrang. Deshalb in einen Korb pflanzen!

Rohrkolben *(Typha angustifolia)* wird spätestens im Frühjahr tief abgeschnitten; junge Triebe sprießen nur aus den Wurzeltrieben.

Seerose *(Nymphaea)*

◐ ✻6–9 ↕250 cm ✂

Wassertiefe 20–120 cm und mehr (je nach Sorte)

Sie ist gilt als die schönste unter den Wasserpflanzen! Und dabei ist sie äußerst vielseitig, denn das Sortiment hält Formen bereit, die bereits in Wassertiefen von 20 oder 30 cm gedeihen. Hier lohnt sich ein Blick in Spezialgärtnereien sehr, denn in den meisten Gartencentern finden sich nur überholte Standardsorten.

Das Wasser, in dem die Primadonnen blühen sollen, muss stets ruhen – neben Fontänen werden die meisten Seerosen blühfaul. Achten Sie darauf, dass sich das Wasser stets gut erwärmen kann – auch ein kleines Gefäß sollte eine große Wasseroberfläche haben. Gepflanzt werden Seerosen in Spezialerde; keinesfalls in Kompost oder Gartenerde.

In Teichen oder größeren Wasserbecken werden Seerosen meist auf dem Grund ausgepflanzt. In kleineren Becken stehen sie besser in Pflanzkörben oder anderen seitlich durchlöcherten Behältern. Solche Pflanzgefäße sollten einen oberen Durchmesser von mindestens 30 cm haben und 20–30 cm tief sein, damit für die Wurzeln genügend Platz ist.

Die beste Pflanzzeit ist von Mai bis Mitte August, weil sich zu dieser Zeit Wasser und Erde rasch erwärmen. Die Rhizome kommen ganz flach in den Boden, sodass sie eben noch mit Erde bedeckt sind und die Triebspitze etwa 1 cm herausschaut.

Becken oder Teiche werden mit Leitungswasser gefüllt. Zu hartes, kalkhaltiges Wasser lässt man am besten langsam durch einen mit Torf gefüllten Korb einlaufen. Chlor entweicht meist nach einigen Tagen.

Bringen Sie unmittelbar nach der Pflanzung nur so viel Wasser in das Becken, dass es etwa 10 cm über den Pflanzen steht; es erwärmt sich dann rascher und fördert das Wachstum. Diesem entsprechend wird immer wieder Wasser nachgefüllt, bis der vorgesehene Wasserstand erreicht ist.

Seerosen dürfen nicht im Winter einfrieren. In Becken ab etwa 80 cm Tiefe ist das kein Problem; das Wasser friert nie bis zum Grund. Bei flacheren Becken empfiehlt es sich, das Wasser im Herbst abzulassen und die Seerosen mit einer 30 cm hohen Laubschicht abzudecken. Die Pflanzgefäße können aber auch herausgenommen und im Keller oder kühlen Raum frostfrei in Wannen voll Wasser überwintert werden. Licht brauchen die Pflanzen dabei nicht.

An den Blättern auftretende Läuse werden durch Überbrausen abgespühlt. Fressen Larven aus den Blättern elliptische Stücke heraus, so schneiden wir die befallenen Blätter ab und entsorgen sie. Schnecken werden abgelesen. Pflanzenschutzmittel sind bei Wasserpflanzen tabu.

→ TIPP

Zu einem festlichen Anlass können wir auch einmal Seerosenblüten in Schalen als Tischschmuck verwenden. Nach dem Schneiden legen wir die offenen Blüten erst eine halbe Stunde in die Sonne. Anschließend wird der Stängel frisch nachgeschnitten und ins Wasser gesteckt. Die Blüten schließen sich dann nicht mehr und bleiben einige Tage frisch.

In Holzfässern lässt sich mit Seerosen und anderen Stauden das Thema »Wasser« sogar auf einer Terrasse oder einem Balkon reizvoll gestalten.

Bewährte Arten und Sorten der Seerose

Name	Farbe/Bemerkungen
Für Wasserstände zwischen 20 und 40 cm	
'Ellisiana'	rot; verträgt keine Mittagshitze, aber Halbschatten
'Walter Pagels'	cremeweiß mit zartrosa, vorzüglicher Zwerg
Nymphaea tetragona (*N. × pygmaea* 'Alba')	Zwergseerose mit kleinen, reinweißen Blüten, die bis Spätherbst erscheinen; Wasserstand 5–20 cm, günstigste Wassertiefe 10 cm
Für Wasserstände zwischen 40 und 80 cm	
'Albatros'	milchweiß; elegante Form, unkompliziert
'Black Princess'	schwarzrot; ab 60 cm Tiefe, kostbare Sorte
'Georgia Peach'	pfirsichrosa bis zartgelb, reich blühend
'Gonnère'	weiß, stark gefüllt, lange geöffnet
'James Brydon'	kirschrot; sehr robust und anpassungsfähig
'Joey Tomocik'	goldgelb; robust und hart
'Mrs Richmond'	zartrosa; in der Mitte dunkler; Dauerblüher
Für Wasserstände zwischen 80 und 120 cm (und mehr)	
'Amabilis'	reinrosa, sternförmige Blüten
'Escarboucle'	rubinrot; robust
'Gladstoniana'	weißer Klassiker für große Teiche
'Sunny Pink'	pfirsichfarben, auffallend schön
'Virginalis'	reinweiß, reich blühend

1

2

3

Die vorzügliche Seerosen-Sorte 'Georgia Peach' ist reich blühend. Die duftende Blüte ändert ihre Farbe von kräftigem Pfirsichrosa zu hellem Gelb; die Blätter sind dunkelgrün mit rötlich braunen Flecken.

Seerosen haben etwas Exotisches an sich. Bewährte Sorten sind
1 'Black Princess',
2 'Walter Pagels' und
3 'Mrs. Richmond'.

Gräser für Sonne und Schatten

In den meisten Gärten finden wir zwar Phlox und Pfingstrosen, Margeriten und Herbstastern, aber kaum Gräser. Wenn der Gartenfreund das Wort »Gras« hört, geht er meist in Abwehrstellung, wie ein Igel. Er denkt an das lästige Unkrautzupfen und an den Schweiß, den er vergossen hat, um die Queckenwurzeln bei der Erstbearbeitung seines Grundstückes zu entfernen.
Doch viele Gartenfreunde ahnen nicht, wie viel Schönes unter den Gräsern zu finden ist. Der moderne Gartengestalter verwendet sie sehr gern, denn sie kommen seinem Bestreben entgegen, ungezwungene, natürliche Gärten zu schaffen, in denen sich der Ruhe suchende Mensch erholen kann. Wer Freude an zierlichen Formen, an eleganten Linien, am Spiel des Windes und an zurückhaltenden Farben hat, der wird begeistert sein von den Schätzen, die uns das große Reich der Gräser bietet. Schön sind viele von ihnen auch im Winter, wenn sie sich von der Schneedecke abheben.
Dabei ist es noch gar nicht lange her, seit die Gräser ihren Einzug in die Gärten gehalten haben. In den »steifen« Gärten zurückliegender Jahrzehnte hatten Gräser neben kurz geschorenem Rasen, dem Rosenrondell und schnurgeraden Wegen und Beeten keinen Platz.

Gräser sind das Salz in der Suppe einer Pflanzung, vor allem wenn sie sich über niedrigen und halbhohen Stauden weithin erheben.

Eine Ausnahme machte gelegentlich das etwas pompös wirkende Pampasgras oder das mächtige Chinaschilf, aber all die vielen Gräser, die heute in den Staudengärtnereien angeboten werden, wiegten sich noch im Dornröschenschlaf. Ihre Stunde kam erst in den Siebzigerjahren, als mit steigendem Umweltbewusstsein der Trend zum naturnahen Garten einsetzte. »Gras ist das Haar der Mutter Erde. Die Gärten haben es bisher nur im geschorenen Zustand gefeiert ...«, schrieb Karl Foerster, der große Staudengärtner und Gartenphilosoph aus Potsdam-Bornim im Sommer 1957 und weckte das Interesse an den Gartengräsern.
Zu den Gräsern zählen auch die Bambus-Arten. Sie sind wintergrün und mit ihren verzweigten, holzigen Halmen sehr elegant. Die niedrigen Arten vergilben in raueren Gebieten oft den Winter über und müssen dann im Frühjahr bis auf den Boden zurückgeschnitten werden. Alle Bambus-Arten sind für lichten Schatten dankbar. Der Boden soll im Sommer nicht zu trocken sein. In raueren Gebieten pflanzen wir sie am besten in Hausnähe und geben Schutz gegen Wintersonne.

Empfehlenswerte Auswahl

Einige wertvolle Gräser wurden auf den nächsten Seiten so zusammengestellt, wie sie zu den einzelnen Pflanzengemeinschaften dieses Buches passen. Natürlich gibt es keine starren Grenzen. Die Vermehrung können wir durch Teilung oder Aussaat vornehmen. Wo es eine Besonderheit gibt, ist dies im Text angegeben.

Selbstverständlich müssen wir uns auch in der Auswahl der Gräser weise beschränken. Mit etwas Geschick können wir den verschiedensten Pflanzengemeinschaften durch Gräser eine persönliche Note geben.

Einige der nachfolgend genannten Gräser wachsen im Laufe von Jahren zu imposanten Pflanzengestalten heran. Durch ihr interessantes Blätterwerk oder auffallende Blütenstände wirken sie bereits aus der Ferne. Sie eignen sich deshalb auch gut zur Einzelstellung, z. B. neben dem Hauseingang, in der Nähe eines Wasserfasses oder als Eckpunkt der Terrasse, der durch eine Solitärpflanze besonders betont werden soll.

Die bei den Gräsern genannten Höhen beziehen sich auf das Blatt und die Blüte. Ist nur eine Zahl angegeben, so sind bei der betreffenden Art nur die Blätter interessant.nach oben umbiegen.

Gräser für den lichten Schatten

Japan-Segge *(Carex morrowii)*

◐ ✻ab 4 ↕30–40 cm

Das ist eines der schönsten immergrünen Gartengräser mit glänzenden Blättern. Es hat sich als Bodendecker für kalkarmen Boden sehr bewährt und eignet sich bestens in kleinen Gruppen unter Gehölzen. Steht es sonnig, ist auf Bewässerung zu achten.
C. morrowii 'Variegata' hat einen hellen Blattrand,. *C. morrowii* ssp. *foliosissima* 'Icedance' hat schmaleres Laub, hell gerandetes Laub und verdrängt sogar hartnäckiges Unkraut. Um dieses Gras zu vermehren, pflanzen wir die einzelnen Teilstücke zunächst in Töpfe. Erst wenn diese durchwurzelt sind, wird mit Ballen ausgepflanzt.

Berg-Segge *(Carex montana)*

◐ ✻4–5 ↕15–20 cm

Ein reizendes, kleines Gras, an dem wir bestimmt unsere Freude haben. Entzückend ist die frühe, schwefelgelbe Blüte, die z. B. gut zu den pelzig behaarten, violetten Küchenschellen passt. Hübsch ist aber auch die Herbstfärbung, die von Goldbraun bis Dunkelbraun reicht. Dieses anspruchslose Gras eignet sich für Sonne und Schatten auf kalkreichem Boden. Vor der Blüte, also gegen Anfang März, sollten wir die vorjährigen Blätter wegschneiden.
Die Berg-Segge pflanzt man am besten in Gruppen und kombiniert sie mit farbenfrohen Stauden wie Berg-Aster, Karthäuser-Nelke, Sonnenröschen, Küchenschelle und Adonisröschen.

Riesen-Segge *(Carex pendula)*

◐ ✻6–7 ↕50–150 cm

Von allen heimischen Seggen ist sie die auffallendste Pflanzengestalt, die auch am Teichrand gut aussieht. Sie ist immergrün und erreicht bald einen Durchmesser von 1 m. Der Boden sollte humos und nährstoffreich, aber kalkarm sein. Ab Frühsommer werden die kniehohen, saftig grünen Horste von beinahe mannshohen, eleganten Halmen überragt, von denen die Ähren herabpendeln. Einzeln oder in kleinen Gruppen nimmt sich dieses Gras in Gesellschaft anderer schattenliebender Stauden hübsch aus, auch im Winter. Alle drei Jahre oder wenn es durch Frost geschädigt wurde, schneiden wir es scharf zurück.
Alle genannten Seggen sind langlebige Stauden, die durch die Schönheit ihrer wintergrünen Horste auffallen.

Schnee-Hainsimse, Schneemarbel *(Luzula nivea)*

◐ ✻6–7 ↕20–40 cm

Erst wenn dieses 20 cm hohe immergrüne Gras richtig eingewachsen ist, entfaltet es seinen Reiz. Die Blätter sind am Rande weiß behaart. Die zierlichen weißen Blütenstände befinden sich auf 50 cm hohen Halmen. In kleinen Gruppen pflanzen. Auch für steinige, durchlässige Böden geeignet. Dieses Gras eignet sich als Nachbar von früh blühenden Stauden sowie zu Zwiebel- und Knollengewächsen.

Wald-Hainsimse *(Luzula sylvatica)*

◐ ✻4–5 ↕25–30 cm

Sie ist sehr anspruchslos und lässt sich dicht an die Bäume pflanzen. Selbst unmittelbar am Stamm von so starken Bodenräubern wie Birken haben ihre 25 cm hohen Blattschöpfe ein tadelloses Aussehen. Schatten, sogar vollen, kann sie gut vertragen. Die wintergrünen Blätter sind dunkelgrün, glänzend und am Rande dicht bewimpert. Die Blüten sind bräunlich. Wenn wir die Wald-Hainsimse im Frühjahr vor dem Austrieb zurückschneiden, sehen die Horste wesentlich besser aus.

Ein Anblick von besonderem Reiz: die von Raureif verzauberte gelbbunte Japan-Segge (*Carex morrowii* 'Variegata').

Die Riesen-Segge kann fast mannshoch werden und wirkt besonders in Einzelstellung über schattenliebenden Bodendeckern.

☼ Standort Sonne ◐ Halbschatten ● Schatten ↕Höhe ✻ Blütezeitpunkt ✂ Schnittblume

Die beiden Hainsimsen-Arten eignen sich gut zur Pflanzung unter Gehölzen in Verbindung mit anderen Stauden und Blumenzwiebeln. Die Kultur ist in jedem Gartenboden möglich.

Rasen-Schmiele *(Deschampsia cespitosa)*

◐ ✻6–7 ↕40–100 cm

Ein besonders schönes Gras für lichten Schatten und feuchten Boden. Es verträgt aber auch Sonne und kurzfristige Trockenheit recht gut. Entzückend sieht es aus in Verbindung mit Lilien, Astilben, Eisenhut, Herbst-Anemonen und anderen Stauden. Wir können es auch in kleinen Gruppen oder einzeln aus Teppichen von Maiglöckchen, Haselwurz, Purpur-Günsel und anderen Bodenbedeckern herauswachsen lassen. Die Verwendbarkeit ist schier grenzenlos. Das schöne Dunkelgrün der 30 cm hohen, halbkugeligen Horste bleibt bis zum August erhalten, doch die halbvergilbten Blätter machen selbst im Winter noch einen guten Eindruck. Die zierlichen Blütenähren sind gelblich braun. Am frühen Morgen sind sie oft so sehr mit Tautröpfchen überladen, dass sie sich unter der glitzernden Last nach unten beugen. Ein herrlicher Anblick! Nach dem Verblühen sind die Ähren allerdings keine Zierde mehr. Wir sollten sie abschneiden. Die Blattschöpfe werden dagegen erst im zeitigen Frühjahr, also etwa im März, bis zum Boden heruntergeschnitten. Von der Rasen-Schmiele gibt es auch Sorten wie 'Bronzeschleier' (goldbraune Blütenähren), 'Goldschleier' (gelbliche Blütenähren, früh), 'Goldgehänge' (tiefgelbe, locker überhängende Blütenähren).

Gräser für den Heidegarten

Blaues Schillergras *(Koeleria glauca)*

☼ ✻6–7 ↕20–30 cm

Dieses Gras bildet graugrüne Horste. Die Blüten sind etwa 30 cm hoch. Das Schillergras fühlt sich in sandigen Kiefernwäldern wohl. Der Boden soll also durchaus mager und sandig sein, der Standort trocken und sonnig. Als Nachbarn eignen sich Thymian, Schnee-Heide, Fetthenne und Nelken.

Schwingel-Arten *(Festuca)*

Diese niedrigen, horstbildenden Gräser sind hart, wintergrün und ausdauernd. Sie lassen sich sowohl einzeln als auch in kleineren oder größeren Gruppen vielseitig verwenden. Man pflanzt sie gern im Heidegarten und in Verbindung mit kleinen Nadel- und Laubgehölzen. Auch Rosen und Zwiebelgewächse, besonders Wildtulpen, passen gut zu ihnen. In leichtem Boden und in sonniger Lage fühlen sich die meisten Arten wohl, aber auch schwerere Böden und leichter Schatten werden vertragen. Die Vermehrung durch Teilung ist vom Frühjahr bis zum Spätsommer möglich.

Bärenfell-Schwingel *(Festuca gautieri)*

☼ ✻6 ↕15–25 cm

Ein bildhübsches Gras, in das man sich auf den ersten Blick verlieben kann! Wie Igel sehen die saftig grünen Horste aus und laden geradezu ein, mit den Händen darüberzustreichen. Mit dieser Art lässt sich auch im kleinsten Garten viel anfangen. Pralle Sonne sagt dem Bärenfell-Schwingel nicht so recht zu, dagegen fühlt er sich an leicht schattigen Stellen sichtlich wohl. Dort verträgt er auch Trockenheit. Zu beachten ist, dass wir die einzelnen Pflanzen nicht zu nahe zusammenrücken. Sie geraten sonst aneinander und sehen bald zerzaust aus. Ihre Schönheit, die saftig grüne Igelform, leidet sichtlich

Links: Die robuste Wald-Hainsimse lässt sich gut mit verschiedenen Waldfarnen kombinieren.

Rechts: Die Rasen-Schmiele ist vielseitig verwendbar.

darunter. Bei genügend weitem Stand entwickeln sich die einzelnen Exemplare im Laufe der Jahre zu quadratmetergroßen, saftig grünen Polstern. Die Blüten fallen allerdings wenig auf.

Blau-Schwingel *(Festuca cinerea)*

☼ ✻6 ↕20–35 cm

Ein kleiner, blauer Edelstein unter den Gräsern! Dabei ist diese Schwingel-Art erstaunlich widerstandsfähig; Sonne und Trockenheit verträgt sie sehr gut. Aber auch schattige Plätze werden ohne Widerwillen in Kauf genommen.
Mit den kleinen, blauen Büscheln lassen sich interessante Farbkontraste erzielen, auch im kleinsten Garten. Die Blüten werden etwa 35 cm hoch. Diese Art eignet sich aber auch zur Bepflanzung von Flächen, da die einzelnen Polster bald zu einem geschlossenen Teppich zusammenwachsen. Im Winter werden die Blätter farblich unscheinbar. Inzwischen sind verschiedene Sorten von Blau-Schwingel in unterschiedlichen Blautönen im Handel. Siehe Kataloge!

Regenbogen-Schwingel *(Festuca amethystina)*

☼ ✻6–7 ↕20–40 cm

Eine heimische Art mit prächtigen überhängenden Blattschöpfen in bläulich grün schimmernden Regenbogenfarben und dunkelvioletten Blüten. Wie auch bei anderen Schwingeln eignet sich ein Platz in voller Sonne, warm bis heiß und möglichst regengeschützt. Der Boden sollte mäßig trocken bis frisch, kalkhaltig, mager, also nährstoffarm, und gut durchlässig sein. Selbst ein sandig steiniger Boden ist geeignet.

Atlas-Schwingel *(Festuca mairei)*

☼ ✻6–7 ↕60–100 cm

Die starken, graugrünen Horste eignen sich gut zur Einzelstellung (Solitär). Die gelben, 100 cm hohen und längeren Blütenhalme vertrocknen nach der Blüte und sollten dann entfernt werden. Der Atlas-Schwingel fühlt sich in voller Sonne wohl und ist genügend winterhart.

Rechts: Der raumfüllende Atlas-Schwingel setzt Zeichen im Beet. Blütenstauden wie Sonnenbraut leuchten daneben geradezu auf.

Mitte: Der Regenbogen-Schwingel passt vorzüglich in den Naturgarten, z.B. in eine Heideecke zusammen mit Schnee-Heide, Wacholder u.a.

Unten: Der Bärenfell-Schwingel, ein Gras, das geradezu einlädt, mit den Händen darüberzustreichen. Reichliche Pflanzabstände einhalten!

Gräser für eine Pflanzung mit Steppencharakter

Wimper-Perlgras *(Melica ciliata)*

☼ ✻5–7 ↕30–70 cm

Ein zierliches, horstbildendes Gras, dessen silbrige Ähren bis in den Herbst hinein weithin sichtbar leuchten. Interessant vor allem auch im Gegenlicht. Wirkungsvoll in Steinanlagen oder einer Steppenpflanzung auf durchlässigem, nährstoff- und humusarmem, kalkhaltigem Boden, bevorzugt in voller Sonne.

Blaustrahl-Wiesenhafer *(Helictotrichon sempervirens)*

☼ ✻7–8 ↕50–120 cm

Ein herrliches, weithin wirkendes, blaues Gras, das seine Schönheit bis tief in den November hinein und länger beibehält. Es fühlt sich in jedem Gartenboden, ja selbst auf Sandboden wohl. Sonne! Über den dekorativen, blaugrünen Horsten wiegen sich im Sommer blassgelbe Blüten an eleganten, brusthohen Stielen. Trockene Halme entfernen wir bereits im Sommer, im zeitigen Frühjahr schneiden wir sämtliche Triebe dicht über dem Boden ab, damit der Neutrieb nicht durch vergilbte Teile gestört wird.

Lampenputzergras *(Pennisetum alopecuroides)*

☼ ✻8–10 ↕40–80 cm ✂

Bei diesem Gras sind es weniger die Blätter als vielmehr die auffallenden, lampenputzerartigen Blüten, die es zu einem überaus aparten Gartenschmuck machen. Ab August erheben sich aus den kräftigen Horsten die hübschen, rotbraunen Blütenähren. Besonders der Anblick am frühen Morgen, wenn in den Blütenähren die Tautropfen hängen, ist von großer Schönheit. In die Vase gestellt, verlieren die Ähren noch nach Jahren nichts von ihrem Reiz.

Die Lage soll möglichst warm, sonnig und windgeschützt sein, der Boden durchlässig. Im Winter darf keine lang anhaltende Nässe vorhanden sein, im Sommer dagegen will das Lampenputzergras viel Wasser haben.

Die Jungpflanzen werden gut gewässert und erhalten im Herbst eine leichte Laubdecke. Dies kann auch bei älteren Pflanzen nicht schaden, besonders in rauen Gebieten.

Das Lampenputzergras ist im Garten vielseitig verwendbar. Sehr gut passt es auch in die Nähe von Wasser und zu anderen Pflanzungen.

Inzwischen gibt es mehrere Sorten wie 'Hameln', reich und früh blühend (ab Juli) mit kräftigen Horsten, die nur etwa 30 cm hoch werden, 'Herbstzauber', 'Compressum', bis 100 cm hoch, 'Little Bunny' u. a.

Schönheit im Gegenlicht: Das Wimper-Perlgras. Als Kind der Sonne eignet es sich für eine Steppenecke oder für eine Pflanzung in Verbindung mit Steinen, Geröll und Schotter.

Blaustrahl-Wiesenhafer, hier als Eckpunkt einer Terrasse gepflanzt. Über den dekorativen Horsten wiegen sich im Sommer weit ausladend die duftigen Blütenstände.

Das Lampenputzergras lässt sich im Garten vielseitig verwenden, sei es als Begleitung zu Beetstauden, in einer Steppenpflanzung oder aber in Wassernähe.

Federgras-Arten *(Stipa)*

Bei diesen schwach wachsenden Gräsern brauchen wir keine Angst zu haben, dass sie wuchern oder andere Arten verdrängen. Sie lieben ausgesprochen trockene Standorte in voller Sonne. Selbst bei leisestem Windhauch bewegen sich die langen, federartigen Grannen, vor allem wenn sie freistehen. Dadurch geben sie unserer Steppenpflanzung einen ganz besonderen Akzent. Auch aus der Nähe betrachtet sind diese Grannen ein Meisterwerk in Form und Zweckmäßigkeit.

Reiher-Federgras *(Stipa pulcherrima,* Syn. *S. barbata)*

☼ ✻7-8 ↕40-80 cm

Eines der prächtigsten Gräser für den Garten! Die Bewegungen der stets unruhigen Grannen sind von malerischer Schönheit. Die flauschigen, zierlichen Fruchtstände werden etwa 80 cm hoch. Die Horste sollten möglichst frei stehen, damit der Wind sein reizvolles Spiel mit den langen, fedrigen Grannen treiben kann.
Dieses Gras braucht viel Sonne und liebt durchlässigen, kalkhaltigen Boden. Nach dem Verblühen schneiden wir es zurück, da es sonst unordentlich aussieht. Wenn der Wind die reifen Grannen fortträgt, bohren sie sich mit ihrer Samenspitze ins Erdreich, um dort im nächsten Jahr zu keimen. So ziehen wir auch die Jungpflanzen: Sobald sich die Grannen im Sommer leicht von den Halmen lösen, stecken wir sie einzeln in kleine Töpfe und senken diese im Garten ein. Im kommenden Frühjahr erscheinen dann die grünen Halme, die sich bis zum Herbst zu kräftigen Pflanzen entwickeln.
Wir sollten dieses Gras möglichst im Frühjahr mit Topfballen pflanzen, da es sonst Jahre dauert, bis es im Vollbesitz seiner Schönheit ist.

Mädchenhaargras *(Stipa pennata)*

☼ ✻5-7 ↕30-50 cm

Dieses aparte Steppengras fruchtet besonders früh.
Der Reiz liegt auch bei diesem in den sehr langen, fedrigen Grannen.

Reitgras (*Calamagrostis × acutiflora* 'Karl Foerster')

☼ ✻7-8 ↕80-150 cm ✂

Dieses Staudengras grünt sehr früh. Charakteristisch sind die steilen, aufrechten, frischgrünen Horste. Die dicht an dicht stehenden dunkelbraunen Halme wirken mit ihren schmalen, gelben Ähren bis in den Winter hinein. Übrigens, die Gartenform ist sehr anspruchslos, dabei völlig zahm und hat mit dem queckenhaft wuchernden wilden Sandrohr nichts gemein.
Das Reitgras eignet sich aber nicht nur für Pflanzungen mit Steppencharakter und für andere naturnahe Bereiche, es kann ebenso gut in Prachtstaudenpflanzungen verwendet werden. Ausgezeichnet wirkt es vor höheren Gehölzen; hier kommt die gelbe Herbstfärbung besonders zur Geltung.

Links: Elegant bewegen sich die langen Grannen des Mädchenhaargrases bereits beim leisesten Windhauch. Eine Schönheit, die ihresgleichen sucht.

Rechts: Das Reitgras, auch Gartensandrohr genannt, lockert ein Staudenbeet auf, passt aber ebenso gut zur »Steppe« und zu anderen naturnahen Bereichen.

Gräser, die sich für die Zusammenpflanzung mit Prachtstauden eignen

Grundsätzlich sollten wir mit Gräsern auf Prachtstaudenrabatten recht sparsam umgehen. Dies gilt besonders für die hohen Arten, von denen wir nur in größeren Abständen einzelne Exemplare pflanzen. Die beiden folgenden Arten sieht man zwar besonders in Bauerngärten häufig, doch sie wuchern oft zum Ärgernis des Gärtners.
Ich möchte vor ihnen ein wenig warnen, obwohl der Liebhaber ihnen besonders zugetan ist wegen ihrer bunten Blätter. Außer den in diesem Abschnitt genannten Arten kann man aber auch einige an anderer Stelle besprochene Gräser gut zu Prachtstauden gesellen, wie z. B. Lampenputzergras, Blaustrahl-Wiesenhafer, Schwingel-Arten und verschiedene Arten von Chinaschilf.

Weißgrünes Glanzgras (*Phalaris arundinacea* 'Picta')

☼ ✻6–7 ↕80–100 cm

Ein üppig wucherndes, altes Gartengras, das nicht »totzukriegen« ist, mit schilfartigen, weiß gestreiften Blättern. Als »Bandgras« der Bauerngärten bekannt (Blumensträuße!), verwendet man es heute vorwiegend für extreme Lagen und zur Uferbefestigung.

Goldleistengras (*Spartina pectinata* 'Aureomarginata')

☼ ✻8–9 ↕100–150 cm ✂

Sowohl das einzelne, elegant überhängende Blatt als auch der ganze Busch ist – besonders im Alter – von bezaubernder Schönheit. Die grünen Blätter sind beiderseits von gelben Streifen eingefasst. Wem die unordentlich wirkenden, beinahe mannshohen Blütenstiele nicht gefallen, kann sie abschneiden. Die Blätter bilden einen aparten Vasenschmuck. Da sie auch den Winter über schön sind, werden sie erst im Frühjahr abgeschnitten. Das geringe Wuchern nehmen wir bei diesem Gras gern in Kauf. Es ist übrigens sehr anspruchslos und verträgt sowohl Sonne wie Halbschatten, Dürre und Feuchtigkeit. Wir müssen allerdings ein wenig Geduld haben, bis sich dieses Gras von seiner schönsten Seite zeigt, denn im Jahr nach der Pflanzung macht es noch nichts her. Dann aber legt es los! Selbstverständlich sollte das Goldleistengras nicht allein stehen, sondern in Verbindung mit dazu passenden Blühpartnern. Wegen der gelben Blattränder eignen sich vor allem blau blühende Stauden in der Nähe.

→ TIPP
Das Goldleistengras treibt Ausläufer. Nicht an den Folienteich pflanzen!

Rutenhirse (*Panicum virgatum*)

☼ ✻8–9 ↕80–180 cm ✂

Dieses Gras lässt sich nicht nur in Verbindung mit Prachtstauden verwenden, es eignet sich auch für die »Steppe« und in der Nähe des Wassers. Das reizvolle, sturmfeste Gras bildet hohe, mächtige Büsche. Wir sollten es nur einzeln pflanzen. Im Spätsommer und Herbst schmückt es sich mit bräunlichen, lockeren Blüten, die auch in der Vase sehr dekorativ sind. Trockenheitwird tadellos vertragen, und außer dem Rückschnitt im Frühjahr macht uns die Rutenhirse keine Arbeit.
Die Sorte 'Rehbraun' ist besonders duftig. Die rotbraune Blatt- und Halmfärbung ist bis zum Herbst eine Gartenzierde mit besonderer Note. 'Rehbraun' wird nur 120 cm hoch. Wertvoll für die »Steppe«. 'Strictum', 150–180 cm, ist standfest mit ockergelber Herbstfärbung; bei 'Hänse Herms', 80–120 cm, setzt die rote Färbung bereits im Spätsommer ein; 'Heavy Metal', 80–100 cm, sehr auffallend, Blätter graugrün bereift.

Das Goldleistengras hat elegant überhängende Blätter. Die gelben Ränder verlangen geradezu nach blau blühenden Staudennachbarn

Die Rutenhirse, hier die Sorte 'Rehbraun', eignet sich besonders für eine Steppenpflanzung oder für Plätze in der Nähe von Wasser.

Silberfahnengras (*Miscanthus sacchariflorus* 'Robustus')

☼ ✻9-10 ↕150-200 cm

Herrlich, wenn im Herbst die seidig silberweißen Blütenfahnen wehen! Bis Ostern sind sie eine Gartenzierde! Leider wuchert dieses Gras, es ist aber so schön, dass wir nicht darauf verzichten wollen. Wir müssen eben gelegentlich das Zuviel mit dem Spaten abstechen oder aber - besonders im kleineren Garten - das Gras von vorneherein in einen Betonring pflanzen, der in den Boden versenkt wurde. Das Silberfahnengras ist absolut winterhart und bevorzugt frischen, kräftigen Gartenboden in voller Sonne. Es wächst aber auch auf trockensten, leichten Böden recht üppig, nur lässt hier der Blütenreichtum meist zu wünschen übrig.
Wegen seiner wuchernden Eigenschaften ist dieses Gras weniger für das Staudenbeet geeignet, sondern vor allem für den großen naturnahen Garten. Hübsch sieht es aber aus, wenn wir es an einer gesonderten kleinen Ecke mit blauen HerbstAstern oder Blaustrahl-Wiesenhafer zusammenpflanzen. Auch für eine derzeit sehr beliebte »Steppenpflanzung« lässt es sich vom Aussehen her gut verwenden.

Gräser rund um den Gartenteich

Die folgenden Gräser passen wegen ihres meist schilfartigen Aussehens ausgezeichnet in die Nähe des Wassers.

Pampasgras (*Cortaderia selloana*)

☼ ✻10 ↕80-180/100-250 cm ✂

Das Pampasgras gilt als der Star unter den Gartengräsern, obwohl ich es ein wenig steif und pompös finde. Allerdings, wenn vor dem wolkenverhangenen Herbsthimmel die silberweißen Federbüsche leuchten, begeistert uns der fremdartige Reiz. Sehr gut nimmt sich dieses Gras auch in der Steppenpflanzung aus. Es ist zweihäusig; besonders schön sind die Blüten von weiblichen Pflanzen.
Der Blattbusch erreicht eine Höhe von 70-100 cm, die Blüten werden übermannshoch und sind weithin sichtbar. Es ist wohl das dekorativste aller Gräser und eignet sich daher auch als einzeln stehende Staude (Solitär). Es gibt auch eine 50 cm hohe Zwergform ('Pumila'), deren Blütenfahnen nur 100-120 cm hoch werden.
Die Sorte 'Sunningdale Silver', 90/250 cm, ist wegen ihrer silberweißen Blüten besonders wertvoll.

Besonders im Winter darf das Pampasgras nicht nass stehen. Wir wählen deshalb im Garten einen geschützten, sonnigen Platz aus. Der Boden soll tiefgründig, nahrhaft und vor allem recht durchlässig sein.
Während des Wachstums sollten wir dieses Gras häufig gießen und düngen. Im Herbst werden die Blätter nicht zurückgeschnitten sondern zu einem Schopf zusammengebunden. Die Pflanze braucht unbedingt einen guten Winterschutz. Erst im Frühjahr entfernen wir die vergilbten Blätter dicht über dem Boden. Nur Frühjahrspflanzung!

Riesen-Chinaschilf, Elefantengras

(Miscanthus × giganteus)

☼ ↕200-300 cm

Dieses winterharte, schilfartige Gras kommt bei uns nicht zur Blüte. Die mächtigen Büsche vergilben im Winter und bleiben bis zum Frühjahr (März/April) stehen. Dann müssen sie zurückgeschnitten werden, denn ab Mai beginnt der neue Austrieb. Gut 10 cm schafft dieses Riesengras pro Tag!
Das Riesen-Chinaschilf lässt sich als Solitärstaude, also allein gestellt, aber auch für eine mehrmalige Wiederholung auf großen Staudenrabatten gut verwenden. Am besten gedeiht es auf kräftigen, feuchten Böden in voller Sonne. Es nimmt aber auch mit leichtem Schatten und trockenen Standorten vorlieb.
Im Gegensatz zum Pfahlrohr ist es absolut winterhart und die imposante Gestalt wirkt auch ohne Blüten.

Pampasgras braucht Winterschutz und wird im Spätherbst schopfartig zusammengebunden und mit trockenem Laub umgeben.

Pflanzengemeinschaft mit Gräsern

1 Felsenmispel *(Cotoneaster bullatus)*
2 Bärenfell-Schwingel *(Festuca gautieri)*, 8 Stück
3 Lampenputzergras (*Pennisetum alopecuroides* 'Hameln'), 2 Stück
4 Lein *(Linum narbonense)*, 3 Stück
5 Schleierkraut (*Gypsophila*-Repens-Hybride 'Rosenschleier'), 4 Stück
6 Blau-Schwingel (Festuca cinerea), 5 Stück
7 Katzenminze *(Nepeta × faassenii)*, 5 Stück
8 Riesenkatzenpfötchen *(Anaphalis triplinervis)*, 11 Stück
9 Beet- oder Kleinstrauchrose mit einfachen Blütenschalen, wie etwa die rote 'Apache', oder halb gefüllte wie die orangerote 'Canzonetta', 9 Stück
10 Mädchenauge (*Coreopsis verticillata* 'Grandiflora'), 6 Stück
11 Ehrenpreis (*Veronica spicata* ssp. *incana*), 14 Stück
12 Berg-Aster (*Aster amellus* 'Sternkugel'), 3 Stück
13 Blaustrahl-Wiesenhafer *(Helictotrichon sempervirens)*, 4 Stück
14 Rutenhirse (*Panicum virgatum* 'Strictum'), 3 Stück
15 Schafgarbe (*Achillea filipendulina* 'Coronation Gold')

Bodendecker

16 Teppich-Sedum *(Sedum middendorffianum)*
17 Niedrige Astilbe *(Astilbe chinensis* var. *pumila)*
18 Pfingst-Nelke (*Dianthus gratianopolitanus* 'Blauigel')

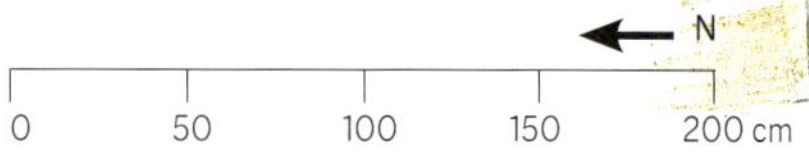

Chinaschilf *(Miscanthus sinensis)*

☼ ✻8–10 ↕100–200 cm

Es zählt neben dem Pampasgras zu den imposantesten Gräsern, wenn man von Bambus absieht. Es gibt mittlerweile zahlreiche Sorten, die sich in der Wuchshöhe (1–2,5 m), der Farbe der Blüten und Samenstände (silbrig weiß bis rötlich) und der Blattfarbe (grün, grün mit weißem Mittelstreifen, gelb oder weiß gebändert) unterscheiden.

Außerdem unterscheiden sie sich hinsichtlich ihrer Blühwilligkeit in unserem Klima.

Für den Garten sind die im Text und in der Tabelle unten genannten Sorten Sämlingen unbekannter Herkunft weit überlegen und deshalb in jedem Fall vorzuziehen.

In den letzten Jahren blühen viele Sorten nicht nur, sondern kommen durch die längere Vegetationsperiode auch zur Samenreife. Chinaschilf kann sich dann schnell im ganzen Garten ausbreiten. Wer das verhindern möchte, schneidet die Blüten ab.

Für Gartenfreunde, die es ein wenig bunt lieben: das Zebragras. Vor einem dunklen Hintergrund hebt es sich besonders wirkungsvoll ab.

Das Riesen-Chinaschilf *(Miscanthus × giganteus)* entwickelt sich zu einem mächtigen, den Garten beherrschenden Gras. Ufert es aus, rücken wir ihm mit dem Spaten zuleibe.

Silberfeder-Chinaschilf (*Miscanthus sinensis* 'Silberfeder')

☼ ✻8–10 ↕150–200 cm ✂

Diese Sorte ist wohl die bekannteste. Sie blüht absolut sicher und ist deshalb in vielen Gärten anzutreffen. Die üppigen, erst rötlichen Blütenrispen wehen oft bis in den November hinein als silbrig glänzende Blütenfahnen vor einem tiefblauen Herbsthimmel, wie es das Bild auf S. 140 zeigt, während sich die bogig überhängenden Blätter gelb-bräunlich verfärben. Obwohl sich 'Silberfeder' gut für die Nähe von Wasser eignet, sollte der Boden nicht feucht oder gar nass sein, sondern gut durchlässig und eher etwas trockener.

Zebragras (*Miscanthus sinensis* 'Zebrinus')

☼ ↕150 cm ✂

Die Blätter sind bei diesem Gras gelb-grün gestreift und hängen bogig über. Dadurch gefällt es vielen Gartenfreunden, die bunte Blätter lieben, besonders gut.

Stachelschweingras (*Miscanthus sinensis* 'Strictus')

☼ ↕180 cm ✂

M. sinensis 'Strictus', das Stachelschweingras, wächst dagegen steif aufrecht. Es ist ein recht eigenwillig aussehendes

Wertvolle Sorten des Chinaschilfs *(Miscanthus sinensis)*

Sorte	Höhe	Blütezeit	Blütenfarbe	Bemerkungen
'Kleine Fontäne'	110–160 cm	7–11	silbrig	eine grazile, halbhohe Sorte, die bereits ab Juli sehr reich blüht; schon bei Blühbeginn rosa-silbrig gefärbt; bringt oft laufend neue Blüten, bis in den späten Herbst hinein
'Malepartus'	170–200 cm	8–10	silbrig rot	schönste rot blühende Sorte, bei der die Blüten hoch über dem Laub stehen; der Habitus und die flammend rotbraune Herbstfärbung sind von besonderer Schönheit
Graziella'	140–170 cm	8–10	silberrosa	ähnlich wie *M. sinensis* 'Gracillimus', aber früh und sicher blühend; die großen, lockeren Blüten stehen hoch über dem Laub
'Hermann Müssel'	120–150 cm	9–11	weiß-gelb	eine wertvolle halbhohe Sorte, reich blühend mit kompaktem Wuchs
'Prof. Richard Hansen'	170–200 cm	9–11	weiß	eine stattliche Sorte, nach dem Begründer des Staudensichtungsgartens Weihenstephan benannt

Rohr-Pfeifengras der Sorte 'Windspiel' – eine Solitärstaude, die im herbstlichen Garten begeistert. Vorzügliche Begleitstauden sind Herbstastern in kräftigen Farbtönen.

Gras. Charakteristisch sind ebenfalls die gelben Querstreifen. Hübsch sieht es aus, wenn wir es in der Nähe von Wasser einzeln gestellt aus Flusskieseln – darunter ist natürlich Erde – herauswachsen lassen oder zu orangeroten Fackellilien pflanzen. Beide Arten liefern wertvolles Schnittgrün.

Feinhalm-Miscanthus (*Miscanthus sinensis* 'Gracillimus')
☼ ↕150 cm

Ein grazil überhängendes Gras, das sich in Einzelstellung zu besonderer Schönheit entfaltet. Im Winter bewegen sich die bronzefarbenen, schilfartigen Blätter ebenso elegant im Wind wie im grünen, sommerlichen Zustand. Erst im März schneiden wir die Halme dieses völlig winterharten Grases ab. Getrocknet sind sie ein schöner Vasenschmuck.

Rohr-Pfeifengras *(Molinia arundinacea)*

☼ ✻8–10 ↕50–180 cm ✂

Die grazilen, goldenen Blütenhalme, die sich aus 50 cm hohen Horsten entwickeln, sind im Oktober ein Genuss für das Auge. Die Blütenstände stehen straff aufrecht da, die Enden hängen elegant über. Es ist ein hübsches heimisches Gras, das besonders auf leichtem Boden vorkommt. Bestens auch für den Heide- oder Naturgarten geeignet. In den Staudengärtnereien angebotene Auslesen sind 'Karl Foerster', 'Transparent', 'Windspiel' u. a. Vor allem bei Letzterer handelt es sich um eine eindrucksvolle Solitärstaude. Die verzweigten Ähren auf standfesten Stielen verfärben sich im Herbst goldgelb.
Im Gegensatz zum Rohr-Pfeifengras wird das gewöhnliche Pfeifengras *(Molinia caerulea)* nur 40/80 cm hoch. Einzeln oder in kleinen Gruppen gepflanzt, eignet es sich ebenfalls für Blickpunkte im naturnahen Garten.

Goldbartgras

(Sorghastrum nutans, Syn.: *Chrysopogon nutans)*
☼ ✻8–10 ↕80–120 cm

Es bildet kompakte Horste, über denen sich im Spätsommer lang gestreckte schmale Blütenrispen mit deutlich sichtbarem gelbem Pollen erheben. Der Boden sollte kalkhaltig, sandig-lehmig und gut durchlässig sein, doch brauchen wir dies nicht zu eng zu sehen.
Das Goldbartgras eignet sich als einzelner Horst oder als kleinere Gruppe für eine Pflanzung mit Steppen- oder Heidecharakter. Ebenso können wir es auf das Staudenbeet

setzen, wo es zusammen mit spät blühenden Stauden wie Sonnenhut, Sonnenblumen, Herbstastern und anderen gut zur Wirkung kommt. Damit wir uns an der schönen Herbstfärbung und dem Schmuck der abgeblühten Horste bis weit in den Winter hinein erfreuen können, pflanzen wir es in Augennähe. Die Horste werden erst im Frühjahr bis auf Handbreite über dem Boden zurückgeschnitten.

Plattährengras

(Chasmanthium latifolium, Syn. *Uniola latifolia)*

☼ ✻9–10 ↕50–80 cm

Ein stets sauber aussehendes Gras mit platt gedrückten Ähren, das warme Sommer liebt. Mit Ausnahme von tiefem Schatten wächst dieses Gras überall gut und gilt als geradezu unverwüstlich. Wir sollten es so pflanzen, dass wir es aus der Nähe betrachten können, denn nur so zeigt es uns seine Schönheit. Vom Aussehen her fügt es sich besonders gut in eine Pflanzung am Wasser ein, ist aber ebenso anderweitig im Garten verwendbar. Auch für Trockensträuße ist es gut geeignet.

Pfahlrohr *(Arundo donax)*

☼ ↕250–300 cm

Ein riesiges Gras, das bei uns in kalten Regionen im Winter manchmal erfriert. Wer es haben möchte, sollte es deshalb möglichst geschützt an eine warme Stelle pflanzen. Zur Vorsicht die Blätter im Herbst abgeschnitten werden und der Wurzelstock mit Laub oder Stroh abdecken. Während der Vegetationszeit (Mai–Juli) ist eine mehrmalige Düngung angebracht. In nahrhaften Boden und in die Nähe von Wasser gepflanzt, erweckt dieses ornamentale Riesengras den Eindruck üppigster Vegetation, besonders in Gegenden mit milden Wintern. Zur Blüte kommt es nur in den Mittelmeerländern, wo diese markante Gestalt geradezu wie »Unkraut« wächst.

Wenn allerdings die Gefahr besteht, dass winterliche Nässe in die Pflanze eindringt, ist es besser, die Triebe erst im Frühjahr dicht über dem Boden abzuschneiden. Auch in diesem Fall decken wir den Wurzelstock gut mit Laub oder Stroh ab. So geschützt, hält das Pfahlrohr auch sehr kalte Winter aus und erfreut uns viele Jahre.

Die Blätter des Goldbartgrases sind blau-grün gefärbt, später zeigt sich eine gelbe bis orangefarbene Herbstfärbung. Idealerweise verwendet man das Gras in wiesenartigen Pflanzungen oder man kombiniert es mit blühenden Stauden wie Purpur-Sonnenhut oder Rudbeckien.

Das Pfahlrohr weckt Erinnerungen an Urlaub im Mittelmeerraum, wo dieses Riesengras geradezu wie Unkraut wuchert.

Wildstauden für sonnige Plätze

In manchen Gärten gibt es Stellen, die extrem der Sonne ausgesetzt sind und leicht austrocknen. Das ist entlang der Süd- oder Südwestmauer eines Hauses der Fall, vor allem wenn ein Vordach verhindert, dass Regen hinfällt. Das Gleiche gilt für einen Südhang, an den die Sonne so richtig hinbrennt. Ist gar der Boden des Gartens sehr mager, kiesig oder sandig, bietet sich eine naturnahe Pflanzung mit Wildstauden an.

All die nachstehend genannten Arten sind nicht sehr auffallend und farbenprächtig, ihr Reiz liegt in der Schlichtheit. Die meisten von ihnen haben graufilzige oder schmale Blätter, sind also auf Sonne und Trockenheit eingestellt. Hier eine Auswahl:

Deutscher Name	Botanischer Name	Höhe	Farbe	Blütezeit
Gold-Wolfsmilch	*Euphorbia polychroma*	30–40 cm	gelb	4/5
Junkerlilie	*Asphodeline lutea*	50–100 cm	gelb	5/6
Zwerg-Taglilie	*Hemerocallis minor*	60 cm	zitronengelb	5/6
Bart-Iris, ältere Sorten	*Iris barbata*	30–80 cm	verschiedene Farben	5/6
Ehrenpreis	*Veronica austriaca ssp. teucrium* 'Knallblau' u. a.	25 cm	enzianblau	5/6
Berg-Kornblume	*Centaurea montana*	40 cm	blau	5–8
Katzenminze	*Nepeta × faassenii*	30 cm	lilablau	5–9
Zitronen-Taglilie	*Hemerocallis citrina*	120 cm	hellgelb	6/7
Braunrote Taglilie	*Hemerocallis fulva*	60–120 cm	braunorange	6/7
Wüstengoldaster	*Eriophyllum lanatum*	30 cm	goldgelb	6–8
Kandelaber-Königskerze u. a.	*Verbascum olympicum u. a.*	180 cm	gelb	6–8
Schafgarbe	*Achillea millefolium*	20–60 cm	weiß	6–9
Färberkamille	*Anthemis tinctoria*	30–70 cm	goldgelb	6–9
Spornblume	*Centranthus ruber* 'Coccineus'	60 cm	karminrot	6–9
Natternkopf	*Echium vulgare*	60 cm	rot-blau	6–10
Alpen-Edeldistel	*Eryngium alpinum*	70 cm	stahlblau	7/8
Ysop	*Hyssopus officinalis*	40–60 cm	blau	7/8
Zwerg-Alant	*Inula ensifolia*	40 cm	leuchtend gelb	7/8
Lavendel	*Lavandula angustifolia*	30–60 cm	blauviolett	7/8
Duftnessel (Anis-Ysop)	*Agastache foeniculum*	60–120 cm	lila	7–9
Bergminze	*Calamintha nepeta* 'Blue Cloud' u. a.	40–50 cm	violettblau	7–9
Kugeldistel	*Echinops ritro*	80–100 cm	blau	7–9
Schönaster	*Kalimeris incisa*	60–80 cm	weiß	7–9
Knautie, Witwenblume	*Knautia macedonica*	60–100 cm	weinrot	7–9
Heidegünsel	*Origanum vulgare*	40 cm	rosa	7–9
Perlkörbchen	*Anaphalis triplinervis*	30–40 cm	weiß	7–10
Eberraute	*Artemisia abrotanum*	40–100 cm	gelb (unscheinbar)	7–10
Scheinaster	*Boltonia asterioides*	100 cm	zartrosa	7–10
Goldhaar-Aster	*Galatella Syn. Aster linosyris*	50 cm	gelb	8/9
Berg-Aster	*Aster pyrenaeus 'Lutetia'*	50 cm	helllila	8/9
Wilde Zwerg-Aster	*Aster sedifolius 'Nanus'*	30–40 cm	blau	8/9
Goldrute	*Solidago virgaurea*	60–80 cm	gelb	8–10
Wild-Aster	*Symphytotrichon laeve* Syn. *Aster laevis*	150 cm	lichtblau	9/10
Goldrute	*Solidago caesia*	60–100 cm	gelb	9/10

Geeignete Gräser sind u. a.:

Reitgras	*Calamagrostis × acutiflora* 'Karl Foerster'	60–170 cm	gelbbraun	6/7
Regenbogen-Schwingel	*Festuca amethystina*	25–45 cm	dunkelviolett	6/7
Schaf-Schwingel	*Festuca ovina*	20–40 cm	frischgrün	6–8
Atlas-Schwingel	*Festuca mairei*	60–10 cm	graugrün	7/8
Riesen-Pfeifengras	*Molinia arundinacea*	60–200 cm	gelblich grün	8–10
Lampenputzergras	*Pennisetum alopecuroides*	70–100 cm	gelbbraun	8–11

Bodendecker für sonnige Plätze

Immergrüne Arten

Deutscher Name	Botanischer Name	Höhe	Farbe	Blütezeit
Stachelnüsschen	*Acaena buchananii*	bis 5 cm	grünlich weiß, unscheinbar	5
Schleifenblume	*Iberis sempervirens*	15–30 cm	weiß	5
Blaukissen	*Aubrieta*-Hybriden	10 cm	blau, violett, rosa	4/5
Bergenie	*Bergenia cordifolia*	30 cm	rosa, rot, weiß	4/5
Katzenpfötchen	*Antennaria dioica* u. a.	bis 5 cm	weiß, rosa	5/6
Hornkraut	*Cerastium tomentosum*	10 cm	weiß	5/6
Silberwurz	*Dryas × suendermannii* u. a.	10 cm	weiß	5/6
Kugelblume	*Globularia cordifolia*	5 cm	blau	5/6
Teppich-Phlox	*Phlox subulata*	10 cm	rosa, rot, blau, violett, weiß	5/6
Sternmoos	*Sagina subulata*	bis 5 cm	weiß	6/7
Wolliger Ziest	*Stachys byzantina*	10 cm	lilarosa	6/7
Habichtskraut	*Hieracium × rubrum*	5 cm	orangerot	6–8
Knöterich	*Persicaria affinis* 'Superbum'	20 cm	rosa	6–10
Fetthenne	*Sedum hybridum* 'Immergrünchen'	10 cm	zitronengelb	7/8
Thymian	*Thymus serpyllum* u. a.	5 cm	rosa	7–9

Sommergüne Arten

Deutscher Name	Botanischer Name	Höhe	Farbe	Blütezeit
Pfingst-Nelke	*Dianthus gratianopolitanus*, verschiedenen Sorten,	10–20 cm	weiß, rosa, pink, rot	5/6
Edelraute	*Artemisia schmidtiana* 'Nana'	20 cm	weiß	6/7
Storchschnabel	*Geranium dalmaticum* u. a.	10 cm	blau, violett, rosa, weiß	6/7
Mauerpfeffer	*Sedum acre*	bis 5 cm	gelb	6/7
Fetthenne	*Sedum floriferum* 'Weihenstephaner Gold'	10 cm	gelb	6/7
Fetthenne	*Sedum spurium* in verschiedenen Sorten, u. a. *Sedum*-Arten	10 cm	rot, weiß	6/7

Wildstauden für halbschattige bis schattige Plätze

In vielen Gärten gibt es schattige Stellen, die sich mit Wildstauden reizvoll und pflegeleicht bepflanzen lassen. Wildstauden, die am natürlichen Standort vorkommen, sind auch für Naturgärten das Richtige.
Hier eine Auswahl von Wildstauden, die in Staudengärtnereien erhältlich sind.

Die meisten der aufgeführten Wildstauden eignen sich für Halbschatten, den wandernden Schatten, einige auch für vollen Schatten.In Katalogen ist dies jeweils mit den Symbolen ◐ und ● vermerkt.
Bodendeckende Wildstauden, die für eine solche Pflanzung unentbehrlich sind, finden Sie dann in der nachfolgenden Tabelle.

Deutscher Name	Botanischer Name	Höhe	Farbe	Blütezeit
Vorfrühlings -Alpenveilchen	*Cyclamen coum*	5 cm	rosa	2/3
Waldanemonen Buschwindröschen u. a	*Anemone blanda, A. apeninna , Anemone nemorosa*	15 cm	blau, rosa, weiß, weiß	3–5 (je nach Art)
Gänsekresse	*Arabis procurrens*	15 cm	weiß	3/4
Leberblümchen	*Hepatica nobilis*	10 cm	blau	3/4
Bergenie	*Bergenia cordifolia, B.*-Hybriden	40 cm	rosa, rot, weiß	4/5
Kaukasusvergissmeinnicht	*Brunnera macrophylla*	50 cm	blau	4/5
Lerchensporn	*Corydalis cava*	20 cm	rot-violett	4/5

Deutscher Name	Botanischer Name	Höhe	Farbe	Blütezeit
Elfenblume	*Epimedium pinnatum* u. a.	30–50 cm	gelb	4/5
Wolfsmilch	*Euphorbia polychroma*	40 cm	goldgelb	4/5
Frühlings-Platterbse	*Lathyrus vernus*	30 cm	rot-violett	4/5
Primel	*Primula-Elatior*-Hybriden u. a.	10–20 cm	versch. Farben	4/5
Lungenkraut	*Pulmonaria angustijolia* *Paeonia tenuifolia*	30 cm 40 cm	blau rot	4/5 5
Christophskraut	*Actaea pachypoda* (Syn. *A. alba*)	60 cm	grünlich weiß	5/6
Herbst-Anemone	*Anemone sylvestris*	40 cm	weiß	5/6
Akelei	*Aquilegia vulgaris*	60 cm	violettblau	5/6
Salomonssiegel	*Polygonatum multiflorum*	60 cm	weiß	5/6
Silber-Hahnenfuß	*Ranunculus aconitifolius* 'Flore Pleno'	70 cm	weiß	5/6
Moos-Steinbrech	*Saxifraga trifurcata* u. a.	15 cm	weiß	5/6
Falsche Alraunwurzel	*Tellima grandiflora*	40 cm	grünlich	5/6
Wiesenraute	*Thalictrum aquilegifolium*	100 cm	lilarosa	5/6
Trollblume	*Trollius europaeus* u. a.	50 cm	gelb	5/6
Hänge-Goldglocke	*Uvularia grandiflora*	30 cm	hellgelb	5/6
Herzblume	*Dicentra eximina*	20 cm	purpurrosa	5–7
Mädesüß	*Filipendula vulgaris*	30 cm	weiß	5–7
Nelkenwurz	*Geum coccineum* u. a.	40 cm	orangerot	5–7
Gelber Scheinmohn	*Meconopsis cambrica*	30 cm	gelb	5–9
Lerchensporn	*Corydalis lutea*	20 cm	gelb	5–10
Frauenmantel	*Alchemilla mollis*	40 cm	grünlich gelb	6/7
Wald-Geißbart	*Aruncus dioicus* (Syn. *A. sylvestris*)	180 cm	weiß	6/7
Wald-Glockenblume	*Campanula latifolia* var. *macrantha*	100 cm	dunkelviolett	6/7
Diptam	*Dictamnus albus*	70 cm	rosa	6/7
Fingerhut	*Digitalis grandiflora* u. a.	80 cm	rosa, rot, weiß, gelb	6/7
Storchschnabel-Arten	*Geranium ×magnificum* u. a.	50–70 cm	blauviolett	6/7
Feuer-Lilie, Tiger-Lilie u. a.	*Lilium bulbiferum*, *L. lancifolium* et. al.	40–180 cm	feuerrot, orangerot	6/7
Etagen-Primel u. a.	*Primula japonica* *P.-Bullesiana*-Hybride *Primula florindae* u. a.	50–80 cm	rot gelb, orange, rosa, rot, purpurn gelb	6/7
Schaublatt	*Rodgersia*, verschiedene Arten	100–150 cm	weiß	6/7
Juli-Silberkerze	*Actaea* Syn. *Cimicifuga racemosa* var. *racemosa*	200 cm	weiß	7
Eisenhut	*Aconitum napellus*	120 cm	blau	7/8
Sterndolde	*Astrantia major*	80 cm	weiß	7/8
Mädesüß	*Filipendula rubra* 'Venusta'	150 cm	weiß	7/8
Sommer-Alpenveilchen	*Cyclamen purpurascens*	10–15 cm	rosarot	7–9
Schwalbenwurz-Enzian	*Gentiana asclepiadea* u. a. Arten	50 cm	dunkelblau	7–9
Funkie, Herzlilie	*Hosta*, verschiedene Arten	30–80 cm	lila, violett, weiß	7–9 (je n. Art)
Ligularie	*Ligularia*, verschiedene Arten	100–180 cm	gelb	7–9
Blut-Weiderich	*Lythrum salicaria*	60–100 cm	rosa	7–9
Wiesenraute	*Thalictrum delavayi* (Syn. *T. dipterocarpum*)	120 cm	violettrosa	7–9
Lampionpflanze	Physalis alkekengi var. *franchetii*	40 cm	orangerot (Früchte)	8/9
Krötenlilie	*Tricyrtis hirta*	50 cm	weißlich lila	8/9
September-Silberkerze	*Actaea* Syn. *Cimicifuga ramosa*	200 cm	weiß	9
Eisenhut	*Aconitum carmichaelii* var. *wilsonii*	150 cm	blau	8–10
Bleiwurz	*Ceratostigma plumbaginoides*	20 cm	blau	8–10
Lanzen-Silberkerze	*Actaea* Syn. *Cimicifuga racemosa* var. *cordifolia*	200 cm	weiß	8–10
Herbst-Alpenveilchen	*Cyclamen hederifolium*	10–15 cm	blassrosa	9/10
Wachsglöckchen	*Kirengeshoma palmata*	60 cm	hellgelb	9/10
Christrose	*Helleborus niger* u. a.	25–50 cm	weiß-rosa	11–5 (je n. Art)

Farne, schattenliebende Gräser und verschiedene Blumenzwiebel-Arten eignen sich ebenfalls.

Weitere Bodendecker für halbschattige bis schattige Plätze

Immergrüne Arten

Deutscher Name	Botanischer Name/Sorte	Höhe	Blütezeit
Haselwurz	*Asarum europeum*	10 cm	(unscheinbar)
Ysander	*Pachysandra terminalis*	25 cm	April
Gänsekresse	*Arabis procurrens*	15 cm	April/Mai
Bergenie	*Bergenia cordifolia* u. a.	30 cm	April/Mai
Moos-Steinbrech	*Saxifraga*-Arendsii-Hybriden u. a.	15 cm	April/Mai
Immergrün	*Vinca minor*	10 cm	April/Mai
Waldsteinie	*Waldsteinia ternata*	10 cm	April/Mai
Günsel	*Ajuga reptans* 'Purpurea'	10 cm	April-Juni
Goldnessel	*Lamiastrum galeobdolon* (Syn. *Galeobdolon luteum*)	30 cm	April-Juni
Gefleckte Taubnessel	*Lamium maculatum* 'Argentum'	20 cm	Mai
Pfennigkraut	*Lysimachia nummularia*	5 cm	Juni/Juli

Sommergrüne Arten

Deutscher Name	Botanischer Name/Sorte	Höhe	Blütezeit
Gedenkemein	*Omphalodes verna*	15 cm	April/Mai
Waldmeister	*Galium odoratum* (Syn. *Asperula odorata*)	15 cm	Mai
Maiglöckchen	*Convallaria majalis*	20 cm	Mai
Schaumblüte	*Tiarella cordifolia*	20 cm	Mai
Schattenblümchen	*Maianthemum bifolium*	10 cm	Mai/Juni

Bepflanzungsvorschläge für Trockenmauern

Für eine Trockenmauer in der Sonne sind u.a. folgende Stauden geeignet:

Zur Bepflanzung der Fugen

Aurikel *(Primula auricula)*

Bergwaldmeister (*Asperula arcadiensis* u. Ä.)

Blaukissen *(Aubrieta)*

Dolomiten-Fingerkraut *(Potentilla nitida)*

Fetthenne (*Sedum*-Arten)

Hauswurz (*Sempervivum*-Arten)

Karpaten-Glockenblume *(Campanula carpatica)*

Pfingstnelke *(Dianthus gratianopolitanus)*

Polster-Phlox *(Phlox subulata)*

Schafgarbe, niedrige Arten *(Achillea)*

Schleierkraut (*Gypsophila aretioides* u.a.)

Schleifenblume *(Iberis)*

Sonnenröschen (*Helianthemum*-Arten)

Steinbrech (*Saxifraga*-Arten)

Storchschnabel *(Geranium dalmaticum)*

Walzen-Wolfsmilch *(Euphorbia myrsinites)*

Zur Pflanzung auf die Mauerkrone bzw. vor die Mauer

Blaukissen *(Aubrieta)*

Ehrenpreis (*Veronica spicata* ssp. *incana*)

Glockenblumen-Arten *(Campanula)*

Gänsekresse *(Arabis)*

Grasnelke *(Armeria)*

Hornkraut *(Cerastium tomentosum* var. *columnae)*

Island-Mohn *(Papaver nudicaule)*

Katzenminze (*Nepeta × faassenii*)

Kugel-Wolfsmilch *(Euphorbia polychroma)*

Lein *(Linum perenne)*

Schleifenblume *(Iberis)*

Schleierkraut (*Gypsophila*-Repens-Hybride 'Rosenschleier')

Seifenkraut *(Saponaria ocymoides)*

Steinkraut *(Alyssum)*

Für eine Trockenmauer im Halbschatten sind u.a. folgende Stauden geeignet:

Zur Bepflanzung der Fugen

Dalmatiner-Glockenblume *(Campanula portenschlagiana)*

Felsenteller *(Ramonda myconi, R. nathaliae)*

Gänsekresse (*Arabis procurrens* 'Neuschnee')

Haberlee *(Haberlea rhodopensis)*

Lerchensporn (Corydalis lutea)

Steinbrech (*Saxifraga*-Arendsii-Hybriden)

Teppich-Primel *(Primula × pubescens)*

Farne

Steinfeder *(Asplenium trichomanes)*

Hirschzungenfarn *(Phyllitis scolopendrium)*

Tüpfelfarn *(Polypodium vulgare)*

Zur Pflanzung auf die Mauerkrone bzw. vor die Mauer:

Gänsekresse *(Arabis procurrens)*

Knöterich *(Polygonum affine)*

Pfennigkraut *(Lysimachia nummularia)*

Schaumblüte *(Tiarella cordifolia)*

Steinbrech *(Saxifraga × urbium)*

Waldsteinie *(Waldsteinia ternata)*

Bezugsquellen

Die meisten der nachstehend genannten Staudengärtnereien haben einen Online-Shop und versenden auf Anforderung einen Katalog. Für die gut ausgestatteten wird meist eine Schutzgebühr erhoben. Einige dieser Verzeichnisse enthalten neben dem Staudenangebot eine Fülle wertvoller Informationen.

Auf der Homepage des Bunds deutscher Staudengärtner (BdS) – www.stauden.de – wird auch über die Ergebnisse des »Arbeitskreises Staudensichtung«, der in langjähriger Arbeit an sieben über das Bundesgebiet verstreuten Stellen die Sichtung der umfangreichen Sortimente vornimmt, informiert. Die dort genannten Sorten machen die Auswahl aus der kaum überschaubaren Fülle von Stauden leichter. Auf der Seite www.staudensterne.de sind sie übersichtlich und aktuell dargestellt.

Wer sich intensiver mit dem Thema Stauden beschäftigen will oder Kontakte zu anderen Liebhabern sucht, kann sich an folgende Adressen wenden:

Bund deutscher Staudengärtner
Godesberger Allee 142–148
53175 Bonn
www.stauden.de

Gesellschaft der Staudenfreunde e.V.
Evi Roth
Sonnenberg 4
77955 Ettenheim
www.gds-staudenfreunde.de

Staudengärtnereien

Die nachfolgenden Staudengärtnereien sind nach Postleitzahlen sortiert und ohne Anspruch auf Vollständigkeit.

Staudengärtnerei Manig
Klaus-Peter Manig
Parkweg 19
04938 Uebigau
www.stauden-manig.de

Foerster-Stauden GmbH
Wolfgang Härtel
Am Raubfang 6
14469 Potsdam-Bornim
www.foerster-stauden.de

Karsten Klimke Staudenkulturen
Platz der Jugend 15
14959 Trebbin OT Wiesenhagen
www.klimke-stauden.de

Härlen Staudengärtnerei
Unter den Linden 100
21435 Stelle
www.haerlen-stauden.de

Staudenkulturen
Klingel + Luckhardt
Fliederweg 10
21789 Wingst
www.stauden-klingel-luckhardt.de

Pflanzenkulturen
Tolksdorf & Beckers
Heidkamp 12 a
24326 Kalübbe
www.biostauden-tb.de

Heischhof-Stauden
Heischhof
24796 Krummwisch
www.heischhof-stauden.de

Bremermann Stauden
Jörn Bremermann
Neuenkruger Str. 5
26215 Gristede/Wiefelstede
www.bremermann-stauden.de

Staudengärtnerei Wichmann
GmbH & Co.KG
Wallweg 1
26215 Wiefelstede
www.stauden-wichmann.de

Staudengärtnerei Mühring
Hauptstr. 167
26810 Westoverledingen-Völlenerfehn
stauden-muehring.de

Pöppel-Stauden
Hauptstr. 95/An der B 51
28816 Stuhr-Seckenhausen
www.poeppel-stauden.de

Staudengärtnerei Eskuche
Am Söhnholz 17, 29664 Ostenholz
www.stauden-eskuche.de

Staudengärtnerei Meyer´s Garten
Langenkampsweg 1
29690 Schwarmstedt-Grindau
www.meyers-garten.de

Lohhof-Stauden
Burkhard Früchtenicht
Lohhof 28, 31600 Uchte
www.lohhof-stauden.de

Stauden Junge
Seeangerweg 1
31787 Hameln
www.bluetenblatt.de

Stauden-Setter
Neunkirchener Str. 451
33334 Gütersloh-Spexard
www.stauden-setter.de

Staudenkulturen Wauschkuhn GbR
Mühlenberg 7/Tiefe Wiesen 1
34346 Hann. Münden
www.staudenkulturen-wauschkuhn.de

Stauden Volkmann
Schillerstr. 34
35452 Heuchelheim
www.stauden-volkmann.de

Floragarten Weinreich
Neue Str. 1, 39326 Wolmirstedt
www.floragarten-weinreich.de

Staudenkulturen Stade
Beckenstrang 24
46325 Borken-Marbeck
www.stauden-stade.de

Stauden Becker GmbH
Försterstr. 42
46539 Dinslaken
www.stauden-becker.de

Wildpflanzen-Gärtnerei Strickler GbR
An der B271
55234 Kettenheim
www.gaertnerei-strickler.de

Staudengärtnerei Eidmann
Groß-Umstädter Str. 20
64823 Groß-Umstadt
www.staudengaertnerei-eidmann.de

Staudengärtnerei Kirschenlohr
Im Lammsbauch 29/In der Haingereut 3
67346 Speyer
www.stauden-kirschenlohr.de

Michael Moll
Winterharte Gartenstauden
Leinfelder Str. 37/Aussiedlerhöfe
Bliensäcker
70771 Leinfelden-Echterdingen
www.mollstauden.de

Häussermann
Stauden und Gehölze GmbH
Im Kornfeld 4
71696 Möglingen
www.haeussermann.com

Erika Jantzen
Sindelfinger Str. 85
72070 Tübingen
www.stauden-jantzen.de

Staudengärtnerei Schöllkopf GbR
Gewann Heckwiesen
72770 Reutlingen-Betzingen
www.schoellkopf-immergruen.de

Stauden Müller
Im Sol 1
78609 Tuningen
www.staudenmueller-tuningen.de

Staudengärtnerei
Gräfin von Zeppelin e.K.
Weinstr. 2
79295 Sulzburg-Laufen
www.graefin-von-zeppelin.de

Stauden Panitz
Am Frauenwald 1
84056 Rottenburg a. d. Laaber
www.stauden-panitz.de

Stauden Haid
Albert-Schweitzer-Str. 33
85049 Ingolstadt
www.stauden-haid.de

Staudengärtnerei
Gaißmayer GmbH & Co. KG
Jungviehweide 3
89257 Illertissen
www.gaissmayer.de

Staudenkulturen
Doris Ehrhardt & Stefan Ort
Neustadter Str. 25
91085 Weisendorf
www.stauden-ehrhardt.de

Staudengärtnerei Augustin GbR
Neunkirchener Str. 15
91090 Effeltrich
www.stauden-augustin.de

Staudengärtnerei Rainer Goldmann
Kreben 5
91452 Wilhermsdorf/LKr. Fürth
www.goldmann-stauden.de

Bamberger Staudengarten
Gundelsheimer Str. 80
96052 Bamberg
www.bamberger-staudengarten.de

Die Staudengärtnerei
Till Hoffmann & Fine Molz GbR
Alte Iphöfer Str. 27
97348 Rödelsee
www.die-staudengaertnerei.de

Gärtnerei Klenart-Stauden
Stotternheimer Str. 16
99087 Erfurt
www.klenart-stauden.de

Stauden- und
Friedhofsgärtnerei Bartel
Am Tennisplatz 4
99092 Erfurt
www.gaertnerei-bartel.de

Staudengärtnerei Poltermann
Weimarische Str. 27f
99099 Erfurt
www.stauden-poltermann.de

Österreich
Sarastro Stauden
A-4974 Ort im Innkreis
www.sarastro-stauden.com

Schweiz
Eulenhof Staudengärtnerei
Schaufelgasse 34a
CH-4313 Möhlin
www.eulenhof-stauden.ch

Die Wildstaudengärtnerei AG
Neumühle 2 / Waldibrücke
CH-6274 Eschenbach
www.wildstauden.ch

Staudengärtnerei Roger Vogt
Wannenstr. 21
CH-8703 Erlenbach
www.vogtstauden.ch

Hauenstein AG
Landstr. 42
CH-8197 Rafz
www.hauenstein-rafz.ch

Blumenzwiebeln

Küpper Blumenzwiebeln und Saaten GmbH
Hessenring 22
37254 Eschwege
www.kuepper-bulbs.de

Albrecht Hoch
Potsdamer Str. 40
14163 Berlin
www.albrechthoch.de

Fluwel
Belkmerweg 20A
NL-1754 GB Burgerbrug
www.fluwel.de

Alpenpflanzen

Botanischer Alpengarten
F. Sündermann
Aeschacher Ufer 48
88131 Lindau/Bodensee
www.alpengarten-suendermann.de

Rosen

W. Kordes' Söhne Rosenschulen
Rosenstr. 54
25365 Klein Offenseth-Sparrieshoop
www.kordes-rosen.com

Rosen Tantau
Vertrieb GmbH & Co. KG
Tornescher Weg 13
25436 Uetersen
www.rosen-tantau.com

Noack Rosen
Baum- und Rosenschulen
Im Waterkamp 12
33334 Gütersloh
www.noack-rosen.de

Rosenhof Schultheis
Bad Nauheimer Str. 3
61231 Bad Nauheim
www.rosenhof-schultheis.de

Seerosen und Teichpflanzen

Lotusland - Seerosenfarm
Schlehenweg 3
15848 Rietz-Neuendorf OT Groß-Rietz
www.lotusland.de

Metzler Wasserpflanzengärtnerei
An den Querteilen 8
27616 Beverstedt/Frelsdorf
www.metzler-wasserpflanzen.de

Steffen Preller
Welsleber Weg 26
39171 Sülzetal OT Dodendorf
www.seerosenwelt.de

Jörg Petrowsky
Aschauteiche 2
29348 Eschede
www.seerosensorten.de

Wasserpflanzen Wolff
Schönthal 5
52379 Langerwehe
www.wasserpflanzen-wolff.de

Nymphaion – Werner Wallner Gartenbau
Mindelzeller Str. 9
87757 Kirchheim in Schwaben
www.nymphaion.de

Seerosen-Farm Erhard Oldehoff
Sieglmühle 2
94051 Hauzenberg
www.seerosen.de

Saatgut und Staudensamen

Jelitto Staudensamen GmbH
Am Toggraben 3
29690 Schwarmstedt
www.jelitto.com
(riesiges Sortiment,
viele Raritäten)

Rieger-Hofmann GmbH
In den Wildblumen 7
74572 Blaufelden-Raboldshausen
www.rieger-hofmann.de
(Saatgut heimischer Pflanzen)

Saatguttausch der Gesellschaft der Staudenfreunde e.V.
Informationen unter
www.gds-staudenfreunde.de

Stichwortverzeichnis

Seitenzahlen mit * verweisen auf Abbildungen

Über den Autor

Martin Stangl war nach der Gärtnerlehre und seinem Gartenbau-Studium bei der Bayerischen Landesanstalt für Pflanzenbau und Pflanzenschutz sowie an den Regierungen für Unter- und Mittelfranken und als Landesfachberater der Bayerischen Kleingärtner tätig. Zudem arbeitete er als vereidigter Sachverständiger für verschiedenste Fachfragen zum Thema Garten. Als freier Gartenschriftsteller veröffentlichte er sein Wissen in zahlreichen Zeitschriften.

DIE KÖNNTEN SIE AUCH INTERESSIEREN.

ISBN 978-3-96747-062-8

ISBN 978-3-96747-064-2

ISBN 978-3-96747-030-7

ISBN 978-3-96747-001-7

ISBN 978-3-96747-112-0

ISBN 978-3-8354-1446-4

e Auch als E-Book erhältlich

Mehr von BLV auf **www.blv.de**

Impressum

Postfach 860366, 81630 München

BLV

BLV ist eine eingetragene Marke der GRÄFE UND UNZER VERLAG GmbH, www.blv.de

ISBN 978-3-96747-117-5

1. Auflage 2023

Überarbeitete Neuausgabe des Titels »Das BLV Handbuch Stauden«, ISBN 978-3-8354-1265-1.

Projektleitung: Susanne Kronester-Ritter
Überarbeitung: Dr. Folko Kullmann
Lektorat: Christine Weidenweber
Bildredaktion: Petra Ender, Natascha Klebl (Cover)
Korrektorat: Andrea Lazarovici
Umschlaggestaltung und Layout:
kral & kral design, Dießen a. Ammersee
Herstellung: Gloria Schlayer
Satz: Anton Walter, Gundelfingen
Repro: Repro Ludwig, Zell am See
Druck: Firmengruppe APPL, aprinta druck, Wemding
Bindung: Conzella, Pfarrkirchen

Umwelthinweis:
Nachhaltigkeit ist uns sehr wichtig. Der Rohstoff Papier ist in der Buchproduktion hierfür von entscheidender Bedeutung. Daher ist dieses Buch auf PEFC-zertifiziertem Papier gedruckt. PEFC garantiert, dass ökologische, soziale und ökonomische Aspekte in der Verarbeitungskette unabhängig überwacht werden und lückenlos nachvollziehbar sind.

Bildnachweis

Alle Fotos im Buch stammen von **Martin Stangl**, außer: **AdobeStock/vulkanismus:** 32 • **Baumjohann:** 4l, 8/9, 18, 20l, 22/23 • **Borstell:** 49l, 76l, 77r, 78, 83o, 116r, 123r, 143r, 144, 152r • **Flora Press/Bildagentur Beck**: 115, 135r • **Florapress/Evi Pelzer**: 4, 6 • **Flora Press/Christine Ann Föll**: 89 • **Flora Press/gartenfoto.at:** 112 • **Flora Press/MAP:** 41r • **Flora Press/Nova Photo Graphik:** 82l, 101, 137r, • **Flora Press/Otmar Diez:** 2/3 • **Flora Press/Royal Horticultural Society:** 17, 106m • **Flora Press/The Garden Collection/Derek St. Romaine:** 75 • **Flora Press/The Garden Collection/Liz Eddison:** 62/63 • **Flora Press/Visions**: 1, 39r • **GBA/Wothe:** 131r **Hagen:** 41ul, 106l, 123l, 148l, 151u • **GAP photos/Christa Brand**: 58r • **Pressebild Fa. Kordes Rosen**: 60 • **gartenfoto.eu/Martin Staffler**: 62/63 • **Rosen Tantau**: 61l • **Pforr:** 31l • **Reinhard:** 35o, 37, 84, 86, 120l, 132l, 136m, 147l • **Seidl:** 36r, 38l, 45l, 47r, 76r, 111m, 130or, 132m, 132r • **Strauß:** 12, 14l, 30, 40m, 51o, 85, 93l, 103m, 108l, 136r • **Wolf:** 19m • **www.gaissmayer.de:** 28/29, 55l, 55r, 61u, 67, 68, 70, 71, 77, 79l, 79r, 88, 87l, 96, 97, 98/99, 107r, 111m, 110l, 117u, 135m • **www.gartenfoto.at**: 153 • **www.seerosensorten.de**: 139 (alle)

Umschlagfotos: Getty Images/Danita Delimont (vorne, Asiatischer Hahnenfuß, *Anemone ranunculoides*)**/Staudengärtnerei Gaißmayer (www.gaissmayer.de)** (hinten rechts)**/GAP Photos/Christa Brand** (hinten links)

Zeichnungen: **Heidi Janiček**

Wichtiger Hinweis

Das vorliegende Buch wurde sorgfältig erarbeitet. Dennoch erfolgen alle Angaben ohne Gewähr. Weder Autor noch Verlag können für eventuelle Nachteile oder Schäden, die aus den im Buch vorgestellten Informationen resultieren, eine Haftung übernehmen.

Liebe Leserin und lieber Leser,
wir freuen uns, dass Sie sich für ein BLV-Buch entschieden haben. Mit Ihrem Kauf setzen Sie auf die Qualität, Kompetenz und Aktualität unserer Bücher. Dafür sagen wir Danke! Ihre Meinung ist uns wichtig, daher senden Sie uns bitte Ihre Anregungen, Kritik oder Lob zu unseren Büchern. Haben Sie Fragen oder benötigen Sie weiteren Rat zum Thema?
Wir freuen uns auf Ihre Nachricht!

GRÄFE UND UNZER Verlag
Grillparzerstraße 12
81675 München
www.graefe-und-unzer.de

GRÄFE UND UNZER

Ein Unternehmen der
GANSKE VERLAGSGRUPPE